古代歷史文化研究輯刊

三一編

王明蓀 主編

第21冊

曖昧的歷程
——中國古代性別亞文化研究
（第四冊）

張 杰 著

國家圖書館出版品預行編目資料

曖昧的歷程——中國古代性別亞文化研究（第四冊）／張杰
著 -- 初版 -- 新北市：花木蘭文化事業有限公司，2024〔民
113〕
目 6+218 面；19×26 公分
（古代歷史文化研究輯刊 三一編；第 21 冊）
ISBN 978-626-344-673-1（精裝）
1.CST：同性戀 2.CST：性別研究 3.CST：社會生活
4.CST：歷史 5.CST：中國
618   112022534

ISBN-978-626-344-673-1

9 786263 446731

古代歷史文化研究輯刊
三一編　第二一冊　　　　　ISBN：978-626-344-673-1

曖昧的歷程
——中國古代性別亞文化研究（第四冊）

作　　　者　張杰
主　　　編　王明蓀
總 編 輯　杜潔祥
副總編輯　楊嘉樂
編輯主任　許郁翎
編　　　輯　潘玟靜、蔡正宣　美術編輯　陳逸婷
出　　　版　花木蘭文化事業有限公司
發 行 人　高小娟
聯絡地址　235 新北市中和區中安街七二號十三樓
　　　　　　電話：02-2923-1455 ／傳真：02-2923-1452
網　　　址　http://www.huamulan.tw 信箱 service@huamulans.com
印　　　刷　普羅文化出版廣告事業
初　　　版　2024 年 3 月
定　　　價　三一編 37 冊（精裝）新台幣 110,000 元　　　版權所有・請勿翻印

曖昧的歷程
——中國古代性別亞文化研究
（第四冊）

張杰　著

目

次

第四章　文學表現

《詩經·秦風》解——基於秦與斯巴達的文化比較

秦人尚武，將他們稱為東方的斯巴達並無不可。不過本文並不是在此意義上來對雙方進行比較，而是要對比雙方的男風同性戀表現。斯巴達人的興盛男風西方學者已經研究得很透徹，在此筆者主要是通過對《詩經·秦風》的解讀來考察秦人男風的面貌。

《詩經·秦風》共收詩十首，其中《渭陽》和《權輿》分別描寫的是甥舅之情和今不如昔，與男風同性戀全無關係，其他八首則或多或少都可以做這方面的一些考慮。為了便於說明，這裡首先做一概括性的性別分析。

《秦風》八首中，《車鄰》、《駟驖》、《黃鳥》、《無衣》明確表現的是同性關係，其他四首則多被視為男女情詩。但筆者認為，先就《小戎》而言，這首詩有複雜難懂的車騎兵器描寫，以此興起思念之情，恐怕寫出的應是《無衣》中的袍澤情誼。若是女子思夫，她是說不出「陰靷鋈續」、「鋈以觼軜」這類話的。再就《終南》、《晨風》而言，這兩首詩的讚美、嗟怨對象皆為君子，而《車鄰》、《小戎》中與君子的歡聚、對君子的戀念都是由男性做出的，則《終》、《晨》二詩故也有這方面的現實可能性。最後再看《蒹葭》，此詩意境很是開闊，作者為男性應當沒有疑問。至於被追望者為誰？當然可為女子，不過若以前面諸詩做背景，則男男相慕的可能性同樣存在。

下面將八首詩分為四組來做具體的解讀。

（一）君臣之間，《駟驖》與《黃鳥》

《駟驖》描寫的是一個狩獵的場景，「公之媚子，從公于狩」。在《秦風》

當中，同性戀意味最明顯的就是這句話。媚子是獻媚、受寵之人的意思，也即先秦文獻中時常出現的外寵、外嬖。對此，《逸周書》之《祭公解》，《左傳》桓公十八年、閔公二年，《國語》之《魯語下》、《晉語一》，以及《禮記‧緇衣》，《韓非子‧說難》等都有評論，如《左傳》閔公二年：「內寵並后，外寵二政，亂之本也。」內寵、外寵分別是指君主的寵妾、寵臣，兩者並提，可見外寵的男色同性戀色彩是比較明顯的。他們能否「二政」也即與正卿爭權要看自身是否有從政的能力和興趣，例如衛國直臣史魚曾用屍諫的方式請求衛靈公屏退不肖彌子瑕，重用賢臣蘧伯玉，所以彌子是在二政。〔註1〕而魏王的寵臣龍陽君他所關心的只是自己所受到的寵愛不要被美人奪去，開口一言即淚流滿面，以這麼柔弱的性格，他恐怕難有什麼反面或正面的作為。龍陽君的固寵手段是感泣前魚，〔註2〕楚國安陵君在這方面的能力與其不相上下，他的手段則是表白從死。據《戰國策‧楚策一》，一日楚宣王出遊於雲夢之澤，興致甚高而發出感問：「寡人萬歲千秋之後，誰與樂此矣？」安陵泣下而言曰：「大王萬歲千秋之後，願得以身試黃泉，蓐螻蟻。」也就是甘心從死，不再樂生。宣王大悅，乃對這位「入則編席，出則陪乘」的貼身近幸立加封賞。安陵君後來未必真的是以身殉主，不過此事可為我們理解《黃鳥》提供一些啟發。《黃鳥》寫的是奄息、仲行、鍼虎這三位臣子為秦穆公殉葬之事，詩本身帶有明顯的哀怨之氣，《左傳》文公六年也由此對穆公多有指責。因此，歷來對《黃鳥》的主流解釋是反對殘酷的殉葬制度。不過殉死者完全就是被動不願的嗎？歷史上也有一種觀點認為奄息等三人在被動之中亦有主動。據《漢書》記載，西漢大儒匡衡曾謂：「秦穆貴信而士多從死。」唐代孔穎達引東漢應劭語注曰：「秦穆公與群臣飲酒，酒酣，公曰：『生共此樂，死共此哀。』於是奄息、仲行、鍼虎許諾。及公薨，皆從死。《黃鳥》詩所為作也。」〔註3〕北宋蘇軾借古諷今，則曾慨言道：「昔公生不誅孟明〔註4〕，豈有死之日而忍用其良？乃知三子殉公意，亦如齊之二子從田橫〔註5〕。今人不復見此等，乃以所見疑古人。古人不可望，

〔註1〕 事見《韓詩外傳》卷七。
〔註2〕 事見《戰國策‧魏策四》。
〔註3〕 《漢書‧卷八十一‧匡衡傳》。
〔註4〕 孟明，秦百里奚之子，名視。前627年在殽之戰中敗於晉先軫，秦穆公不以為罪。
〔註5〕 田橫，秦漢之際人，曾經自立為齊王。羞為漢臣，前202年自殺於洛陽附近，從客二人殉死。

今人益可傷！」〔註6〕筆者認為，殉葬本身固然野蠻殘酷，但當它作為一種制度存在的時候，從死者會認為這能表示出自己對於國君的絕對忠誠與依附，從而在某種意義上會為自己的死亡方式感到自豪。類似情形再如女子的纏足、寡婦的守節，本身都是很痛苦的事情，但這種痛苦可以為行為者帶來周圍人的讚譽，從而她們也就化苦為樂，對不如此的女性反而充滿了鄙視。秦景公是秦穆公的玄孫，其陵墓上世紀七八十年代被進行了系統發掘。考古人員在墓中一共發現了 186 具殉人屍骨，其中有些身份較高，應為主動從死的姬妾、近侍。據《史記·秦本紀》，為秦穆公殉葬者也多達 177 人，參考景公葬制，奄息等三人應當就是屬於緊隨主君的親近侍臣。他們在宴飲之際向穆公所做的承諾與安陵君在遊獵之際向宣王所做的承諾何其相似，我們固然不能肯定這三人一定就是秦穆公的男寵，不過這種可能性確實可以考慮得多一些。相對而言，將死的君主不會念念想著到了陰間也還統御臣民，他們主要是想保持生前衣衣玉食、聲色犬馬的享樂生活，其中最核心的就是一個「色」字。春秋時期魏武子將死，他囑咐兒子要以自己的嬖妾為殉〔註7〕；兩千年後明太祖還搞殉葬，從死的是張、李、趙氏等多位宮內女子〔註8〕。女寵嬖妾容易為殉，而如果君主還有男色男風之好，則身殉的就該有外寵媚子了。〔註9〕所以，《駟驖》和《黃鳥》是可以對讀的，秦王不但生前要讓媚子來陪侍，而且死後也要讓他們跟隨著去到陰間，繼續營造一個窮奢極欲的極樂世界。

（二）友朋之間，《車鄰》與《晨風》

《車鄰》寫道：

> 既見君子，並坐鼓瑟。
>
> 今者不樂，逝者其耋。

作者既與君子友朋相見，便親熱地坐在一起鼓瑟鳴簧。現時若不盡情享樂，則人很快就會變為耄耋老者。那麼見不到君子時感受如何？《晨風》寫道：

> 未見君子，憂心欽欽。

〔註6〕　《東坡詩集注》卷四。

〔註7〕　事見《左傳》宣公十五年。

〔註8〕　事見《明史·卷·百十三·宣宗郭嬪傳》。

〔註9〕　在日本的武士時代，侍童小姓對於主君必須絕對忠誠，眾道同性戀成為了固結雙方關係的一種常見方式。而當主君去世之後，侍童自殺殉死曾經形成為一種風氣。

如何如何，忘我實多。

與君不能相見，使我心情鬱結憂傷。為何事成如此，你竟把我太多遺忘！顯然《晨風》是一首情人的怨詩，已經超出了一般朋友關係的範圍。所謂怨由愛生，作者殷切矚望，君子卻再無影蹤，一種黯然傷神的情緒能不油然而起？此詩的興詞也很貼切：「鴥彼晨風，鬱彼北林。」茂盛的北樹林，疾飛的晨風鳥，環境幽深而隱謐，正是約會歡愛的好去處。如今一人獨立於此，感覺卻只能是「憂心靡樂」、「憂心如醉」。

（三）戰友之間，《無衣》與《小戎》

古代最出色的描寫戰友情誼的詩歌就是《無衣》，詩中寫道：

> 豈曰無衣，與子同袍。
> 王于興師，修我戈矛。
> 與子同仇。
> 豈曰無衣，與子同澤。
> 王于興師，修我矛戟。
> 與子偕作。

此詩文辭樸素，形象簡約。但就像真正勇猛的戰士一樣，話不在多，卻是擲地有聲，一股孔武英發之氣呼之欲出。這種忘死的勇敢其動力何在？原來是來自與戰友夥伴的袍澤之情。勿言無衣，吾與子不但可以互穿彼此的外袍，而且還可以互著裏衣。我們尤其要注意這個「澤」字，朱熹《詩經集傳》卷三：「澤，裏衣也。以其親膚近於垢澤，故謂之澤。」這可以讓人聯想到唾液，同樣的一種液體，出自戀人便是口含香唾，出自旁人則是唾面之侮。裏褻內衣也不是隨便可穿的，與它相關連的是肌膚之親，耳鬢廝磨，具有著若隱若現的一些性的意味。如果兩位戰士既是戰友又是情伴，那麼他們在戰場上能不奮勇向前？兩人會互相比併著去奪取戰譽，假若一人遭遇生命危險，另一人的捨死相護應是毋庸置疑。〔註10〕《左傳》哀公十一年記載了發生在齊魯之間的一件戰事，可為理解《無衣》提供一些參考：汪錡是魯國公子公為的一位「嬖僮」，與公為相交甚篤。在此次抵禦齊國進攻的戰鬥當中，他倆同乘一輛戰車浴血拼殺，「皆死，皆殯」。國人因汪錡年紀甚輕而欲以殤禮葬之，孔子聽說後則認為：

〔註10〕古希臘裴卓曾經認為：「沒有一個情人會怯懦到肯把自己的愛人放在危險境地不去營救，縱然是最怯懦的人也會受愛神的鼓舞，變成一個英雄，做出最英勇無畏的事情來。」見《柏拉圖對話集‧會飲篇》，第 297 頁。

「能執干戈以衛社稷，可無殤也。」生而相隨，死而偕葬，且又得到了孔夫子的讚譽，公為、汪錡這對戰友戀人可以瞑目安息了。

《小戎》詩共有三節，每節前六句分別描寫的是戰車、戰馬與武器，細緻繁複，不易索解。作者如果不身在其中，那樣具體的細節是寫不出來的。然後，該詩每節的後四句忽然變得很簡單，可詞疏意密，曖昧的場景不禁讓人浮想聯翩。第一節：

> 言念君子，溫其如玉。
> 在其板屋，亂我心曲。

孔子有言：「夫玉者，君子比德焉。溫潤而澤，仁也。縝栗而理，知也。」〔註11〕看來《小戎》作者所思念的這位君子不但有勇且富德才。板屋是簡陋的戍防之所，但在那裏二人曾經親密相處，環境的艱苦愈發映現出情誼的珍貴。興思及此，能不心搖神蕩，心亂神迷？該詩第三節又復言曰：

> 言念君子，載寢載興。
> 厭厭良人，秩秩德音。

白天思念還易理解，夜晚相思，輾轉反側，難免就會想到板屋裏相依相偎的事情上去。《小戎》的性意味如此豐富，不過性可養情，情能助性，所以第二節寫道：

> 言念君子，溫其在邑。
> 方何為期，胡然我念之。

殷殷矚盼，情性交融，又以武備軍事做襯托，作者付與戰友的俠骨柔腸充分地得到了展現。

遙相對照，斯巴達所屬的古希臘人也認為同性之愛是智慧與勇氣的催化劑，對於城邦的鞏固和發展大有裨益。斐卓在柏拉圖的對話集中就曾經講到：「一個年輕人最高的幸福無過於有一個鍾愛自己的情人，情人的最高幸福也無過於有一個年輕的愛人。我們如果能想出一種辦法，讓一個城邦或一支軍隊完全由情人和愛人組成，就會治理得再好不過。這些人如果並肩作戰，只要很小的一支隊伍就可以征服全人類了。」〔註12〕關於斯巴達人同性之愛的養成，普魯塔克的記述是：「等孩子的年齡到了 7 歲，就要參加某些團體或班級，一起從事各種運動和游戲。他們在 12 歲以後不許穿著內衣，分為小隊

〔註11〕　《荀子·法行篇》。
〔註12〕　《柏拉圖對話集·會飲篇》，第 296～297 頁。

起睡在鋪著蘆葦的床上。等到了這個年紀以後，每一位將來會有出息的男孩，或多或少都可以找到作伴的愛慕者。身為愛慕者也要分享年輕孩童的榮譽或羞辱，有一個流傳的故事，提到有位愛慕者被官員罰款，因為受他愛慕的人在作戰的時候，竟然像女人一樣喊叫起來。」〔註13〕

（四）容止與企羨，《終南》與《蒹葭》

《宋書‧五行五》曾載：「自〔晉武帝〕咸寧、太康之後，男寵大興，甚於女色，士大夫莫不尚之，天下皆相放效。或有至夫婦離絕，怨曠妒忌者。」這段話對於我們理解南朝名著《世說新語》中的相關內容很有用處。劉義慶《世說》主要記述東漢末年至東晉年間名士文人的言行風貌，其中有《容止》一類，集中反映了男性之美和對美男的追慕。如曾記曰：「裴令公有俊容儀，脫冠冕，粗服亂頭皆好。見者曰：『見裴叔則如玉山上行，光映照人。』」又：「衛玠從豫章至下都，人久聞其名，觀者如堵牆。玠先有羸疾，體不堪勞，遂成病而死。時人謂看殺衛玠。」對於這些記載，我們應從《宋書》「男寵大興」的角度進行一些理解。相對而言，同性戀男子會更加在意自己的個人形象，而同性戀者對男性美的欣賞也是更加強烈和敏感一些。

由《世說》再看《秦風》，《終南》詩寫道：

> 君子至止，錦衣狐裘。
> 顏如渥丹，其君也哉。
> 君子至止，黻衣繡裳。
> 佩玉將將，壽考不忘。

這首詩寫到了君子的華服、玉飾和堂堂相貌，一位灑脫健美的高貴男子形象如在目前。全詩音律鏗鏘，氣象開闊，不像是懷春少女的暗自思語，末句祝辭「壽考不忘」更不易出自女子之口。對於此詩，我們不妨視之為朋友、戰友對其同性情伴的真摯歌贊，詩中「顏如渥丹」準確描繪出了陽剛伴侶的性愛吸引力，普通同性朋友是不便過多去關注友人相貌服飾的。

面對容止華潤的友朋情伴，一種企羨之意自然而然地需要表達出來。《蒹葭》寫道：

> 蒹葭蒼蒼，白露為霜。
> 所謂伊人，在水一方。

〔註13〕《希臘羅馬名人傳》，第 97～99 頁。

溯洄從之，道阻且長。

溯游從之，宛在水中央。

　　《蒹葭》是一首著名的情詩，意境悠遠，懷思綿長。（圖366）現代一般讀者都會認為它是在表達情男對情女的追慕，但正因其悠遠綿長，所以不僅作者必是男子，而且獨立秋江郊野，膽大的「伊人」未必就不會是一位美男。在後世，從同性慕戀的角度對此詩進行賞析的讀者也是有的，見本書第64頁。

　　如上所言，《秦風》八首反映出了君臣、朋友、戰友之間的同性感情乃至戀情，恰可將秦國同性戀的主要方面表現出來。筆者將其與斯巴達做比較，是要強調這種同性戀的一個突出特徵，即它是與勇武相結合、相伴隨的。秦人長期與西戎雜處，相當長的時間內在文化上不被東方諸國所接納。他們崇尚武力，獎掖軍功，男性是以體健容舒為美。陽剛豪邁不但關乎他們的榮譽地位，而且也是他們性的吸引力之所在，而這種引力並非只是施於異性的。同時，秦人同性戀還有一個重要特點，即它的興盛與緊密的同性關係密不可分。我們可以斯巴達作為參照，在這個古希臘的城邦制國家，男子在少年時期是脫離家庭接受集體的軍事教育，成年之後是以軍人為常年職業。他們實行共餐制，與戰友長官朝夕相處，反把家庭妻子置於了相對次要的位置。東方的秦國雖未如此極端，不過它也是一個典型的軍國，整個社會都圍繞著軍事攻討在運行。軍隊排斥女性，軍國必是一個男兒國。戰士們在戰鬥當中結成生死夥伴，作為友情的最高級形式，同性戀於中生焉。

　　當然，先秦時期戰爭連綿不斷，刀光劍影當中諸國變為了七國，七國最後統一於秦國。這是一個霸道至上的時代，所有國家為了存在下去都是以軍事為先。秦國表現得最為突出，他國只是相對和弱而已，總體面貌與秦並無大異。因此，秦國的同性戀狀態固然有其特殊性，不過在與他國比較時共性才是最主要的一面，陽剛氣質是先秦同性戀的普遍特徵。

　　但有一點比較遺憾，即從文獻反映來看，我們在先秦典籍中未能找到有關秦國同性戀的直接記載。這種情況下，《史記·佞倖列傳》的兩條記述值得我們特別給予一些關注。該列傳所反映的是西漢高祖至武帝時期興盛的宮廷同性戀面貌，五位漢帝中有四位喜好男色。其開頭曾謂：「非獨女以色媚，而仕宦亦有之，昔以色幸者多矣。」「昔」指漢代以前，既然漢是這樣的一種情形，可見包括秦國在內，先秦時期大概半數以上的君主會有男色外寵之好。而上有所好，下必從之，當時社會上的男風同性戀面貌由此也可推知。《列傳》

第二條記載直接關係到了秦國：「至漢興，高祖至暴抗也，然籍孺以佞倖，孝惠時有閎孺。此兩人非有材能，徒以婉佞貴倖，與上臥起，公卿皆因關說。」籍、閎孺皆為宦者，從淨身時間來看，晚出的閎孺有可能是漢宮自己「培養」出來的；那麼籍孺呢？他身侍開國皇帝漢高祖，因此極有可能其實是來自秦宮，前朝既滅，別無可為的閹宦們很自然地就需改依新主。而在新主跟前籍孺既然是以身體承幸，那麼他這樣的人物在秦宮當中恐怕也不會只是做一般的灑掃服侍。從可見文獻來看，秦末始皇贏政、二世胡亥均無喜好男色的表現，可他們的宮廷裏面卻晃動著籍孺之流的身影。這就提示我們，宮門一入深似海，裏面有太多的隱情是不為外人、後人所知悉的。當然在此還需做一補充說明：籍孺、閎孺都是偏於陰柔的人物，他們帽上插著羽毛，胸前掛著貝帶，甚至還要在臉上塗抹脂粉。假若秦代宮廷裏充當外寵的也是這樣的一些人，那麼陽性氣質何在？筆者認為，秦人同性戀的表現不可能只有一種形式，同性戀雙方都具陽剛之氣的是占多數，但如果雙方存在著身份上的差距，尤其像君主與閹宦這樣的天壤差距，則主動方通過弱化被動方以來凸顯自身的高貴地位也是完全能夠理解的一種形式選擇。其實在這種形式當中，主動方通過對比是愈顯陽剛了，稱之為陽性同性戀亦無不可。

　　秦與斯巴達、先秦與古希臘，雙方在時間上相對應，文化上相比併，即便同性戀這樣的性愛風習也是交相映襯。當時東西方的男風同性戀是處於一種興盛、自發的狀態，尚未受到自然、陰陽觀念的嚴重侵逼。這種狀態係沿自原始社會後期，其核心背景是頻繁戰爭所導致的男性權力的擴大和同性關係的緊密。當代社會由此應當深受啟發，應當充分認識到性戀文化的多樣可塑性，努力去構建一個異性、同性戀和諧相處的人文新世界。

《秦王卷衣》考──漫談華陽與龍陽

　　南朝吳均《秦王卷衣》詩寫道：

> 咸陽春草芳，秦帝卷衣裳。
> 玉檢茱萸匣，金泥蘇合香。
> 初芳薰複帳，餘輝曜玉床。
> 當須宴朝罷，持此贈華陽。〔註14〕

〔註14〕《玉臺新詠》卷六。

　　華陽是指秦安國君即後來秦孝文王嬴柱的寵姬華陽夫人，此詩文辭優雅，意境華麗，作為一首出色的樂府詩歌對後世創作產生了廣泛的影響。不過在不同文獻當中，華陽或作龍陽，如此，則詩歌的描寫內容迥然生變。到底哪一個詞更合適？看來有必要做一番對比分析。

一、本事比較

　　華陽故事出自《史記‧呂不韋列傳》：「安國君有所甚愛姬，立以為正夫人，號曰華陽夫人。華陽夫人無子，安國君中男名子楚，為秦質子於趙。」在趙國富商呂不韋的啟發幫助下，子楚以奇物玩好結歡於夫人，被立為嫡嗣。前251年秦昭王薨逝，安國君繼立為孝文王。一年後文王薨，子楚繼立為莊襄王，是為始皇嬴政之父。

　　龍陽故事本身原是一個典故：魏國龍陽君身為男子而顏色美好，善會承迎，因而獲得了魏王的男色之寵，事見《戰國策‧魏策四》。後來東晉十六國時期，前秦主苻堅在滅亡前燕之後將燕國清河公主納入後宮，公主弟慕容沖「年十二，亦有龍陽之姿，堅又幸之。姊弟專寵，宮人莫進」〔註15〕。公元383年，苻堅在淝水之戰中敗於東晉，時為平陽太守的慕容沖起兵叛之，進逼長安。危殆之下，堅乃「遣使送錦袍一領遺沖，使者稱有詔：『卿遠來草創，得無勞乎？今送一袍以明本懷。朕於卿恩分如何，而於一朝忽為此變？』沖命詹士答之，亦稱：『孤今心在天下，豈顧一袍小惠！苟能知命，便可君臣束手。自當寬待苻氏，終不使既往之事，獨美於前。』」〔註16〕於是慕容沖與苻堅纏鬥於長安左近，最終結果是後者敗逃，被姚萇俘獲，受縊身死。慕容沖以西燕主的身份入據長安，安樂未久，386年亦為部將所殺。

　　從目前可見文獻來看，安國君或子楚並未有卷衣之舉，而苻堅則曾確實贈袍。再看《秦王卷衣》詩的具體文句：

　　（一）「咸陽春草芳」。咸陽為秦國都城，自然讓人以為此詩是寫嬴秦。不過慕容沖與此地也頗有緣分，當初長安曾有雜謠曰：「鳳皇，鳳皇，止阿房。」苻堅「以鳳皇非梧桐不棲，非竹實不食，乃蒔梧竹數十萬株於阿房城，以待鳳皇之至」〔註17〕。慕容沖小字鳳皇，後來他進攻長安的基地恰為阿房城，謠詞果驗。阿房最易讓人想到的就是阿房宮，然後人們就會想到秦始皇，而再接下

〔註15〕　《魏書‧卷九十五‧徒河慕容廆傳附慕容沖傳》。
〔註16〕　《魏書‧卷九十五‧臨渭氏苻健傳附苻堅傳》。
〔註17〕　《魏書‧卷九十五‧徒河慕容廆傳附慕容沖傳》。

來就可以是秦都咸陽了。所以將苻堅贈袍（卷衣）的地點寫成咸陽也有其可通之處。

（二）「秦帝卷衣裳」。安國君寵愛、子楚求寵於華陽夫人時，他們尚未為王，更從未稱帝。而苻秦諸主則是自稱皇帝的，苻堅雖然自己改稱天王，不過他立妻苟氏為皇后，立子苻宏為皇太子。

（三）「當須宴朝罷」。「宴」或作「晏」，這是一個君臣會聚的場景，接下來的恩贈更可能的當是贈與寵臣。

所以就本事比較而言，苻堅卷衣的事實依據要顯得更加充分一些。只是他做此事時慕容沖已由龍陽男寵變為了復仇強敵，再無可能歡顏拜受，在此角度上，安國君卷衣更加容易讓人理解。

二、版本比較

據《梁書》本傳，吳均文集計有二十卷，其後《隋書》、《舊唐書》之《經籍志》，《新唐書》之《藝文志》所錄卷同。經過唐末五代的社會大動亂，北宋《崇文總目》所錄《吳均集》已為十卷，而《宋史·藝文志》之《吳均詩集》則進一步縮減為三卷。現今所見吳均詩文如《吳朝請集》等乃明清人所輯，已無甚校勘價值。

吳均去世後二三十年，徐陵編成了《玉臺新詠》一書，其中收有《秦王卷衣》。《新詠》在南宋初年已有殘佚，宋寧宗嘉定年間，永嘉陳玉父以豫章刻本、石氏所藏錄本對校舊京本，復成完璧。明崇禎六年寒山趙均據陳本覆刊，是為著名的小宛堂刻本，其中《卷衣》詩的末詞作「華陽」。

《玉臺新詠》成書後八九十年，歐陽詢等所編《藝文類聚》問世。在長期傳抄過程中，該書在宋代已有缺佚、竄亂和妄改。上世紀六十年代，汪紹楹先生以南宋紹興刻本為底本，校以明代胡纘宗序本、馮舒校本，所出彙校本最為精善。《卷衣》詩收於該書卷四十二，末詞也作「華陽」。

這裡之所以要回顧《玉臺新詠》和《藝文類聚》的版本沿革，是為了強調傳抄、傳刻過程中各種訛錯的存在。汪紹楹先生在《藝文類聚》的校序裏曾經舉了一個典型例證，指出由於抄校者的理解有誤，《類聚》卷五之祖篇被妄改成了社篇。這種妄改多發生在原文不易理解的地方，改後則能符合通常的認識。《秦王卷衣》的末詞恰好具有這樣的特徵：「龍陽」說的是男色之事，哪如「華陽」更容易發生？因此對於《玉臺新詠》和《藝文類聚》中的「華陽」我

們應當考慮到後人臆改的可能性。當然這只是一種存疑，初始原本係作「華陽」基本上是可以肯定的。

《秦王卷衣》還出現在了另外兩種重要的選本當中，即宋代《文苑英華》卷二百十一和《樂府詩集》卷第七十三。前者末詞作「華陽」，「華」下小注：「一作龍。」後者末詞作「龍陽」，「龍」下小注：「一作華。」由於原文已自帶校注，因此現在可以肯定兩書原本即是如此。我們尤其需要注意《樂府詩集》，其編者郭茂倩對於《秦王卷衣》是有比較明確的個人理解的。《卷衣》篇在《詩集》中是屬「雜曲歌辭」，郭氏將此類作品細分為三類，《卷衣》係屬「不見古辭，而後人繼有擬述，可以概見其義者」。然後在《卷衣》詩之前，郭氏錄引唐・吳兢《樂府解題》（即《樂府古題要解》）曰：「《秦王卷衣》，言咸陽春景及宮闕之美。秦王卷衣，以贈所歡也。」可見在郭茂倩看來，吳均《卷衣》之前已有古辭《卷衣》了，所詠當然應是嬴秦之事。如此，「華陽」才符合該詩的內容描寫，可《樂府詩集》卻是首作「龍陽」，而將「華陽」聊備一說。這就說明郭茂倩在輯錄吳均詩歌時見到了不止一種版本，在他認為最可靠的版本上，《卷衣》末詞是刻或寫作「龍陽」，另外也有作「華陽」的。那麼郭氏以及《文苑英華》編者有何版本可據呢？最主要的應當就是《玉臺新詠》和《藝文類聚》的各種刻、抄本，同時他們也會看到當時尚存的《吳均集》。也就是說，在《新詠》、《類聚》以及《吳均集》的一些宋代版本中，「龍陽」之詞是可以見到的。

通過上述版本比較，我們難以在「華陽」與「龍陽」的選擇上給出明確的結論。相對而言，「華陽」的可能性要更大一些。

三、理校

既然本事和版本比較都解決不了問題，我們的視野就需放得更寬一些，考察《秦王卷衣》創作前後的各種相關背景因素。首先需要考察的是這首詩作為樂府辭名的來歷。徐陵將此詩置於《擬古四首》之內，他和郭茂倩都認為在吳均之前曾經存在著一首歌詠秦王卷衣的古辭。但此辭畢竟今無可見，是否真的存在是可以存疑的。而確切無疑的是，與秦王卷衣名稱相近的齊王卷衣是切實存在的。《宋書・樂志》曾載，晉成帝咸康七年（341）散騎侍郎顧臻表奏，請纂備雅樂，罷除雜伎。帝納其議，乃除「跋行鱉食及齊王卷衣等樂」。此事《南齊書・樂志》、《舊唐書・音樂志》亦有載述，齊王卷衣是被歸入了散樂百戲之

屬。吳均是一位博古知今的學者型詩人，曾經著有數種史書，齊王卷衣之伎他不會不知道的。既然秦王卷衣既無本事又未見古辭，我們固然不能排除其存在的可能性，不過比較容易理解的推測則是：吳均由齊王卷衣受到了啟發，於是自創了樂府新辭《秦王卷衣》。

其次需要考察的是新辭所寫到底是嬴秦還是苻秦舊事？這時庾信名篇《燈賦》進入了我們的視野。賦中寫道：「卷衣秦后之床，送枕荊臺之上。」〔註18〕顯然，後句是典出宋玉《高唐賦》，巫山神女以身自薦於楚懷王。那麼前面一句呢？吳均去世之年庾信年已八歲，他的前半生是在南朝度過的，曾與徐陵詩文往還甚密。因此無論吳均文集還是《玉臺新詠》，對它們的初期版本他自然都很熟悉，「卷衣秦后之床」的典故出處最可能的就是《秦王卷衣》詩。《燈賦》中出現了秦后，《卷衣》所對應的當然就是華陽。筆者認為這是一個決定性的證據，可以說明《卷衣》詩所寫是嬴秦華陽故事而非苻秦龍陽故事。按：庾信之父庾肩吾《未央才人歌》寫到：

> 從來守未央，轉欲訝春芳。
>
> 朝風凌日色，夜月奪燈光。
>
> 相逢倘遊豫，暫為卷衣裳。〔註19〕

此詩當中，卷衣者由帝王變為了宮人，這已是屬於對典故內容的引申。

四、後世影響

在女寵見幸的意義上，《秦王卷衣》的意境描寫非常典型，從而成為了後世作家的喜用題材。諸多仿作主要可分為兩類，第一類是依循吳詩原意而進行重新描寫。宋・文同《秦王卷衣》：

> 咸陽秦王家，宮闕明曉霞。
>
> 美人卻扇坐，羞落庭下花。
>
> 君王顧之笑，為駐七玉車。
>
> 自卷金縷衣，龍鸞蔚紛葩。〔註20〕

他如唐・陳標《秦王卷衣》〔註21〕、明・岳岱《秦王卷衣》〔註22〕、清・

〔註18〕《庾子山集》卷一。

〔註19〕《樂府詩集》卷第八十四。

〔註20〕《丹淵集》卷二。

〔註21〕見《全唐詩》卷五百八。

〔註22〕見《列朝詩集》丁集第八。

王夫之《秦王卷衣》〔註23〕等。

第二類作品改變了卷衣者的性別身份，秦王變為了秦女。唐·李白《秦女卷衣》：

> 天子居未央，妾侍卷衣裳。
>
> 顧無紫宮寵，敢拂黃金床。
>
> 微身奉日月，飄若螢火光。
>
> 願君采萇菲，無以下體妨。〔註24〕

他如宋·曹勳《秦王卷衣曲》〔註25〕、明·王世貞《秦女卷衣》〔註26〕、清·錢謙益《丙戌南還四絕句》〔註27〕等。而由此再進一步，「卷衣」就可以成為宮人的代稱。唐·李頎《鄭櫻桃歌》開頭寫道：

> 石季龍，僭天祿擅雄豪，美人姓鄭名櫻桃。
>
> 櫻桃美顏香且澤，娥娥侍寢專宮掖。
>
> 後庭卷衣三萬人，翠眉清鏡不得親。〔註28〕

需要注意的是，《秦王卷衣》的後世尤其唐宋仿作也可以成為理校的依據。諸作者皆為高才文士，《玉臺新詠》、《藝文類聚》通常都會仔細讀過，有人還會看到過吳均的完整詩文集。他們既然認為秦王屬嬴秦或將卷衣者視為女子，這在一定意義上就說明他們所見《秦王卷衣》的末詞是「華陽」。可再看幾首詩，李白《怨歌行》：「薦枕嬌夕月，卷衣戀春風。」〔註29〕崔國輔《怨詩》：「妾有羅衣裳，秦王在時作。」〔註30〕李賀《春晝》：「卷衣秦帝，掃粉趙燕。」〔註31〕羅隱《秦望山僧院》：「霸主卷衣才二世，老僧傳錫已千秋。」〔註32〕

那麼，後世就無人認為「華陽」當作「龍陽」嗎？也並非如此，畢竟苻堅與慕容沖的愛恨糾纏極富戲劇性，在歷史上是很著名的一件事。明代胡震亨即

〔註23〕見《薑齋詩文集·五十自定稿》。

〔註24〕《樂府詩集》卷第七十三。

〔註25〕見《松隱集》。

〔註26〕見《弇州四部稿》續稿卷二十三。

〔註27〕見《牧齋有學集》卷一。

〔註28〕《樂府詩集》卷第八十五。

〔註29〕《樂府詩集》卷第四十二。

〔註30〕《樂府詩集》卷第四十二。

〔註31〕《全唐詩》卷三百九十三。

〔註32〕《全唐詩》卷六百六十三。

曾言曰：「太白《秦女卷衣》即梁·吳均《秦王卷衣》題也，其事莫詳。吾謂此非嬴秦，或苻秦耳。《晉〔書〕·載記》：秦苻堅滅燕，得慕容沖愛幸之，與其姊清河公主並寵，長安引『一雌復一雄，雙飛入紫宮』歌之。〔李〕白所擬云：『顧無紫宮寵，敢拂黃金床』，似謂此。」〔註33〕

胡震亨所採用的也是理校方法。紫宮固然可以泛指帝王宮禁，不過它在《魏書》、《晉書》的苻堅傳記、載記中畢竟很突出地切實出現過，所以雖然可能性不大但我們不妨也可以做這樣的一種推測：李白所見《秦王卷衣》的末詞是「龍陽」，他也熟知苻堅—慕容沖故事和相關文獻，因此擬辭《秦女卷衣》雖然改變了卷衣者的身份但本事仍然是來自於《魏書》等史籍的相關記載，「紫宮」乃被寫入了詩中。

有些後世詩人曾經明確地認可龍陽說，明初劉基《周小史》詩云：

> 婉變周小童，冶容敵花紅。
> 擲果哄春市，卷衣嬌金宮。
> 食桃坐翻覆，倩笑徒為工。
> 繁華豈不好，不知身所終。〔註34〕

這首詩是晉·張翰《周小史》詩的仿作，張詩云：

> 翩翩周生，婉變幼童。
> 年十有五，如日在東。
> 轉側綺靡，顧眄便妍。
> 和顏善笑，美口善言。〔註35〕

張翰和劉基都描寫了少年周小史的形容之美，劉詩中的「食桃」是一個男色典故，說的是春秋時期衛靈公與其寵臣彌子瑕的親狎關係，事見《韓非子·說難》。卷衣典故也出現在詩中，劉基當然認為那是苻秦舊事了。而在劉基之後，明代萬曆年間的博識學人胡應麟以《秦王卷衣》為題，依仿吳均舊辭直接寫道：

> 春色醉秦樓，秦王夜宴遊。
> 鑾輿回鹵簿，鳳管葉笙篌。
> 七寶流蘇帳，千金集翠裘。

〔註33〕《唐音癸籤》卷二十一。
〔註34〕《誠意伯文集》卷一。
〔註35〕《藝文類聚》卷第三十三。

何人最承幸，卷贈龍陽侯。〔註36〕

進入清代，乾嘉年間桐城派古文大家姚鼐眼光獨具，左右逢源，為我們提供了一種新穎的對於龍陽故事的文學解讀。其《秦帝卷衣曲》寫道：

……

燕姬趙女顏如玉，輦入崤函貯金屋。

貴主還留鉅鹿名，小腰絕愛鮮卑束。

華燈斗帳夜煙和，君王欲卷衣裳贈。

……

卷衣空憶可憐宵，侍中曾插漢宮貂。

錦袍再賜無顏色，笑殺河東金步搖。

女戎亡國志先荒，那係南朝謝安石。

碧雲散盡梧桐影，太息阿房幾度秋。〔註37〕

需要首先解釋一下詩中「侍中」的含義。據《史記·佞倖列傳》所載，漢初宦者籍孺、閎孺以柔媚婉佞分別獲得了漢高祖和漢惠帝的龍陽之寵。「故孝惠時郎侍中皆冠鵔鸃，貝帶，傅脂粉，化閎、籍之屬也。」諸侍中都學著閎、籍孺的樣子打扮自己，是為了試圖求取皇帝的垂青。所以「侍中」在姚鼐詩中指的就是慕容沖。按照姚氏所寫，卷衣和贈袍是兩件事，分別發生在了清河公主和慕容沖的身上。這樣描寫當然並無確切依據，不過卻能顯示出姚鼐調和史實矛盾的良苦用心。首先他認為卷衣之事的發生時代是苻秦，所以不願寫及華陽。但在同時，由於吳均本辭描寫的是君王寵遇，而苻堅贈袍所反映的卻是君臣反目成仇，所以他也不想把贈袍和卷衣混同，於是《秦帝卷衣曲》中就出現了卷衣於公主、贈袍於慕容的新巧內容。我們都知道，姚鼐是一位學者型的著名文學家，主張文學創作應當義理、考證、辭章三者並重。在《卷衣曲》中，感歎女寵可以亡國是其義理，將卷衣與贈袍分開是其考證，而韻律和舒、情感沉鬱則是其辭章。筆者並不認同姚鼐的具體考證結果，不過他的存疑精神是很可寶貴的，筆者同樣也不認為嬴秦之時曾經有過卷衣的事情發生。詩歌描寫自有其自身特點，它是不必完全寫實的。像李白就由秦王卷衣進一步引申出了秦女卷衣的情節，而姚鼐所寫則是在盡可能地將龍陽與華陽的長處結合起來。

〔註36〕《少室山房集》卷七。
〔註37〕《惜抱軒詩文集》詩集卷一。

由上可見，雖然華陽說是《秦王卷衣》問題的主流觀點，但龍陽說在歷史上也是一直存在的。筆者也想為「龍陽」留有一席之地，這裡先談兩個側面依據。

（一）吳均熟知苻秦往事

吳氏出身寒門，行俠仗氣，常欲以軍功顯名。年輕的時候，他曾在安徽壽陽（即壽春）居留過幾年時間，創作了《初至壽春作詩》、《登壽陽八公山詩》等作品。壽陽在當時是南齊與北魏的交界前線，而在一百多年前，東晉與前秦對峙的時候，苻堅就是敗在了壽陽八公山下，風聲鶴唳，倉皇北逃。所以吳均有充分條件可以瞭解苻秦歷史，也容易從中而有感發。

（二）吳均寫過男色詩歌

縱觀整個中國古代文學史，明清以外，魏晉南北朝時期也是男色詩歌的一個創作多發期。除去前面已經提到的張翰《周小史》，像阮籍、蕭綱、劉遵、劉孝綽就分別寫有《詠懷》、《孌童》、《繁華應令》、《詠小兒採菱》，分別見於《玉臺新詠》卷二、七、八、十。吳均《詠少年》詩寫道：

> 董生惟巧笑，子都信美目。
> 百萬市一言，千金買相逐。
> 不道參差菜，誰論窈窕淑？
> 願君奉繡被，來就越人宿。〔註38〕

此詩用到了漢哀帝寵幸董賢和春秋時期楚國鄂君繡被這兩個男色典故，「子都」則出自《孟子・告子上》：「至於子都，天下莫不知其姣也。不知子都之姣者，無目者也。」吳均是處在一個追求、企羨男性美的時代，對於當時及前時的男色現象並不陌生，因此他有興趣也有能力去加以表現。

上述兩點都不足以證明吳均必會在《秦王卷衣》中用到龍陽典故，不過畢竟可以增加這方面的一些可能性。如果樂府《卷衣》確為吳均新制，並無舊辭可本，那麼他容易做的是以苻秦實事為寫作依據，而不是去設想一個嬴秦虛事。在此基礎上，後世有些作者則會伸展其意。前面曾經提到，華陽說的關鍵證據是庾信《燈賦》中的「卷衣秦后之床」。但是，既然唐代李白可用秦女代替秦王，難道北周庾信就絕無可能用華陽去代替龍陽嗎？對於1500多年前的恍惚舊事，我們今人如果把話說得過死，其結論未必允當。

〔註38〕《玉臺新詠》卷六。

唐代詩歌中的同性戀典故

　　唐代詩歌內容豐富，包羅廣泛，其中也包含著一些同性戀方面的典故。對這些典故的描寫和使用既能反映出詩歌創作的一些特點，也有助於我們瞭解唐代男風同性戀的面貌。

一、對典故的白描

　　越早期的人物事件越易入典，以為士子文人提供詩典為重要目的的唐代類書《藝文類聚》中專有「寵幸」一類，所收人物均為同性戀者，其中包括先秦時期的楚文王、鄭厲公與申侯，宋公與向魋，衛靈公與彌子瑕，楚王與安陵君，魏王與龍陽君；漢代的漢高祖與籍孺，惠帝與閎孺，文帝與鄧通，武帝與韓嫣、李延年，昭帝與金賞、金建，成帝與張放，哀帝與董賢；魏晉時期的魏太祖與孔掛（桂），魏明帝與曹肇，晉・桓玄與丁期等。可以說，同性戀典故在唐代以前基本都已出現，其後的同性戀人與事很少再能入典。在唐詩當中，受到了詳細描寫的前典只有兩個。一是東漢梁冀─秦宮事，此事出自《後漢書・卷六十四・梁冀傳》，梁氏為外戚權臣，他「愛監奴秦宮」，宮因寵而「威權大震，刺史、二千石皆謁辭之」。而梁妻孫壽「性情鉗忌，能制御夫主」，她「見宮，輒屏御者，因與私焉」。李賀《秦宮詩》長有 20 句，細緻描繪了秦宮內外受寵的情形。其中「秦宮一生花底活」〔註39〕一句在明清寫及男風的詩文裏面時有使用，主要是用來形容惹人憐愛的少年同性戀者，如謂：「花底秦宮弄玉簫，櫻桃紅暈影迢迢。天生俊骨橫秋水，拼取腰枝鬥小喬」〔註40〕，「花底秦宮窈窕身，溫柔腼腆不勝春。憐君才折菩提果，又把餘桃贈與人」〔註41〕等。李頎《鄭櫻桃歌》描寫的是後趙石虎─鄭櫻桃事，此事出《晉書・卷一百六・石季龍載記上》。石虎字季龍，他「寵惑優僮鄭櫻桃而殺〔妻〕郭氏，更納清河崔氏女，櫻桃又譖而殺之。」按：綜合《晉書》以及《太平御覽》卷第三百七十一、三百八十、三百八十七中的相關記載，鄭櫻桃應當是一位女性。李頎也作如是觀，他在詩中寫道：「石季龍，僭天祿擅雄豪，美人姓鄭名櫻桃。櫻桃美顏香且澤，娥娥侍寢專宮掖。後庭卷衣三萬人，翠眉清鏡不得

〔註39〕　《全唐詩》卷三百九十二。以下引用《全唐詩》時只注卷數。按：本文所錄唐詩均選自北京大學《全唐詩電子檢索系統》。
〔註40〕　《清代燕都梨園史料》，第 997 頁。
〔註41〕　《紅樓夢本事詩》。

親。自言富貴不可量，女為公主男為王。」〔註42〕但在《晉書》當中，鄭氏畢竟是一「優僮」，而「優」和「僮」通常是針對男性而言的。所以在明清時期，以鄭為男子的觀點也時有可見，像明代類書《豔異編》、《情史》就把鄭—石之事當成了一個同性戀典故。在清人詩詞當中，鄭櫻桃時常會被用來代指男性美優，如謂「小苗條，柔情一縷，休說鄭櫻桃」、「菊部佳伶推幾輩，當行不數鄭櫻桃」〔註43〕等。李頎《鄭櫻桃歌》的作用在於，此詩用文學語言詳摹本事，使得鄭櫻桃事更加廣為人知，從而促進了它的典故化。

詞句較短的典故白描，周曇《衛靈公》寫道：「子魚無隱欲源清，死不忘忠感衛靈。伯玉既親知德潤，殘桃休吃悟蘭馨。」〔註44〕此典出《韓非子‧說難》及《韓詩外傳》卷七，彌子瑕曾經很受衛靈公的寵愛，一日二人共遊果園，彌子「食桃而甘，不盡，以其半啗君。君曰：『愛我哉！忘其口味以啗寡人。』」後來諍臣史魚用屍諫的方式勸諫靈公任用賢人蘧伯玉，屏退不肖彌子瑕，而彌子也已顏色衰減，靈公遂退之。元稹《春六十韻》寫道：「偏霑打毬彩，頻得鑄錢銅。專殺擒楊若，殊恩赦鄧通。」〔註45〕詩中第二、四兩句之典出《史記》卷一百二十五、九十六，鄧通是漢文帝幸臣，吮癰舐痔而能甘之。文帝乃「賜鄧通蜀嚴道銅山，得自鑄錢，鄧氏錢佈天下」。丞相申屠嘉深惡通之柔佞，召至相府，幾將殺之，文帝遣使召還方免。帝崩，新君景帝立貶通，他最終「竟不得名一錢，寄死人家」。據《史記》卷一百二十五，名倡李延年善唱新聲，善承意旨，因而曾與漢武帝「臥起，甚貴倖」。對此，殷堯藩《漢宮詞三首》之三曰：「駿馬金鞍白玉鞭，宮中來取李延年。承恩值日鴛鴦殿，一曲清歌在九天。」〔註46〕而與東漢秦宮相對應的是西漢馮子都，據《漢書‧卷六十八‧霍光傳》，身為監奴的他受到了權臣霍光的嬖愛，因而驕縱滋甚。李益《金吾子》描寫道：「繡帳博山爐，銀鞍馮子都。黃昏莫攀折，驚起欲棲烏。」〔註47〕

還有更短的典故白描，一首詩中僅僅有一句寫及。李賀《釣魚詩》：「龍陽恨有餘。」〔註48〕此典出《戰國策‧魏策四》，龍陽君是魏王幸臣，一日二人

〔註42〕 卷一百三十三。
〔註43〕 《清代燕都梨園史料》，第 220、1066 頁。
〔註44〕 卷七百二十八。
〔註45〕 卷四百八。
〔註46〕 卷四百九十二。
〔註47〕 卷二百八十三。
〔註48〕 卷三百九十二。

共船而釣，龍陽忽然泣下，謂自己將像前面釣到的小魚一樣被王棄置，新人會是更加地曼妙。魏王受到了感動，「於是佈令於四境之內曰：『有敢言美人者，族！』」在李瀚《蒙求》詩中，「鄧通銅山」〔註49〕被當作了一條歷史知識而予寫及。而羅隱《杜陵秋思》中「只聞斥逐張公子」〔註50〕一句則寫的是西漢張放事。此事出《漢書》卷五十九放本傳，他既是漢成帝的外甥又與帝具有同「臥起」的關係，導帝微行，里巷皆知。在太后和朝臣的壓力下，張放數次被遣出京，成帝崩後，他「思慕哭泣而死」。張祜《讀〈西漢書〉十四韻》中「三公敗董賢」〔註51〕一句寫的是西漢董賢事。據《漢書》卷九十三賢本傳，漢哀帝對他的寵愛無以復加。「嘗畫寢，偏藉上褎（袖）。上欲起，不欲動賢，乃斷褎而起。」22 歲時董賢就被封為了大司馬，位列三公。哀帝崩逝，他在王莽的威迫下自殺。

二、對典故的使用

同性戀典故的核心是同性戀情，對它最充分的使用是用來表達同性戀愛的關係。但在唐詩當中，這樣的作品很少見，詩人們時常利用的是典故中單獨的某一非核心要素，用來表達與同性戀無關的其他方面的狀態內容。

（一）閒適

《說苑·善說》載有「鄂君繡被」之典：楚國令尹鄂君子皙一日「乘青翰之舟」於新波之上，為他划船的越人看著很是傾慕，便用越語向著他歌唱。鄂君不懂，命人翻譯出來才曉得那是一首慕戀之歌。君「乃行而擁之，舉繡被而覆之」，也就是與之同榻共寢了。有數首唐詩用乘青翰之舟來表示人的閒適從容。韓翃《送客知鄂州》：「春風落日誰相見，青翰舟中有鄂君。」〔註52〕司空曙《送嚴使君遊山》：「青春明月夜，知上鄂君船。」〔註53〕陸龜蒙《傷越》：「早晚山川盡如故，清吟閒上鄂君船。」〔註54〕

（二）驕縱

馮子都可以代表驕縱者的形象。李頎《放歌行答從弟墨卿》：「空歌漢代

〔註49〕卷八百八十一。
〔註50〕卷六百五十七。
〔註51〕《全唐詩補逸》卷十。
〔註52〕卷二百四十五。
〔註53〕卷二百九十二。
〔註54〕卷六百二十六。

蕭相國，肯事霍家馮子都。」〔註 55〕王梵志《詩》:「未羨霍去病，誰論馮子
都。」〔註 56〕

（三）豪縱

張放可以代表豪縱者的形象。駱賓王《帝京篇》:「朱門無復張公子，灞京
誰畏李將軍。」〔註 57〕芮挺章《少年行》:「任氣稱張放，銜恩在少年。」〔註 58〕

（四）豪富

鄧通銅山可以代表豪富。白居易《贈友五首》之三:「私家無錢爐，平地
無銅山。」〔註 59〕據《西京雜記》，漢武帝的幸臣韓嫣「好彈，常以金為丸。
長安為之語曰:『苦飢寒，逐金丸。』京師兒童每聞嫣出彈，輒隨之，望丸之
所落輒拾焉」。由此，韓嫣金丸也可以代表豪富。駱賓王《疇昔篇》:「金丸玉
饌盛繁華，自言輕侮季倫家。」〔註 60〕

（五）無常

鄧通的先大富而後極貧是命運無常、人生如戲的典型。杜牧《杜秋娘詩》:
「蘇武卻生返，鄧通終死饑。」〔註 61〕許碏《題南嶽招仙觀壁上》:「鄧通餓死
嚴陵貧，帝王豈是無人力？」〔註 62〕

（六）善唱

李延年是善於歌唱者的代表。張祜《宮詞二首》之二:「自倚能歌日，先
皇掌上憐。新聲何處唱，腸斷李延年。」〔註 63〕

（七）狀物

同性戀典故中出現的物事如果被抽象地單獨出來，則代表的就是純物的
特徵。李商隱《牡丹》詩中有「繡被猶堆越鄂君」〔註 64〕句，繡被的堆疊被用

〔註 55〕卷一百三十三。
〔註 56〕《全唐詩續拾》卷五。
〔註 57〕卷七十七。
〔註 58〕卷二百三。
〔註 59〕卷四百二十五。
〔註 60〕卷七十七。
〔註 61〕卷五百二十。
〔註 62〕卷八百六十一。
〔註 63〕卷五百十一。
〔註 64〕卷五百三十九。

來表現牡丹的形狀。溫庭筠《博山》詩中有「博山香重欲成雲，錦緞機絲妒鄂君」[註65]句，繡被的文采被用來對比雲彩。而皮日休《早春以橘子寄魯望》中有「不為韓嫣金丸重」[註66]句，則是用金丸對比柑橘。據《史記》卷一百二十五，韓嫣得寵時曾在上林苑中「從數十百騎，騖馳視獸」。杜牧《憶遊朱坡四韻》云：「獵逢韓嫣騎」[註67]，韓嫣騎代表的就是一般的坐騎。

　　同性戀典故不被用來表現同性戀，對典故的這種使用可以說是屬於一種它用。它用中還有一種情形：被用部分是典故的核心內容，在原典中反映的是同性戀的感情、關係或人物，唐詩也是用以表現感情、關係或人物，但卻不在同性戀的這一方面。在這樣的詩歌當中，使用最多的是鄂君繡被之典，越人對鄂君的同性戀思慕常會被用來代表一般的友情思慕。孫逖《和常州崔使君詠後庭梅二首》之一：「聞唱梅花落，江南春意深。更傳千里外，來入越人吟。」[註68]李商隱《念遠》：「日月淹秦甸，江湖動越吟。」[註69]思而不得，則思慕也就變成了愁思。竇常《花發上林》：「豔回秦女目，愁處越人心。」[註70]竇牟《元日喜聞大禮寄上翰林二十韻》：「忽思班女怨，遙聽越人吟。」[註71]鄂君的繡被覆人可以代表親密，李商隱《念遠》：「床空鄂君被，杵冷女嬃砧。」[註72]鄧通的得賜銅山可以代表恩遇，李瑞《贈郭駙馬》之二：「新開金埒看調馬，舊賜銅山許鑄錢。」[註73]

　　像「床空鄂君被」、「舊賜銅山許鑄錢」這樣的詩句，如果不綜合考慮而簡單坐實之，那麼描寫的就是同性戀關係，顯然我們並不能這樣做。特殊的感情或關係被用來代表普通的感情、關係，這就是典故含義的泛指化現象。泛指也有不同的層次，比較而言，像《念遠》詩的泛指度就比《贈郭駙馬》低。因為李商隱是在思念他的同性朋友，而郭駙馬則是得到了他皇帝岳丈的寵待。岳婿之間的同性戀是罕見的，而朋友之間則相對常見。雖然綜合考慮《念遠》詩的整體氛圍和李商隱的個人情況後，我們可以認為他是在用戀情

[註65] 卷五百八十二。
[註66] 卷六百十三。
[註67] 卷五百二十一。
[註68] 卷一百十八。
[註69] 卷五百四十一。
[註70] 卷二百七十一。
[註71] 卷二百七十一。
[註72] 卷五百四十一。
[註73] 卷二百八十六。

寫友情，不過可能性不大的戀情因素終究還是需要想到的，而《贈郭駙馬》詩則是純粹地在用同性戀寵待寫一般的君對臣、岳對婿的寵待。由此可見，同性戀典故的泛指化是一個量度概念，泛指度較低時讀者會或多或少地感到詩歌也有可能是在寫同性戀，泛指度最高時則與同性戀全無關係。當然結論的得出需要讀者做綜合分析，需要斟酌具體詩歌的具體內容。下面 3 首詩泛指化的程度都是最高的，同性戀人物、歌吟、言詞分別代表的是普通的人物、歌吟和言詞。朱慶餘《送顧非熊下第歸》:「聽雨宿吳寺，過江逢越人。」〔註74〕孫逖《夜宿浙江》:「煙水茫茫多苦辛，更聞江上越人吟。」〔註75〕盧象《八月十五日……詩三首》之三:「小弟更孩幼，歸來不相識。宛作越人言，殊鄉甘水食。」〔註76〕

泛指化中的指與被指是一般與特殊的關係，特殊的、具體的指即為被指，比如具體的越人就是曾經向著鄂君歌唱的越人。泛指之外還有別指，這時指與被指是同類並列的關係。同性戀感情如果被用來表現異性戀，這就是屬於別指。在此方面，餘桃、泣魚的典故易被使用。餘桃之典，鄭鏦《玉階怨》:「情深爭擲果，寵罷怨殘桃。」〔註77〕泣魚之典，鄭錫《玉階怨》:「前魚不解泣，共輦豈關羞。」〔註78〕于武陵《長信宮二首》之一:「一從悲畫扇，幾度泣前魚。」〔註79〕彌子瑕、龍陽君都是靠著與君主的同性戀關係而得寵，彌子色衰愛弛之後，靈公無情地責斥他曾以殘桃相贈；龍陽則是預為之防，生怕見棄於魏王。實際上，這兩位男子的所為所遇完全可以發生在後宮的如雲美女身上，她們如能從異性前輩那裏習得經驗，接受教訓，那麼深宮之內、玉階之前，或者就能夠少一些哀吟嗟歎之聲。

三、總結

用到、寫到了同性戀典故的唐代詩歌約有六十餘首，它們的突出特點就是總體上對同性戀現象的表現不夠，這與之前的魏晉南北朝詩歌形成了明顯的對照。魏晉南北朝詩的總數量比唐詩要少得多，而其中我們可以看到這樣

〔註74〕卷五百十四。
〔註75〕卷一百十八。
〔註76〕卷一百二十二。
〔註77〕卷七百六十九。
〔註78〕卷二百六十二。
〔註79〕卷五百九十五。

的語句：「昔日繁華子，安陵與龍陽。丹青著明誓，永世不相忘。」〔註80〕
「董生惟巧笑，子都信美目。願君奉繡被，來就越人宿。」〔註81〕「孌童嬌麗
質，踐董復超瑕。懷猜非後釣，愛密似前車。」〔註82〕「可憐周小童，微笑摘
蘭叢。剪袖恩雖重，殘桃愛未終。」〔註83〕「採菱非採菉，日暮且盈舲。踟躕
未敢前，畏欲比殘桃。」〔註84〕上述詩句或者直接讚賞了歷史上的同性戀現
象，或者用歷史上的同性戀來反映實際生活中的同性戀，總之都是實實在在
的同性戀詩歌。而在唐詩當中，（1）在對同性戀典故進行白描時，對同性戀
本身進行的細緻摹繪可謂罕見。《秦宮詩》是內寵（異性戀）、外寵（同性戀）
混寫，《鄭櫻桃歌》是把鄭氏作為一位女性來寫，《衛靈公》、《金吾子》、《杜陵
秋思》、《讀〈西漢書〉十四韻》的重點都不在同性戀，《釣魚詩》、《蒙求》詩
分別只有一句寫及同性戀，只有《春六十韻》和《漢宮詞》相對較多地寫到了
同性戀，但也無非兩句、四句而已。（2）在對同性戀典故進行使用時，詩人們
或者是用其中的非核心內容，或者雖用核心內容但用以表現的卻是非關同性
戀的泛化的感情、關係或人物，乃至以同性戀情來表現異性戀情。因此，唐詩
給人總的印象是對同性戀現象的反映並不充分。需要補充一點，不用典故的
同性戀詩歌唐詩中也是難以得見的。當然，如果不用同性戀典故，我們有時
會感到同性戀情和同性友情的區分是不易去做的一件事。如楊諫《贈知己》：
「江南折芳草，江北贈佳期。美人碧雲外，寧見長相思。」〔註85〕李群玉《醒
起獨酌懷友》：「西風靜夜吹蓮塘，芙蓉破紅金粉香。美人此夕不入夢，獨宿
高樓明月涼。」〔註86〕這兩首詩的情思都甚真摯，但因無標誌詞，所以主題並
不好確定。

　　在上面的背景之下，用同性戀典故來表現同性戀感情關係的詩歌也就顯得
很是突出。大致符合條件的筆者認為只有兩首。其一，梁鍠《戲贈歌者》云：

　　　　白皙歌童子，哀音絕又連。

　　　　楚妃臨扇學，盧女隔簾傳。

〔註80〕阮籍：《詠懷》，見《玉臺新詠》卷二。
〔註81〕吳均：《詠少年》，見《玉臺新詠》卷五。
〔註82〕梁簡文帝：《孌童》，見《玉臺新詠》卷七。
〔註83〕劉遵：《繁華應令》，見《玉臺新詠》卷八。
〔註84〕劉孝綽：《詠小兒採菱》，見《玉臺新詠》卷十。
〔註85〕卷二百二。
〔註86〕卷五百六十八。

曉燕喧喉裏，春鶯囀舌邊。

若逢漢武帝，還是李延年。〔註87〕

此詩是在讚賞一位男性優伶，他形容皙美，歌音曼妙。「若逢漢武帝，還是李延年」，意即：如果此伶能夠遇到漢武帝那樣的恩客，那麼他便能像李延年那樣獲得非比尋常的榮寵。

其二，岑參《醉後戲與趙歌兒》云：

秦州歌兒歌調苦，偏能立唱《濮陽女》。

座中醉客不得意，聞之一聲淚如雨。

向使逢著漢帝憐，董賢氣咽不能語。〔註88〕

此詩當中，男性美優同樣惹人憐愛，如能遇客如哀帝，他將能像董賢那樣獲得斷袖之寵。

這兩首詩都只寫到了同性戀的可能性，而有如此描寫在唐詩裏面就已屬難得，既用到了同性戀典故又寫的是實在同性戀關係的唐詩是找不到的。這種詩的例子，明清詩歌時有可見，如徐熥《閩中元夕曲》云：

誰家白皙少年郎，蜀錦吳綾別樣妝。

半醉半醒騎馬過，最堪魂斷是龍陽。〔註89〕

袁枚《袁郎詩為霞裳補作》云：

鄂君翠被床才疊，荀令香爐座忽空。

我有青詞訴青宰，散花折柳太匆匆。〔註90〕

文學是對現實的反映，從社會史的角度看，以《全唐詩》為主體的唐代詩歌當然是一座容量巨大的寶庫，可其中卻缺少同性戀方面的內容。那麼，由此是否可以認為，唐代的男風同性戀現象比較地不太活躍？可唐代社會是一個開放融通的社會，其時的性文化也較少禁忌。按照通常的理解，這樣的社會文化環境是比較適合於同性戀的存在的。所以，雖然我們基本上已經瞭解了唐代詩歌中同性戀典故的使用情況、同性戀現象的反映情況，但更進一步的結論卻難以做出。為了達到這一步，還需要做深入全面的綜合研究，僅僅研究唐詩是並不夠的。

〔註87〕卷二百二。

〔註88〕卷一百九十九。

〔註89〕《幔亭集》卷之十四。

〔註90〕《小倉山房詩集》卷三十一。

宋代詩詞中的男風影蹤

　　中國詩歌的發展變化不僅體現在體裁形式上，而且也體現在數量規模上。宋代詩詞現存近三十萬首，這是唐詩的數倍，魏晉南北朝詩的數十倍。當然無論在何朝代，詩歌的詠吟主體都是人與人之間的相互關係，尤其是感情、戀情關係。就同性戀而言，與詩歌數量成反比，魏晉南北朝時期明確直接的男風詩歌就有十來首，唐代可謂無，宋代則進一步萎縮，連用到的同性戀典故都變得更少。下面筆者比照自己已經完成的《唐代詩歌中的同性戀典故》一文，具體言之。

一、對典故的白描

　　劉克莊《採荔子十絕》其八：「包柚書云爾，分桃傳有之。」〔註91〕

　　魏庭堅《越中懷古》：「張翠鄂君舟上去，浣紗西子網中歸。」

　　王初《自和書秋》：「湘女怨弦愁不禁，鄂君香被夢難窮。」

　　周必大《楊廷秀秘監萬花川谷中洛花甚富，乃用野人韻為魚兒、牡丹賦詩，光榮多矣惡語敘謝》：「共船不妒龍陽釣，警乘猶疑洛渚飛。」

　　李彭《讀〈西京雜記〉十三首次淵明讀〈山海經〉韻》其十一：「韓嫣佞倖徒，訄曲承密旨。長安有成言，金丸不餓死。平生駿驎冠，於茲見操履。安陵泣前魚，炙手何可恃。」

　　司馬光《春獵》：「韓嫣承恩來視獸，飛塵遙出建章西。」

　　陳普《詠史‧武帝》其五：「先帝齋宮內弄兒，阿嬌金屋簒歌姬。」

　　陳普《詠史‧揚雄》其二：「德宅神庭孰與遊，董賢舜禹莽伊周。」

　　黃庭堅《次韻奉送公定》：「至今揚子雲，不與俗諧嬉。臥聞策董賢，閉門甘忍饑。」

　　魏野《寓興七首》其五：「伊尹放太甲，董賢居高位。」

　　羅公昇《燕城讀史》其七：「申屠蹶張一健卒，欲斬嬖倖尊朝廷。如何董賢小豎子，迨（進）退宰輔如優伶。」

　　晁說之《攬古》：「王莽曆期餘數在，董賢恩倖幾番新。」

　　李龏《京洛篇》：「毗陵震澤九州通，董賢女弟在椒風。」

　　李流謙《送李德明解綿竹尉》：「董賢尉三公，冕黻蒙垢塵。」

　　王禹偁《和馮中允爐邊偶作》：「西漢董賢方佞倖，孔光迎拜卑如奴。」

〔註91〕本文所錄諸詩均選自北京大學《全宋詩分析系統》。

宋庠《梁冀二首》其一：「將軍幸有封侯力，忍使秦宮令太倉。」

羅公昇《燕城讀史》其九：「石虎父子恃兵刀，卜世謂與天地期。那知喋血宮庭者，盡是懷中抱弄兒。」

二、對典故的使用

（一）冷落

饒節《向居卿所藏靈壁石歌》：「倘君他日棄前魚，南窗坐對廬山遠。」

柴元彪《擊壤歌》：「後魚才得泣前魚，予之非恩奪非仇。」

洪适《山居二十詠·山居》：「自開溪上徑，花露泣前魚。」

（二）投獻

李流謙《富池羅漢院有錢希白中大科赴信州別駕時所題詩，有陳朝柏二絕句》其一：「聖世能收晁董策，孤舟來唱鄂君歌。一看獻納元臺表，可特修名在異科。」

（三）適意

李新《蓬溪道中所見》其二：「鄂君被暖春回帳，犬子琴閒月到床。」

（四）閒雅

文彥博《荷花》：「翠羽亭亭蓋，微障越鄂君。錦書何日寄，繡被幾時薰。」

（五）清幽

錢惟演《無題三首》其一：「鄂君繡被朝猶掩，荀令薰爐冷自香。」

（六）狀物

李呂《鷓鴣天·謝人送牡丹》：「尋香若傍闌干曉，定見堆紅越鄂君。」〔註92〕

（七）兼行

李呂《喜入杉嶺》：「竄身輒拘滯，伍噲仍比頑〔註93〕。疑慮狐涉冰，進退羊觸藩。」

（八）善唱

辛棄疾《菩薩蠻·重到雲巖戲徐斯遠》：「倩得李延年，清歌送上天。」〔註94〕

〔註92〕《澹軒集》卷四。
〔註93〕噲即樊噲，事見本書第75頁。
〔註94〕《稼軒長短句》卷之十一。

（九）泛指

馬廷鸞《詩謝趙南岡》:「早從諸暨厚相於,郭史能書也憶渠。萬事只今同去鶴,十年依舊愛前魚。」

開慶太學生《美文文山劾董宋臣〔註95〕》:「國人咸懼妖復來,天子自知忠可使。履齋泉下不伏款,帝謂董賢人切齒。」

（十）別指

黃庭堅《靜居寺上方南入一徑有釣臺,氣象甚古而俗傳謬妄,意嘗有隱君子漁釣其上,感之作詩》:「安知冶容子,紅袖泣前魚。」

宋高宗《漁父詞》其十五:「唯有此,更無居,從教紅袖泣前魚。」〔註96〕

方回《次韻汪翔甫和西城呂全州見過四首》其四:「前魚又堪笑,紅袖泣龍陽。」

唐庚《白頭吟》:「高鳥既已逝,前魚自當棄。」

范溍《讀〈長門賦〉》:「自憐身世等前魚,舊寵全移衛子夫。」

左瀛《妾薄命》:「本期為匹鳥,深恐作前魚。」

賀鑄《尉遲杯·東吳樂》:「勝遊地,信東吳絕景饒佳麗。鄂君被,雙鴛綺。」〔註97〕

三、小結

在宋代數十萬首詩詞中,同性戀典故的使用數量很少,同時又經常與同性戀無關,尤其是與現實的同性戀無關,這種情況與唐代詩歌相近而與魏晉南北朝和明清詩歌形成了鮮明的對照,同時與宋代的異性戀詩歌也形成了鮮明對照。總體來看,宋詩的內容還是比較收斂的,而不少宋詞則是繾綣旖旎,纏綿風騷,以狎妓賞歌為主的男女風情被進行了充分表達。我們知道,由於禁止官吏宿娼等原因,明清時期的優伶男色是處於一種興盛的狀態,明清詩詞對此也有比較充分的展現,吟詠歌郎小史的作品已經形成了一種創作類型;而在宋詞當中,吟詠官妓家姬的作品同樣也已形成體系。如果不看性別,兩個時期的作品幾乎無甚區別。

宋·柳永《柳腰輕·贈妓》:

〔註95〕宦官,甚得宋理宗寵信。
〔註96〕《會稽續志·卷第六·詩文》。
〔註97〕《東山詞》卷上。

英英妙舞腰肢軟。章臺柳、昭陽燕。錦衣冠蓋、綺堂筵宴，是
處千金爭選。顧香砌、絲竹初調，倚輕風、佩環微顫。　乍入霓
裳促遍。逞盈盈、漸催檀板。慢垂霞袖、急趨蓮步，進退奇容千變。
笑何止、傾國傾城，暫回眸、萬人斷腸。〔註98〕

明·徐熥《贈歌者》：

習家池上春晝長，主人愛客飛羽觴。

梨園子弟紛成行，少年白皙稱陳郎。

何晏之粉荀令香，技掩秦青音繞梁。

翩翩廣袖能迴翔，修眉高髻內家妝。

月中一曲舞霓裳，輕敲檀板按宮商。

頓令四座生輝光，蘇州刺史空斷腸。

奈何與子非一鄉，安得相從樂未央？

人生及時須徜徉，莫令兩鬢生秋霜。〔註99〕

宋或曰唐宋與明清的詩歌差異能夠反映兩個時代同性戀面貌的差異，也
即賞狎性質的男風男色唐宋時期是比較弱的，女色妓樂是當時聲色的主體。當
然，存在於社會一般成員之間的普通同性戀可以講是發乎自然，自有其基本的
發生比例。明清的筆記、判牘等文獻對此的反映比較充分，詩詞當中也有一
些。而在宋代，各類文獻中都罕見相關的明確反映，這一點也是需要引起注意
的。既然意指明確的詩詞見不到，這裡不妨舉出幾首描寫友朋深情的作品，考
慮到同性戀情的特殊性，借前情以抒發後情的可能性也是有的。

姜夔《寄田郎》：

楚楚田郎亦大奇，少年風味我曾知。

春城寒食誰相伴，夜月梨花有所思。

剪燭屢呼金鑿落，倚窗閒品玉參差。

含情不擬逢人說，鸚鵡能歌自作詞。

趙師使《水調歌頭·春野亭送別》：

江亭送行客，腸斷木蘭舟。水高風快，滿目煙樹織成愁。咿軋
數聲柔櫓，拍塞一懷離恨，指顧隔汀洲。獨立蒼茫外，欲去強遲
留。　海山長，雲水闊，思難收。小亭深院，歌笑不忍記同遊。

〔註98〕《樂章集》。
〔註99〕《幔亭集》卷之三。

惟有當時明月，千里有情還共，後會尚悠悠。此恨無重數，和淚付東流。〔註100〕

蔣捷《洞仙歌‧對雨思友》：

世間何處，最難忘杯酒？唯是停雲想親友。此時無一盞，千種離愁。西風外，長伴枯荷衰柳。　去年深夜語，傾倒書窗短燭，心懸小紅豆。記得到門時，雨正蕭蕭。嗟今雨，此情非舊。待與子相期採黃花，又未卜重陽，果能晴否？〔註101〕

明清時期的男風詩歌

男風詩歌也即描寫同性戀情的詩歌，由詩歌和同性戀的特點所決定，相關作品中的相當部分表達並不明確。本文排除這一部分，只在狹義上談含義明確的作品。同時，有關優伶男風的部分也另有專文，在此不述。

若要判斷詩歌是否具有明確的男風主題，最主要的方式是看其中是否用到了男風典故，常見的有分桃、泣魚、龍陽、斷袖等；再一種方式則是看其內容描寫，字裏行間是否有主題提示，當然這也需要結合具體的時代背景來做分析。

一、明代

據明末男風小說《宜春香質》、《龍陽逸史》等的敘寫，具有特定含義的小官在明代中後期不算少見。他們鬻色賣身，深得大老官的賞愛，但又不像優伶、俊僕那樣身份低賤，即如這位鄭生：

永叔挾小友鄭生入都，生年甫十六，美秀工奕。酒中持素冊進余乞詩，戲成四絕

石樑天際夢魂勞，雙別仙姝渡海濤。

綺閣紗廚春晝永，一枰閒對鄭櫻桃。

清簟疏簾奕未停，楚江雲雨正冥冥。

莫教夜半成虛約，辜負燈花落小亭。

綠髮朱顏羨子都，楸枰拂拭倩華裾。

摧鋒謾自誇年少，一著還須讓老夫。

〔註100〕《坦庵詞》。
〔註101〕《竹山詞》。

長鋏翩翩海上游，明光謁帝暫依劉。

無勞更賭宣城郡，一局龍陽已拜侯。〔註102〕

　　詩中用到了「龍陽」之典，則鄭生的身份可知。在作者胡應麟的另一組七絕詩中，採菱亦為人小友：

採菱曲十二章

風情老去似徐娘，猶逐王孫負錦囊。

莫駕輕車殘雪裏，人間無處覓蕭郎。

碧衣長袖伴瑤琴，欲擬方回更自矜。

學得新詩明月底，含羞不肯向人吟。

十院名花院院開，高懸明鏡在瑤臺。

碧空萬里天如洗，飛袂娉婷夜半來。

紅顏二八定誰如，三十專房寵未除。

頭白楚宮看似舊，登車何用泣前魚。

風神秋水照華筵，怪得王孫掌上憐。

惆悵後庭花底月，憑闌回憶破瓜年。

繡帽羅衫恰稱身，綠絲布褲最撩人。

愁中開府看如掃，夢裏司空認未真。

那曾調笑問當壚，慣向書齋直唾壺。

驀地閒行尋不得，畫廊東角鬥摴蒲。

焚香懶著鵁鶄冠，長日東君帶笑看。

好是綠窗明月夜，潛身行傍曲闌干。

舊識花卿在錦城，相逢高唱少年行。

那堪回首東風惡，吹送青帆入四明。

玉雪肌膚姑射仙，天涯揮手劇堪憐。

明年定掛山陰雪，人在陽明赤水天。

玉樹相輝照畫屏，朱陳遺事最堪憑。

含啼卻笑文君拙，不遣相如聘茂陵。〔註103〕

〔註102〕《少室山房集》卷八十。

〔註103〕是子姓陳，又朱生年差少同事。──原注。

十年聲動大長秋，一笑如花越水頭。

為有薛家紅線在，何須重上木蘭舟？

詩序：「採菱者，髧㣧事緯真，今長矣。余乃遇於三衢屠，謂余是子知詩，冀一言附集末。追數其舊，為採菱曲十二章。」〔註104〕在此詩中，除去泣前魚、後庭花這樣的關涉男風的典故、名詞，單單一句「綠絲布褲最撩人」，其色情意味就很濃烈，係屬字裏行間的主題提示。

俞琬綸結交有兩位小友楊二郎、楊九郎，二人是兄弟關係：

楊二郎善琴善歌，不美而多態，即若若弟也

吟噭開蓮幕，相逢覆髮時。

含情一把手，對面欲交頤。

語出如新燕，嬌來儗曼姬。

明光催月滿，淥水度雲遲。

婉孌重諧佩，飄搖可借枝。

樽前數愁緒，半為卜花期。〔註105〕

九郎過訪

閒窗初試雨前茶，何處風吹到小娃。

促坐移時交半語，滿齋春暖不需花。〔註106〕

小娃九郎或許就是俞氏下面這首詩中的小友：

懷別

一自江州憐小友，笑人還夢望京樓。

錢塘此渡尤無為，繡澀山花滿路愁。〔註107〕

俞琬綸還寫過一首《甘蔗郎》，詩中此郎是一位賣蔗少年，憨俏可喜，原博對他的喜愛顯然帶有愛戀的成分。詩序：「橫塘甘蔗郎，每午餘必以蔗來。稚年可親，原博有曲志賞。曲文郎不解，予為俚語解之。」詩云：

君問儂年紀，君問儂不答。

君莫問儂年，春來始垂髮。

小小負蔗行，夏月行如火。

〔註104〕　《少室山房集》卷七十六。

〔註105〕　《自娛集》卷四。

〔註106〕　《自娛集》卷六。

〔註107〕　《自娛集》卷六。

蔗則儂與君，君與儂瓜果。

人人飲蔗漿，蔗皮人所棄。

不識君何心，疊疊還堆砌。

他人持蔗來，蔗大君嫌小。

低低問阿儂，汝可嫌錢少？

他人持蔗來，不許上階頭。

點首呼阿儂，汝可來上樓。

蔗味只如此，君言不可食。

一經阿儂手，便說甜於蜜。

蔗甜儂則苦，起早衣猶濕。

賣蔗雖則苦，此苦猶可當。

阿爺不愛儂，教儂牧牛羊。

告君君不肯，坐名甘蔗郎。

知君有蔗癖，日到君門首。

一日君摟儂，摟儂儂佯走。

好心將蔗來，明朝定無有。〔註108〕

原博欲摟郎，小郎假意走。而一旦此郎顯露真意，投懷送抱，他就可以怡然為人小友，不再辛苦鬻蔗了。

鄒迪光詩作中的「所歡」應當亦係小友：

友人攜所歡詣余草堂看劇有賦

燈檠齊立絳帷施，傀儡筵前坐麗姿。

凝睇不將密意授，驚魂偏作有情窺。

低微笑語和檀板，宛轉晴矑傍柘枝。

贏得悵兒無賴子，也梳蟬鬢賽蛾眉。〔註109〕

李流芳在其悼亡之作中稱小友張荃之為小史：

春日以看梅到彈山，信宿山閣，讀壁間舊題如昨日耳。而當時

共事者徐孺谷、張君實與小史荃之皆死矣。愴然興懷，爰作此詩

七載閣中人，重來死亡半。

〔註108〕《自娛集》卷五。

〔註109〕《始青閣稿》卷之八。

巡覽驚孤遊，數往疑夢幻。

當年詩酒徒，徐生意何悍。

小史最清發，與我情婉孌。

張生實同調，時亦偕汗漫。

一朝俱灰塵，蕭條空里閈。

不見窗中山，突兀猶在眼。

不見門前樹，森疏好枝幹。

山花向我笑，山鳥自相喚。

壁間舊題字，墨蹟未漫漶。

嗟我同遊人，一逝不復返。

曉日充山舟，夕月銅井院。

湖波綠欲皺，楊梅紅始綻。

曳杖追流雲，浮杯激飛濺。

此中樂事多，此日歡情變。

低回閱身世，生存靦顏面。

西州下悲淚，黃壚發浩歎。

予懷不可道，松風吹獨旦。〔註110〕

　　在張荃之生前李流芳與他兩情婉孌，對此，《將赴白下走筆別荃之》描
寫道：

憶昔婉孌時，與子有成說。

悠悠路傍人，使我意不徹。

齟齬不足論，但念子羈紲。

人生非鹿豕，豈難相訣絕。

不忍區區誠，執手即嗚咽。

白門河畔柳，句曲邸中月。

維舟復沽酒，與子行相挈。

車塵十尺深，關路百盤折。

奚囊共結束，蹇衛爭蹩躠。

村醪解饑劬，松柴憩煩熱。

十年諳客味，夢到魂欲裂。

況復與子辭，獨行何了了。

水行多風浪，陸行畏炎魃。

車行虞輗軏，馬行憂蹉跌。

世路皆如此，吾生何屑屑。

白龍百畝山，嘉木蔭成列。

揭來偕吾友，掉頭意已決。

永懷向子期，遂陋張生舌。

茲遊非本情，聊以當一吷。

子如有兩意，請與子長別。〔註111〕

請注意，詩中「與子有成說」出自《詩經‧邶風‧擊鼓》：「死生契闊，與子成說。執子之手，與子偕老。」深情眷戀，一至於此！而據此詩，未明言所懷係何人的《冬夜書懷》應是在懷戀荃之：

懷人不能寐，起行視天末。

風高夜氣爽，空庭貯寒月。

落木何蕭疏，縱橫影交列。

萬籟久逾靜，中懷耿不滅。

憶我心所歡，生平矢相結。

嬿婉能幾時，一朝悲契闊。

前日送我行，牽衣與我訣。

期我明月夜，翩然履我閾。

將子無怨期，指為三四屆。

筦簟既已安，樽罍亦云設。

期逝子不來，音塵望中絕。

川塗非渺邈，江河多舟楫。

豈不顧前好，或以事羈絏。

一心抱終始，懷疑難自決。

團團天上月，光輝有時缺。

藹藹庭中樹，豈無辭柯葉。

新歡與故知，恐或異涼熱。

〔註111〕《檀園集》卷一。

引領還入房，垂淚空咄咄。〔註112〕

　　而在《隴上別》中，「儂」也即李流芳帶有一些女性口吻，「郎」也即張荃之不像小史倒像一位翩翩佳公子，李氏為愛不惜自降身階：

　　　　青青隴上麥，離離江邊樹。

　　　　此地曾別郎，細雨濕歸路。

　　　　郎亦從此去，儂亦從此辭。

　　　　感彼路傍人，道儂相送時。

　　　　不忍與郎別，又不隨郎去。

　　　　只是牽郎衣，躊躇復不語。

　　　　斫枝斫連理，折花折並頭。

　　　　今日非昨日，儂身那自由。

　　　　一花持伴儂，一花持贈郎。

　　　　不比花顏色，但比花參商。

　　　　儂如車腳泥，棄置亦不安。

　　　　郎如失林翼，孤棲亦不歡。

　　　　儂自目送郎，請郎莫回顧。

　　　　恐郎為儂辛，淚亦為郎茹。

　　　　譬如不相識，相會自有期。

　　　　但願加餐飯，不願長相思。〔註113〕

　　張荃之多才多藝，李流芳都有自愧弗如之處，當然需要尤加珍愛：

　　　　題荃之畫蘭

　　　　我昔學畫時，意亦頗浩渺。

　　　　不求工形似，但以寫懷抱。

　　　　十年弄筆研，自顧尚草草。

　　　　子真有夙慧，落筆那便好。

　　　　疏疏幾葉蘭，此意亦難了。

　　　　墨肥苦無骨，險瘦神亦槁。

　　　　縱筆傷婀娜，取態失蒼老。

〔註112〕《檀園集》卷一。

〔註113〕《檀園集》卷一。

不獨煩位置，兼亦貴風藻。

看子意有餘，一往何振掉。

著花花離離，著葉葉嫋嫋。

因風欲翩翩，墮雨故夭矯。

開簽颯生氣，嫣然出物表。

始知畫有真，俗工徒潦倒。

勉旃自珍重，成名不足道。

因憶吾友言，惜哉籠此鳥。〔註114〕

而當再憶此情此景時，荃之卻已是阡陌幽魂，能不令人哀慟欲絕？

重題荃之畫蘭

秋風蘭若長干客，蘩樹陰陰小窗碧。

千里間關遲子來，殘燈細語為誰劇？

當時子畫我作詩，今日開看已陳跡。

我昨送子寒城東，荒草茫茫掩阡陌。

腸摧淚竭無奈何，手澤相誇竟何益。

吁嗟乎！人生不死空有情，慚愧傍人知愛惜。〔註115〕

當然，在有的詩歌作品中，龍陽小史的身份未予明確，可能是小友也可能是優伶或者俊僕，這時我們不妨做寬泛的理解。

戲贈

絕代是龍陽，清輝照屋樑。

驚回竊車者，妒殺棹船郎。

蕙草初銷雪，梅花欲斷腸。

經時嚴酒禁，為爾一飛觴。〔註116〕

贈幼文

入幕何來傅粉郎，居然容色似龍陽。

書裙是日逢王令，〔註117〕斷袖當年憶漢皇。

曲裏含桃歌絓軲，車前名果擲琳琅。

〔註114〕闓孟遺荃之詩嘗有此句。——原注。《檀園集》卷一。

〔註115〕《檀園集》卷二。

〔註116〕《處實堂集》卷之二。

〔註117〕大令為羊欣書白練，時欣方幼。——原注。「大令」指東晉書法家王獻之。

異時開府能相過，〔註118〕莫遣才人坐別床。

秋水為神隔絳紗，何年捧劍〔註119〕入王家。

床頭夢有金莖露，庭後春生玉樹花。

才比郗郎〔註120〕偏有意，色同彌子更無瑕。

他時倩汝汾陽宅，飛挟紅綃上太霞。〔註121〕

　　詩序：「幼文，丁氏〔註122〕逸季侍童也，常置帳中。余從諸客徂佪得之，賞其豐神瑩徹，為賦二首。」〔註123〕

豔情為靈墟二首

桃花寶扇擁檀郎，翡翠輕裾熨麝香。

為怕羊車穿市窄，青驪自控紫遊韁。

十三曾識賣珠名，幾度春風醉舞塵。

昨日鬥雞長樂觀，文園偷訪愛琴人。〔註124〕

閨中元夕曲

誰家白皙少年郎，蜀錦吳綾別樣妝。

半醉半醒騎馬過，最堪魂斷是龍陽。〔註125〕

贈朱小元

一蹴還堪躍，登山亦自豪。

臥應隨斷袖，啖不厭餘桃。

雨後涼生簟，雲空鶴與翔。

誰家彈夜月，更傍鬱林高。〔註126〕

又代小史分得江字

不臥繁華社，翩飛只北窗。

藏鉤纖手怯，說餅夜寒降。

〔註118〕庾信—蕭韶事，見《南史・卷五十一・長沙宣武王懿傳附韶傳》。

〔註119〕捧劍，咸陽郭氏的蒼頭僕媵。事見唐・范攄《雲溪友議》卷下。

〔註120〕當為郗郎。郗超，東晉桓溫的入幕之賓，事見南朝宋・劉義慶《世說新語・雅量》。

〔註121〕崔生—紅綃事，見唐・裴鉶《傳奇・崑崙奴》。

〔註122〕當為王氏。王士駿，字逸季，王世貞之子。

〔註123〕《少室山房集》卷五十六。

〔註124〕（明）彭年作，見《列朝詩集》丁集第八。

〔註125〕《慢亭集》卷之十四。

〔註126〕《漪遊草》卷一。

翠袖人憑欄，紅梅昨到江。

豈令幽事懶，碧碉正淙淙。〔註127〕

贈小史二首

江頭未必有芙蓉，寫得煙姿好伴儂。

記向方諸官裏見，秋乾香海夜還逢。

練裙痕滲墨花初，玉案何能一報渠。

便是青童馭鸞去，不忘頻寄上元書。〔註128〕

孌童有目眚者，戲為贈之

闌干生赤暈，眉角絢霞文。

扇卻羞燈影，屏開畏日曛。

含矉疑齧被，微困欲書裙。

若使流青盼，紅啼持贈君。〔註129〕

怨詩五絕戲贈瀾生、濮郎並以為別

漾水芙蓉寫六郎，吹笙緱嶺月如霜。

忍教煙霧迷仙路，不及秦家雙鳳凰。

斷袖濃恩隔夢中，當年齧被渺難同。

明珠投贈空垂淚，似向蘼蕪山下逢。

蓮花如貌葉如妝，一水盈盈望渺茫。

可憐墮粉寒塘淨，剩有殘香制芰裳。

楚王魂夢杳難尋，冷落巫山一片霙。

歡意已如銷暑簟，儂心爭似辟寒金。

春來紅雨亂如絲，自恨看花去較遲。

棄置已隨秋草歇，芳塵還問來年期。〔註130〕

友人靜芳軒酒間

秋金初綻晚花黃，坐中多酒狂。枯棋消晝，繁絃催月，糾令如霜。　醉挽青童周小史，柔曼奪紅妝。耳邊聲膩，心頭情熱，眼

〔註127〕《靜嘯齋存草》卷之十。

〔註128〕《靜嘯齋存草》卷之十。

〔註129〕《翰寮館集》卷一。

〔註130〕《翰寮館集》卷一。

底空忙。〔註131〕

　　昭華曲

　　簪筆垂囊倚碧紗，看來粉黛失繁華。

　　移將一樹連卷玉，滿院春開解語花。

　　結社蘭林燕曲池，名流畢集每追隨。

　　故將險韻書花片，分送尊前索賦詩。

　　洞庭霜後橘林開，百顆從人走索回。

　　金殼玉瓤親自剖，甘酸嘗過始傳來。〔註132〕

　　陳子升曾經寫過一組《無題》詩：

　　桃李自成蹊，婆娑並上堤。

　　秦宮花底活，周史月邊迷。

　　樂府能傳鳳，天河恨報難。

　　因君逢嫁娶，端是不須啼。

　　不矜交甫佩，不羨莫愁堂。

　　死認羅浮樹，生憐西國香。

　　老來將藥卻，憂至倩萱忘。

　　定有龜臺使，餘桃泥漢皇。〔註133〕

陳氏還寫過一隻小令《贈繁華子》：

　　【楚江情】〔香羅帶〕雙飛未必甘，專房也堪。越裳授車原指
　南。龍縠一樣合瓊函也，繁華特館，屠蘇小庵。巫山舊夢青出藍。
　〔一江風〕粲粲朝霞，翻覺秦樓暗。絲絲馬與蠶，絲絲馬與蠶。卿
　卿爵是男，進退個觴非濫。〔註134〕

　　按：「繁華子」出自（魏）阮籍《詠懷》：「昔日繁華子，安陵與龍陽。夭
夭桃李花，灼灼有輝光。」〔註135〕由陳子升的這一組詩和一隻曲，再看他寫
的下面三首詩：

〔註131〕《范勳卿詩集》卷之二十一。

〔註132〕（明末清初）項隆錫作，見《檇李詩繫》卷二十五。關於項隆錫，《詩系》介
　　　　紹道：「隆錫字子介，元汴孫。弱冠為諸生有名，徜徉詩酒，自號江左天民，
　　　　有《天籟閣稿》。嘗昵小史昭華，成斷句五十四首以自懺云。」

〔註133〕《中洲草堂遺集》卷之九。

〔註134〕《中洲草堂遺集》卷之二十。

〔註135〕《玉臺新詠》卷二。

城中寄懷某郎

想子中洲夜，月斜春帳深。

新蛙亂欹枕，起坐空橫琴。

予實同棲鳥，飛翔惟近林。

春潮日來往，因信平生心。〔註136〕

賦得江海寄情人

平生寥廓意，持此結情親。

明月隔千里，滄州同几人。

依依寒雁渚，淼淼落花津。

我獨乘桴去，思君愁白蘋。〔註137〕

元夕燈下懷所欽

情人曠顏色，空此九微燈。

今夕始三五，今年思舊朋。

愁聽火鳳唱，夢到燭龍升。

春雪如相映，山陰棹已乘。〔註138〕

單看這三首詩，「春帳」、「情人」等語詞的同性戀意味已經較濃，然後再結合陳氏用到了男風典故的一詩一曲，不妨可將三首詩的男風主題坐實。

梁簡文帝曾經作有一首《孌童》詩，唐代李賀曾經作有一首《秦宮詩》，明末周拱辰《續孌童詩》序謂：「古有《孌童》詩，詮情未暢。戲為續此，當李賀《秦宮》之什。」詩云：

分明楊柳絮，捏作一妖童。

倚髮方蕭史，風流軼子充。

袂裁垂手翠，袴剪合歡紅。

割袖邀深愛，分桃莫惱公。

香奇疑是竊，憨稚總成聰。

髻幻吳宮女，腰逾楚國娥。

引謌秋露滴，吐氣石蘭融。

密意遺梔子，幽歡拾鹿蔥。

〔註136〕《中洲草堂遺集》卷之八。

〔註137〕《中洲草堂遺集》卷之九。

〔註138〕《中洲草堂遺集》卷之九。

　　彩球銅咨弄，雙陸蠶窗攻。

　　舉袂扶雕輦，盤靴怯寶驄。

　　乘酣春選夢，餘興夜吹銅。

　　行雨非巫峽，牽雲笑螮蝀。

　　前魚未應泣，憐惜剩秦宮。〔註139〕

　　情感詩歌的具體主題經常具有模糊性，友情與戀情不易區分。但有一種情況則不然，這就是在男風小說當中。由於其中人物的性向、性趣已經明確，因此相關詩歌不管怎樣表達，其男風主題都無疑問。《弁而釵‧情貞紀》寫翰林風翔對書生趙王孫的慕戀。第一回中，風翰林「想起日間趙生顧盼，甚是有情，題《如夢令》一闋以記事」云：

　　遊藝中原誤入。仙子冰肌玉質，一見識英雄，心締三生佳迷。

　　如醉，如醉，何時能遂歡會？

　　第二回中，趙生對風翔也是無時不想，「因題《憶王孫》一闋以自嘲」：

　　無端一見便關心，何事關心直恁真？將心問口自沉吟，這牽情，三生石上舊精魂。

　　風翔思而未得，乃賦一闋《訴衷情》：

　　臨風幾度憶王孫，清淚頻沾巾。相逢不敢訴衷情，背後暗呼名。　　個中事，付題吟，誰寄卿？骨化形銷，因風萎露死甘心。

　　園中觀景，不禁對景生愁：

　　滿庭芳

　　桂花爭馥，楓葉驚紅，造成一段秋色。蘭秀菊芳，那更飛雲白。征鴻嘹嚦半空，告天涯幾家離合。池塘畔，哀柳寒蟬，兩兩啼愁拍。　　休說。雖然是明窗淨几，雕梁畫格，解不得對景悲秋狂客。道芙蓉老也，難保這少年時節。怕凝眸，煙霧霏靡，都是傷心物。

　　在第五回，已結情好的兩人因故分離。風翔「回思趙生向日情致，淒然淚下，因作《二郎神》一套，以志其相思景況」：

　　【二郎神】強遊遨，見彤雲遮斷相逢道。望桃源何處覓春曉，無限相思，徒自心中懷抱。癡魂時傍情悼繞，志誠經讀得心焦。他去了，無音無耗，怎禁珠淚拋？

〔註139〕《檇李詩系》卷十九。

【集賢賓】伊行已隔碧天遙。審覷處，恍結豐標。耳邊似把離情叫，再三聽，是自口相嘲。意攘心勞，料他們相思瘦倒。揉碎薛濤，忍見他斷腸詞調？

【黃鶯兒】展轉愈無聊。倚蓬窗，怕遠眺。愁峰蹙損離人貌。詩賦慵敲，經史懶瞧，清淚臨風落布袍。音書杳，鍾情我輩，怎不掛心苗？

【貓兒墜】狂風驟雨，何事恁摧撓。連理枝頭拆散了，妒花不管花窈窕。悲號。幾時得延平劍合，好友從交？

【尾聲】相親相愛關心竅，吞聲忍氣強別了。復仇時，斷首剜心絕猿臬。

趙生亦有詩誌感：

獨坐孤齋意若焚，徘徊雲漢淚如淒。

相思無限難言處，只恐孤猿不忍聞。

《弁而釵》情俠紀第四回中，情友鍾圖南與張機因事分別，鍾子口占七律以送行：

憶昔交論海天秋，風雲聯翩喜相酬。

幾回遙想惟馳夢，此日相逢氣最投。

花下談詩開逸興，尊餘話別起新愁。

懸知得意盧龍塞，早斬樓蘭慰遠遊。

張生「聽罷泣淚落，亦淒然吟五言律一首以覆之」：

含情惜遠別，尊酒暫流連。

故國旌旗蔽，他鄉戈馬偏。

觀花北上苑，破敵嶺頭煙。

兩地思千里，深愁望眼穿。

在《弁而釵》情烈紀第二回，雲天章與文雅全互有好感，文生贈詩云：

城轉山如近，溪多水覺分。

開門遍草色，踏徑破苔紋。

煮茗聽玄論，焚香閱秘文。

稱君高義在，撇脫世人群。

雲生復答：

可惜投交晚，相看意氣多。

敲詩頻染翰，作賦若懸河。

說劍消塵想，談雄卻俗魔。

難壇從此定，勿論世如何。

《弁而釵》雖為色情小說，但其中詩詞情真意切，文學水平比較高。另有一些小說中的詩詞，只是為了對情節進行鋪墊、補充，目的不在抒情，有時寫得就比較隨意。

《別有香》第四回寫僧人雙性戀：

鎮日空門無個事，只思飲酒婆娘宿。

強稱採戰恣通宵，弄得徒弟睡不足。

哀求我師開慈悲，放鬆一著不是錯。

師聞笑抽慢回言，到你手裏還更毒。

第六回寫小官孌童與巨陽回回人的肛交之苦：

大鼻人稱塞上胡，風流隊裏喚辜辜。

龍陽陡遇忙遮眼，畏爾衝鋒戰氣粗。

耽他傍玉溫香好，□□□崖登□來。

誰料機深渾未測，後庭先已飽回回。

第十回寫因丈夫好男風而導致的家庭之亂：

不將嚴肅示家人，勾引龍陽外宅馴。

致令妻孥轉相效，淫風是已玷閨門。

駐雲飛

古怪生涯，不愛餛飩喜麵抓。花竅（陰道）無心極，桂窟（肛道）留心□。知趣好渾家，不用嗟。別尋□□，那怕□□下，你不來時不慮他。

《醋葫蘆》第十一回，善於演唱的幫閒賽綿駒自唱其男色活動：

賽綿駒，賽綿駒，肚裏原無半句書。半句書，陽關三疊，一曲驪珠。後庭花果萬千枝，皮場廟裏多精緻。多精緻，賴有屯田，問津可據。

《型世言》第二十三回寫小官陳有容的美與媚：

額覆青絲短，衫籠玉筍長。

色疑嬌女媚，容奪美人芳。

小扇藏羞面，輕衫曳暗香。

從教魂欲斷，無復憶龍陽。

《豆棚閒話》第十則嘲笑大齡的龍陽小官：

近來世道尚男風，奇醜村男賽老翁。

油膩嘴頭三寸厚，賭錢場裏打蓬蓬。

就體裁而言，詩歌大體可分詩、詞、曲三類。本文前面的記述是以詩詞為主，而明代文學的亮點之一是曲的創作。曲分散曲和俗曲，男風散曲請見本書第231～238頁。俗曲也有描寫男風的，色情氣息一般較濃。

男風

癡心的，悔當初錯將你嫁，卻原來整夜裏摟著個小官家。毒手兒重重地打你一下。他有的我也有，我有的強似他。你再枉費些精神也，我憑你兩路兒〔註140〕都下馬。〔註141〕

小官人

小官人，在行的，一發測癩。也會妖，也會者〔註142〕，也會肉麻。也會醋，也會唆，也會說句相思話。衣服兒穿去了，好簪兒搶去插。逢著見錢的，馬弔豬窩也，動不動抓一把。

又：

一時間吃這碗飯，難推難卻。綽趣的多，使錢的少，也只是沒法。每日間清早起，直忙到夜。大老官才放得手，二老官又拖到家。就是鐵鑄的喉嚨，也經不得這般樣打。〔註143〕

毡毛団兒

毡毛団兒輪蛔行，娼個見子氣膨膨。雖然弗是大買賣，再吃個星小猢猻介一槍。〔註144〕

「毡毛」指肛交，「毡毛団兒」指變童小官，此曲寫娼妓不滿団兒搶了她們的生意。

姹童

獻姹個學生新做子親，掰子新人就要幹窟臀。姐兒仔細思量，兩件東西儕是郎君個，便得渠留前支後要正經。

〔註140〕水旱兩路，陰道交與肛交。
〔註141〕《掛枝兒》隙部五卷。
〔註142〕裝模作樣，假媚取憐。
〔註143〕《掛枝兒》謔部九卷。
〔註144〕《山歌》卷五。

又：

> 東南風起白迷迷，那哩獻姹個家公瞞過子妻。世界翻騰人改變，
> 婆娘家倒要做烏龜。〔註145〕

「姹童」也指孌童小官，這兩隻俗曲前寫姹童娶妻成親，後寫姹童給有夫
之婦「戴綠帽」的情形。

男色妓

> 淫巧亂雄雌，要相逢，啟後扉。腰間別有風流處，子瑕是衛
> 姬，董賢是漢妃。不交其面交其背，歲華飛。末梢堪歎，對鏡摘髭
> 鬚。〔註146〕

> 肌巴兒得病在袴襠裏坐，叫一聲賢子們我的哥哥。這幾日不曾
> 打從毬邊過，粗的生得醜，老的毛又多，快尋個屁股答救答救我。
> 〔註147〕

清初《精選俹調時尚歌曲》中的一首《小官》也甚色情：

> 時與小官造化低，出門撞見巡夜的。拿在鋪裏，拿在鋪裏，四馬
> 攢蹄高弔起。小兄弟，我不毦你誰毦你。小兄弟，我不毦你誰毦你。

二、清代

清代的男風詩歌在數量上與明代不相伯仲，當然所描寫的內容主題有同
有異，像小友這樣的男色人群清代就不顯見。本書前面有關袁枚、鄭燮、竹枝
詞等的記述已對清代男風詩詞進行了介紹，見前第280～296、380～383頁。
再如：

> 样牁悼玉歌
> 春花不落日以槁，美人不死日以老。
> 與為愛弛彌子瑕，寧為看殺衛叔寶。
> 徐郎玉貌復玉名，璠璵聲價輕連城。
> 蔣侯抱之若拱璧，不羨弄玉兼飛瓊。
> 一朝墮地玉光碎，相如失色下和淚。
> 不合攜花徼外來，可憐人命琉璃脆。

〔註145〕《山歌》卷五。
〔註146〕《一夕話二刻·鶯聲百囀》。也見《大明天下春·卷之六·新編百妓品評》，
　　　　　文字有所不同。
〔註147〕《大明春·彙選倒掛枝兒》。

萬里牂牁水嗚咽，青天玉化蒼煙滅。

一曲哀弦唱未終，兩鬢蕭騷白如雪。

我道郎真了死生，早拚埋玉博深情。

他時玉貌纍纍有，未必如斯切念卿。

　　詩序：「和蔣侯勵宣作也。侯令元和，愛徐郎名玉者，出入必偕。奉使滇南，攜至牂牁郡，以不習水土死。侯哀思不置，為作是歌，屬好事者和之。」〔註148〕蔣勵宣係乾嘉間人，其《悼玉歌》序曰：「徐郎名玉，梁溪人，生而穎慧，幼習琴書，兼通詩畫。隨余茂苑署中曾經數載，今歲滇南于役，又令偕來，行至牂牁沉屙不起。楚江遙沂共逾莊蹻之關，滇嶺將還忽作平原之歎。聆猿啼而無寐，嗟鶴化以何年。根觸中宵，偶成長句。」據此，徐玉具有小友的一些特點，不過綜合來看，他應是一位文化水平比較高的侍僕書童，也可能是一位門子。蔣氏詩云：

秀毓錫山與惠水，藐姑綽約差堪擬。

臨風玉樹價連城，映日芙蕖嬌解語。

惠中秀外本天生，海上絲桐鶴上笙。

雲遏花驚歌一曲，九天飛下步虛聲。

新詞觸緒摛芳藻，妙筆臨池兼隸草。

清簟棋終夏晝闌，遙山畫就春光早。

昔年茂苑小亭前，理我青箱佐硯田。

借得新書常倩錄，遺來奇石獨教鐫。

去年奉詔金門謁，于役何曾賦離別。

曉馬分蹂趙北霜，宵車共礦燕南月。

薊上歸鞍未洗塵，滇南使轍又隨輪。

三江夢怯排空浪，五嶺魂驚傍午曛。

揭來跋涉關山絕，忽到蠻荒風景別。

慰我羈愁慧有珠，勤予旅事心如結。

綺歲韶華日甫朝，蓉城何事遽相邀。

金風肅屬三更冽，翠柳濃陰一夜凋。

沉屙未愈新屙續，二豎相煎胡太促。

三旬泉路逝如波，縱有巫陽招不復。

〔註148〕《天真閣集》卷十一。

一棺暫厝啞江干，魂自悲涼水自湍。

月照空山鄉路杳，霜凝孤嶼野磷寒。

雨蠻煙冥□亦苦，魂隨爾柩歸鄉土。

舊曾行處總傷心，莫聽鈞輈聽杜宇。

離合悲歡信幻場，征人到此更傍徨。

數年形影三春夢，一夕淒其兩鬢霜。

幽明頓判情何已，況在天涯程萬里。

共至窮荒不共歸，束裝那忍看行李。

寒更孤館夜何長，不聽鈴聲亦斷腸。

簾幕微風聞太息，屋樑落月照容光。

人生俯仰成今昔，莫怪青衫淚盡濕。

一曲哀歌聞不聞，淒風颯颯窗前急。〔註149〕

小說當中，《連城璧》曾寫許季芳與尤瑞郎「成親」之夕的情景，豔而不淫：

銀燭燒來滿畫堂，新人羞澀背新郎。

新郎不用相扳扯，便不回頭也不妨。

花下庭前巧合歡，穿成一串倚闌干。

緣何今夜天邊月，不許情人對面看？

輕摩軟玉嗅溫香，不似遊蜂掠蕊狂。

何事新郎偏識苦？十年前是一新娘。

按：許季芳在少年時也曾經為人契弟，「新娘」是也。

該書作者李漁對於男風時有譏嘲，詞及詩云：

菩薩蠻

南風不識何由始，婦人之禍貽男子。翻面鑿洪蒙，無雌硬打

雄。　　向隅悲落魄，試問君何樂？齟齬甚難當，翻云別有香。

陽精到處便成孩，南北雖分總受胎。

莫道龍陽不生子，蛆蟲盡自後庭來。〔註150〕

《賽花鈴》曾寫書生紅玉仙與何馥的戀情。第五回，紅生思戀何生甚殷：

〔註149〕《巢雲樓存詩》。

〔註150〕《連城璧》外編卷之五。

南鄉子

孤館人無寐，霜天籟正清。旅懷難禁許多情。悽楚不堪，雁唳兩三聲。　　剪剪西風急，娟娟皓月明。相思無奈到殘更。悔殺當初，兩下莫牽縈。

得遂所欲之後，紅生心滿意足：

昨夜寒蛩不住啾，月明霜冷共悠悠。

西窗幸獲同君夢，消卻平生萬斛愁。

第七回，二人行將分離，紅生贈詞三闋，依依惜別：

浪淘沙

□□□重逢，把酒臨風。鶯聲依舊過牆東。卻憶當時□□□，盡變芳叢。　　行色已匆匆，情緒無窮。明年花發向誰紅？料得玉樓儂去後，自有人同。

青玉案

輕雲日暮凝寒碧，芳草萋萋，遍南陌。此後相逢渾未得。一番憔悴，滿腔蕭索。總為伊悲戚。　　東君那惜天涯客，浪把殷勤漫相擲。魂夢只愁山水碧。彩箋題遍，青衫淚濕，料得無消息。

念奴嬌

碧天暮冷，想楚風庾月依然如昨。咫尺天涯成浩歎，總是東君情薄。紙帳寒生，牙床煙鎖，辜負當時約。最無聊處，空齋相對蕭索。　　即有阮籍風流，相如詞調，至此還閣卻。別後不堪雲夢杳，生怕他人輕諾。鳳去秦樓，鶯離楚樹，消息應難託。閒情萬斛，請君及早收著。

《蟫史》卷之十六寫余府君與解魚的宿世因緣，短而有味：

予猶開府〔註151〕癖，子果弄兒身。

散步偶相訪，聞言多自親。

冥緣同一笑，天運長三旬。

富貴豈能戀，與之因鳳因。

筆記雜著中也可見到一些男風詩。《莊諧選錄・卷一・官謠》：

近年滇中官場，風傳歌謠十首。近有友為誦其六，錄登於下，

〔註151〕北周庾信曾官開府儀同三司，世稱庾開府，其男色之好見本書第119頁。

亦足見彼中近政矣。其著姓名處均缺之，存忠厚也。

一進頭門脂粉香，妖童彩女坐穿堂。

□郎看到情深處，手拍籤筒唱二簧。

《滑稽叢話》卷三：

前吳縣令某，幼時為山東歷城令廝養，卒潛取主人貲，納粟為尹，夤緣得署首邑。值縣試，幕僚題為「暮春者」三字，某誤「者」為「在」，童生大嘩，幾至罷考。或作三絕嘲之曰：

赫然暮春在，題從何處來。

縣官不會做，只好做奴才。

笑煞暮春在，童生做不來。

龍陽曹縣令，那得拔真才。

《眉廬叢話·八旗會館壁上諧詩》：

友人某君告余，光緒壬寅、癸卯間于役吳門，偶遊八旗會館，見壁間粘絕句二十首，惜記憶不全，僅記其較有風趣者。詩云：

臉兒小白辮長青，袖窄腰纖態卿伶。

直恁風流似張緒，教人掩鼻是銅腥〔註152〕。

曲藝方面，清代的散曲創作比不上明代，俗曲則比明代豐富，形式更加多樣。子弟書中的男風內容見本書第385～387頁，龍舟歌對女同性戀的反映見本書第1159～1167頁。乾隆間李調元所輯《粵風》收有一首兩廣民歌，如果文字無誤，則這首情真意切的歌曲其所表達的是關係平等的男風伴侶之間的愛戀，相當少見：

撐傘去蓋涼亭住，作過風流人知音。

兄擔紅豆北京賣，相思路遠弟來尋。〔註153〕

清代曲藝既有單純的歌唱也有唱白相間的說唱。彈詞是流行於南方地區的一種說唱形式，同光年間，程蕙英所著《新編鳳雙飛》曾用四五萬字的篇幅來描寫書生張彩對美少年張逸少的不成功追求，可謂古代對於具體某一男風故事的最詳細描寫。第三回，張彩在臥房內笑臉相勸道：

若說優伶並小唱，一身常被眾人騎。

白然理合稱為賤，但不可與今日之情一例批。

〔註152〕「銅腥」係用漢文帝賜鄧通銅山之典。
〔註153〕《粵風·卷一·雜歌》。

你的門楣原是好，我身豈有不曾知？

奈何造物將人弄，生你無雙絕世姿。

直把那萬古娥眉俱壓倒，令人一見便相思。

初時豈敢分明說，幸喜相交到此時。

承你待兄情極厚，也算得心投意合兩無疑。

方才大膽將情告，你是明人莫執迷。

試且平心而一想，我和你既為好友最投機。

才彷彿，貌依稀，秋水長天一色齊。

若使冰肌親玉骨，譬如一對好夫妻。

鸞交鳳友無窮樂，固漆投膠永不離。

消受風流無限福，為兄已經立誓對神祇。

把穩得百年偕老心無變，只要你從一而終志不移。

我既未曾將你辱，你身也不損便宜。

私情即使旁人曉，還是佳話風流萬古遺。

豈比優伶並小唱，誰人敢笑你低微？

第四回，張彩的好事被張逸少的武教師何世威攪散：

當時應諾抬身起，舉步同行進小園。

小廝隨手將門閉，中書久已候門前。

呼賢弟，喜無邊，執手殷勤帶笑看。

不用香茶隨入席，佳餚擺列最時鮮。

亭前丹桂初開放，風送幽香撲鼻鑽。

賓主二人相對座，此時樂境賽神仙。

中書笑謂張郎道：「莫負良辰必盡歡。」

逸少已知言外意，執杯微笑不回言。

癡心妄想貪花賊，穩道今番事已圓。

雖有酒腸寬似海，難禁色膽大如天。

十杯未滿心先醉，臉泛桃花慾火炎。

目視童兒呼取酒，童兒會意把頭顛。

提壺跑下亭心去，悉聽他們盞內幹。

此刻奸人無所忌，抬身走過就來纏。

低聲笑，坐挨肩，忘了前番被跌翻。

奪去金杯雙手抱，要拖賢弟進書軒。

張郎捺住心頭火，只把身軀靠椅邊。

正是推搖拖扯處，忽聞門外鬧盈天。

園門打得聲如鼓，嚇得奸雄弼弼參。

骨節酥麻忙放手，思量出外問情端。

抬頭早見何無敵，摟袖撩衣突進園。

腳步踉蹡如中酒，上亭一路喊聲喧：

「你們在此因何事？白日青天門大關。

且等我來瞧一下，莫非做賊與行姦？」

第八回，張逸少讓小唱鮑貞兒做自己的替身：

遍體酥麻剛立起，那知靈雀果然靈。

回頭一口吹紅燭，雙手推開脫了身。

慌得奸徒無計較，人生路陌暗黃昏。

要尋火具無從覓，幸喜遠聞腳步聲。

黑暗之中忙摸去，那曉得張郎已進後房門。

貞兒悄悄挨身出，床上和衣只一橫。

張彩近床撈著了，只當他怕羞做起哄人尋。

此時不暇重開口，急解長袍去了巾。

又把他上下衣衫多脫去，擁持同入被紅綾。

桃源路熟通舟易，不使漁郎久問津。

數載相思今日了，出於意外豈平平。

香兒軟，玉兒溫，不是裙釵更可人。

萬卉千花何足道，餘桃入口自消魂。

枕邊切切還調笑：「提起當年恨轉增。

受盡許多磨與難，有幾回氣死又重生。

今番到手難輕放，要把冤仇總算清。」

加利償還方歇手，貞兒暗暗笑難禁。

幸虧不是合花蕊，何懼狂蜂浪蝶侵。

閉口無言渾似啞，任他施展暢平生。

瑞官也是心中笑，後面推窗是小亭。

跨出窗盤抄一轉，東邊房內見師尊。

　　天亮之後真相顯露，逸少將貞兒送與張彩，這才擺脫了他的苦苦糾纏。
　　《鳳雙飛》還用很長篇幅敘寫了小官白如玉複雜的男風經歷。第五回，
他被張起鵑強姦：

> 喜躍如狂張起鵑，趨來急把帳幃搴。
> 只見這合當倒運的親兄弟，側睡身軀向裏床。
> 媚態橫生凶相少，分明是個玉嬋娟。
> 只恨乃繡衾遮蓋消魂處，悄悄掀開細細觀。
> 看了不由魂不蕩，遍身發熱火來燃。
> 慌忙就把衣衫脫，斂氣無聲往被內鑽。
> 一把抱來無捉摸，香肌嫩骨軟如綿。
> 天生性急淫凶賊，不用溫存只用蠻。
> 兩下身軀生湊合，一廂情願頓成姦。
> 白如玉，最堪憐，出乳羔羊被餓虎攢。
> 玉骨冰肌香馥馥，好比乃鮮花一朵蕊方含。
> 那知忽有今朝禍，驟雨狂風颭小園。
> 嫩葉柔條盆內景，今卻被他摧枯拉朽當柴剗。
> 上天入地皆無路，閉目蹲身死一般。
> 盡著狂徒狂發透，真個是香飄粉褪不堪言。

白如玉為躲避張起鵑而誤入張彩的住所，張彩在酒中下藥，將其迷姦：

> 接杯在手聞香味，幾口而乾自己篩。
> 慢慢飲來三五盞，似乎微醉臉生霞。
> 用完夜飯歸房內，淨手寬衣又吃茶。
> 奸賊留心兩眼覰，合他消遣弄牙牌。
> 無雙酒量原來淺，又服奇丹送命砂。
> 俗骨凡胎柔弱體，生來一似女姣娃。
> 怎比那鳳根穎異張公子，氣質剛強可辟邪。
> 只覺得萬慮皆忘惟想睡，四肢無力體酥麻。
> 搖頭只說身軀倦，急急寬衣往上爬。
> 鑽進被中先睡了，中書目睹好開懷。
> 忙收拾，放牙牌，解帶除冠又脫靴。
> 揭起鴛衾觀仔細，分明一塊玉無瑕。

異香噴得人心醉，玉骨冰肌豈浪誇。

此際心歡難細述，春宵一刻肯延捱？

良緣天賜真非謬，唾手成功力不加。

軟玉溫香消受盡，魂靈飛上碧天霞。

無雙似夢還如醒，身似浮雲醉眼斜。

睨視奸雄難出口，明知又作網中蝦。

無如已受妖狐術，比著前番天地差。

苦境反而為樂境，又遇著這偷香妙手善攀花。

作家自有風流技，不比乃莽撞淫徒亂劈柴。

自然的攪亂真心消烈志，甘為雌伏變裙釵。

溫柔深入如癡醉，直到天明噪曉鴉。

　　第六回，張彩讓白如玉暫時住在權監劉瑾的私宅，結果劉瑾把如玉獻給了皇太子，也就是後來的正德皇帝：

皇太子，笑迷迷，到此情懷不自持。

佳境初逢心已蕩，香溫玉軟抱姣肢。

君臣貴賤同歡合，事已臨頭白少爺。

一則勢窮難躲閃，二來深受色妖迷。

但叫身入風流境，便像金魚上鉤絲。

看餌自貪逃不脫，聰明性格也成癡。

欲情紊亂難收束，任是冤仇也不辭。

太子初防他執拗，此一刻見他好好竟相依。

不勝之喜如狂醉，正是蛟龍得水時。

曲盡恩情難細說，恍如玉體到瑤池。

飽嘗仙液千杯足，醉得他魄散魂消軟似泥。

擁抱玉人交頸睡，夢為蝴蝶繞花飛。

雞聲三唱渾無覺，直到那日射珠簾滿玉墀。

眾閹推門齊進內，方才驚醒眼迷離。

　　第十三回，白小官在雲南被擒入番邦，得到了番酋衛熊的「寵愛」：

摟少子，當裙釵，貪淫原是色中魁。

縱然愛惜如花貌，也不過捺住三分狼虎威。

馬上沙場終要走，焉能歧路久徘徊。

這出奇兇惡真蠻子，鐵骨銅皮火內煨。

更有那遍體硬毛如蝟刺，肌膚處處吃他虧。

身難動，口難開，咬碎銀牙蹙損眉。

耐過狂風收急雨，依稀氣絕命垂危。

番奴細看方驚駭，急急穿衣口叫「咳！

俺已萬分憐惜你，你還這等不能挨！」

忙呼軍士拿湯到，強飲喉間只半杯。

傷處流紅無設法，掩上一把刀瘡妙藥象皮灰。

著好衣襟抱在懷中坐，倦極無雙頭懶抬。

衛熊後被誅殺，白如玉死裏逃生。後來他愧悔前行，遂變得謹身寡慾。

流行於北方地區的說唱藝術是鼓詞，不過在清末民初，有些鼓詞作品係屬文人擬作而非演唱底本，流傳的地域範圍有所擴展。下面三種鼓詞對《金瓶梅》和《紅樓夢》進行了改寫，均作於民國初年，在上海出版。語言欠雅致，韻律欠和諧，文學水平比較低。

《孽姻緣》第十六回這樣描寫《金瓶梅》第三十五回中春梅差點捉姦的情形：

到次日西門回到書房內，

書童是雙手遞茶上前來。

慢慢的走近站立在桌邊，

西門慶摟住親了一個嘴。

後使他快將房門來關上，

忙用手把他抱著在懷內。

又與那書童後庭弄起來，

忙問道外邊有人欺負你？

書童是乘機就說平安話，

一節節細細告訴西門慶。

前日爺叫咱在這書房內，

平安在窗外和畫童兒聽。

又在那外邊罵咱蠻奴才，

百般的欺咱無處把冤伸。

西門慶一聽大怒還了得！

咱定然將這奴才腿打斷。

平安是專門打聽書童事，

就去向金蓮一一告訴了。

潘金蓮打聽西門在書房，

又與那書童做起只件事，

使春梅快點請爺來說話。

西門慶正在做得後庭花，

忽聽得外邊裙子響叮叮。

連忙的推開小廝春梅到，

推開了房門進來就說道：

「你們是天天在此做好事，

娘使咱請你快去有話說。」

春梅是伸手來扯西門慶，

死命的扯到金蓮房裏去。

金蓮一見說道：「賊沒廉恥，清天白日和那一個小廝做混帳事

麼？」

《紅樓夢說唱鼓詞》第十五、十六回對《紅樓夢》第九回頑童鬧學堂的情節進行了改寫：

自從那秦寶二人到學中，

都生的花枝朵兒一般同。

秦鍾偏腼腆溫柔羞怯樣，

寶玉又作小服底貼體情。

內中有兩個學生甚嫵媚，

外號叫香憐玉愛不正經。

見秦寶未免心中皆羨慕，

時時的有意勾引逗眼風。

或詠桑寓柳遙遙以心照，

或設言託意咳嗽與揚聲。

這一日代儒有事回家去，

命長孫賈瑞代理各事情。

秦鍾同香憐走至後院內，

　　　　正說話有一窗友名金榮。
　　　　大喝聲今日被我拿住了，
　　　　把秦香二人氣的臉飛紅。
　　　　忙進來齊向賈瑞去訴說，
　　　　那賈瑞反說香憐太冶容。
　　　　金榮就因此得勢更胡說，
　　　　卻不妨觸怒一人動不平。
　　　　名賈薔也是寧府的正派，
　　　　著實氣金榮賈瑞欺秦鍾。
　　　　欲出頭終覺恐怕傷臉面，
　　　　我何不如此如此必成功。

　　《饅頭庵》鼓詞亦是對《紅樓夢》進行改寫，主要寫賈寶玉、秦鍾、智慧事，情節改動頗大，內有大段的男色描寫。第十二回，薛蟠姦殺賈府家人周瑞的養子周祥：

　　　　說周祥大爺帶你來頑耍，
　　　　你可要一一直說便無妨。
　　　　你今年究竟已有幾歲了，
　　　　人說你是個兔子可是真？
　　　　那周祥回說那可不是的，
　　　　我寔已今年十七歲當行。
　　　　人家因小子生得面貌好，
　　　　才造謠說我是個兔子行。
　　　　其寔我不知兔子一件事，
　　　　這乃是浮言大家切莫聽。
　　　　那薛蟠看了周祥真正好，
　　　　人聽他巧言言語舌如簧。
　　　　說不得淫心大發動手了，
　　　　免不了真個消魂事一椿。
　　　　這周祥他本本領仙傳授，
　　　　弄得個薛蟠樂得發了狂。
　　　　薛大爺只管要他弄又弄，

可憐卻苦了小子名周祥。

他人小力微定在幹不了，

怒惱了大爺綽號呆霸王。

發了怒迎面一拳打了去，

說你個不識擡舉小周祥。

你大爺性猶未盡已如此，

也稱得仙傳本領事一椿。

那周祥忘了利害回言罵，

氣壞了薛蟠大爺怒洋洋。

隨吩咐手下幫閒人一眾，

快快的打死小子這周祥。

說著話自己已是用腳踏，

卻不道真個踢中致命傷。

這周祥當時嗚呼哀哉了，

方將才薛蟠後悔太孟浪。

但事已如此只得由他罷，

收了尸命人悄悄葬東鄉。

第十九回，秦鍾因苦戀智慧而得重病，寶玉遂男扮女裝前去沖喜：

這時候秦鍾瘦得無人樣，

賈寶玉一見早就失了聲。

秦公子聽說他是智慧到，

這時節可就不分假與真。

將寶玉緊緊抱住不放手，

滿口中好智慧與親智慧。

說智慧你可將我想壞了，

又是說你我夢中會不成。

賈寶玉假意含羞不開口，

故意兒溫言低語說了情。

你自己身體務必要保重，

須知曉秦家後代你一人。

話說賈寶玉生來本是姣好如同女子，此時改了尼僧裝束，別說

秦鍾是病人分別不出，便是秦府上下人等也都說好個美貌尼姑，難怪秦鍾要如此放在心上了。以為這一次沖喜定然可以治病，不料此來寶玉費了心血，賠了身體，仍舊是勞而無功。原來秦鍾此時已如一隻餓虎，那裏還分真假。及至聽他那種溫語柔言，早已心動，一把抱住便脫中衣。寶玉此來本不過是沖喜的俗套，卻不道他如此。

原來他本來不過是沖喜，
這時候姑且先與他充饑。
兩個人從前本是好對子，
這時候不嘗鸞交與鳳友。
這一來二人興盡方才散，
那秦鍾事過方才辨真假。
仔細看原來卻是寶二叔，
不禁他說聲哎喲呼二叔，
你怎麼這般打扮幹什麼？
賈寶玉見他清醒忙回答，
說我是特來沖喜方作假。
秦鍾說寶叔如此費心意，
教小任死後有知感無涯。

寶玉走後秦鍾愧悔自己曾經的所為，在傷心痛苦中死去。

明清時期的男風也即當代的同性戀，其主體其實是發生在身份平等的男風夥伴之間，例如賈寶玉與秦鍾。本文由於未談優伶男風，這方面的詩詞曲歌還算比較集中。而若將優伶部分加入進來，我們就會看到，非平等的同性戀關係是明清相關詩歌的描摹重點。即便雙方身份平等，在物質財富上通常也會存在不小的差距。相對而言，關係雙方各方面越趨平等則感情越更純粹。明清詩歌在這方面的表達不充分，因為這樣的感情對主流異性戀文化的衝擊過於強烈，於是只好下調強度，轉而去描寫憐賞與戲狎。而在傳統古代社會，同性戀能有如此表現已屬不易了。

明代的情色賞優詩歌

明代尤其明代中後期是優伶男色的繁盛時代。一方面，戲曲表演中旦角

男扮的男旦體制得以確立；另一方面，高官富賈蓄養家優成風。於是，以家庭男旦為代表，優伶男色在明末達到了歷史上的一個最高點。對此，當時詩歌有比較豐富而生動的反映。而諸作者既係賞玩，則文句之間難免情色。

一、家庭男優

正德年間，狀元才子康海因與權監劉瑾交結而被貶回鄉，自此過上一種頹然自放的生活，其《自適》二曲寫道：

> 喚青衣款款歌，扣瓦盎齊齊和。笑彭澤不會狂，羨角里真能那。
> 不是我自張羅，歲月有幾來多？三萬日都教醉，見而今老半科隨和。
> 淡酒兒權相賀，如何悶坑兒莫躦著。

> 也何須弔五陵，也不要推二命。窮通枉自勞，榮辱皆前定。誰醉又誰醒？世事總難明。工拙千年筭，輸贏一轉桿。多情此曲真堪聽，冥冥前程信步行。〔註154〕

曲中「青衣」本來是指婢女。但在明代，家庭男優在身份上可謂主人的歌舞侍僕，且又柔媚似女子，因此此詞也會用到他們的身上。據康海友人王九思所記，康氏所攜「青衣」為男子：

> 公既居林下，乃益肆力於古。星曆醫卜，靡所不究；書工篆隸，筆妙如神。間作近體樂府，畀青衣二男子被之音樂，歌以侑觴。公嘗西登吳岳，北至嵯峨，南訪經臺，東至於太華、中條，二青衣從焉。每臨佳勝，停驂命酒，歌其所制感慨之詞。公於是時，飄飄焉不知宇宙之大，何物瑣瑣入其胸次哉！小廉曲謹之士或以此誚公，及接其神采論議，茫然自失，復自以為不可及也。〔註155〕

康海攜青衣二男子四處遨遊，而當夜深人靜之際，二男的侍寢陪宿或者難免。明末婁堅的友人亦蓄青衣，他的贈詩即曾明確指出了二人之間的斷袖關係：

> 贈友人青衣四絕句
> 昨夜分桃夢裏身，曉窗初試畫眉人。
> 向來幾許嬌憐意，學得風流次第新。
> 爭傳小史少年場，樂府今翻嫵媚娘。

〔註154〕《沜東樂府·卷之一·雙調·雁兒落帶過得勝令八首》。
〔註155〕《渼陂集·續集卷中·明翰林院修撰儒林郎康公神道之碑》。

料得夜闌歌舞罷，閨中邀與鬥新妝。

池上秋深暗綠蘿，清樽妙舞管絃和。

莫嫌此夜無明月，為看陽臺暮雨過。

頻挑曼睩思依依，躞步燈前試舞衣。

我怯冰霜幾回首，更誰容易殢人歸？〔註156〕

「侍兒扶起嬌無力，始是新承恩澤時。」〔註157〕唐代白居易《長恨歌》中的名句讓「侍兒」與侍女緊緊聯繫在了一起。而在明代，此詞和青衣一樣都可指男性。

　　元長侍兒曰曼卿，請予作歌贈之

　　張家孌童石曼卿，能令芳名在人吻。

　　蘭氣非關趙燕香，玉瑩翻厭何郎粉。

　　有時花底弄清歌，素手殷勤進巨羅。

　　宛轉偏能得主意，嬌嬈真個奈卿何？

　　主人本是風流客，少年冶遊情不惜。

　　春風醉擁雪兒眠，不覺梨花落月白。

　　年來多病萬愛捐，空齋自結蒲團緣。

　　薰香不呼桃葉被，篝燈但誦蓮華編。

　　何事猶憐曼卿好，盡道情癡君未了。

　　那知達人興所寄，名山之壁無弦操。

　　漢帝恩偏斷袖濃，龍陽悲泣恨難窮。

　　散花一笑來天女，不礙維摩丈室空。〔註158〕

　　鄒迪光更是借著欣賞侍兒表演表達了一種放浪恣意的人生態度：

　　五月二日載酒要屠長卿暨俞羨長、錢叔達、宋明之、盛季常諸

　　君，入慧山寺飲秦氏園亭。時長卿命侍兒演其所制曇花戲，予亦令

　　雙童挾瑟唱歌，為歡竟日，賦詩三首

　　丹崖細草翠平鋪，列席頻呼金巨羅。

　　樹杪妖童歌嫋嫋，花間醉客舞傞傞。

　　辟兵節近傳蒲艾，招引人來坐薜蘿。

〔註156〕《吳歙小草》卷之四。
〔註157〕《白居易詩集》卷第十二。
〔註158〕《王世周先生詩集》卷之八。

齊楚當年盟尚在，詞壇牛耳奈君何？

誰唱新聲到梵宮，曇花此夕領春風。

那知竺國多羅義，只在梨園傀儡中。

柘鼓輕摙留白日，刀環小隊踏飛虹。

人生何可長拘束，酒色聲聞理自通。

百罰深杯醉不辭，追歡尤似少年時。

越兒解作巴俞舞，吳管能調敕勒詞。

倚檻文魚樂在藻，窺簾飛鳥觸游絲。

金烏景匼還乘興，踏葉穿花信所之。〔註159〕

與「侍兒」近似的「侍子」是更專門地用來指稱家優。

夜赴項楚東別駕招，同坐者許靈長學博、孫鼎石萬戶。有歌舞
侍子妍妙者紫煙、春暉、寒芬、秋聲數人，紫煙尤所篤幸者也。徵
余詩，余戲揮一律云

歌舞當場第一仙，水晶簾影妒嬋娟。

低腰乍似迎風柳，瞥目渾疑出水蓮。

寵極不須愁曲誤，羞多翻自取人憐。

夜來衫袖褲襪甚，偷伴氍毹一醉眠。〔註160〕

以青衣、侍兒、侍子來指稱家優，都可以說明他們的身份地位為何。他們
其實是主人僕侍的一種，由於色藝在身，當然比普通奴僕要易受寵愛。不過一些
精細的家事他們也要做的，例如收拾內室、服侍盥洗等。而陪酒獻唱之後，陪宿
獻身亦非罕事。與這些家庭男優相對應的是家庭女優，後者也可以被稱為青衣、
侍兒，為主人提供性服務更是她們的分內之事。限於主題，本文不談女優。

歌兒、歌童、歌者之類的強調藝能的名稱，也都可以用於對家庭男優的
稱呼。

家優的歌詠者大體可以分為兩類。一類當然就是家主，身為主人，他們的
聲色享受自在而「深入」。在《詠懷》詩中，袁中道借著蓄養家優表達了其享
樂主義、虛無主義的人生觀：

四時遞推遷，時光亦何速。

人生貴適意，胡乃自局促。

〔註159〕　《鬱儀樓集》卷之二十三。

〔註160〕　《味水軒日記‧卷三‧萬曆三十九年十二月五日》。

歡娛極歡娛，聲色窮情慾。

寂寞奇寂寞，被髮入空谷。

胡為逐紅塵，泛泛復碌碌。

隴山有佳木，採之以為船。

茶鐺與酒白，一一皆精研。

歌童四五人，鼓吹一部全。

囊中何所有，絲串十萬錢。

攜我同心友，發自沙市邊。

遇山躡芳屐，逢花開綺筵。

興盡方移去，否則復留連。

無日不歡宴，如此卒餘年。〔註161〕

　　袁氏萬曆四十二年（1614）的一則日記可與其詩相對照：「風日清美，往遊石洲。予趺坐水石間，童子拾得佳者以示予，搏弄少時，仍擲之。已，席地聚飲，命童子歌一曲。日已暮，登舟回。」〔註162〕

　　家主的詠優詩有的側重於表演：

余有童兒皆黃口也，而能衍劇，覺父以詩賞之，即韻為答

要得清風作上賓，玉荷香畔有香塵。

檀槽按譜何妨舊，翠管填詞不厭新。

車子妙年能擅技，延年絕代可驚人。

已教落木盈丹欄，更使行雲隔絳津。〔註163〕

和馬仲良觀劇二十韻

促席徵歌伎，分曹佐塵談。

身移衣麝噴，唇動口脂含。

舊譜元多習，新聲近復諳。

鮫綃各樣裹，玳瑁一齊簪。

體附夫何敢，目成不禁貪。

花神應下賽，月姊定相參。

雁落群將北，烏驚陣欲南。

〔註161〕《珂雪齋集》卷之二。

〔註162〕《珂雪齋集·遊居柿錄·卷之二》。

〔註163〕《始青閣稿》卷之八。

張髻心不分，假黛意都堪。

有果拋難遍，餘桃食自甘。

綠衣翻作后，翠髻卻輸男。

真是嬌無兩，如何粲亦三。

因餐膏馥飽，不待酒杯酣。

芍藥頻投謔，蘼蕪劇送憨。

折腰弓細細，覆額玉毿毿。

樂府名何羨，陽城惑亦耽。

雖無宮內妒，當使捆中慚。

耳目觀俱別，聲容事並擔。

驪珠如許串，得向海門探。〔註164〕

和俞羨長入余愚公谷觀兒僮作劇二十四韻

山川無限意，盡取不傷廉。

珍樹當緹幕，琪花入鏡奩。

藜筇鹿為引，綺席鳥爭覘。

已是塵情灑，還將勝事添。

吳歈高下葉，越調疾徐兼。

韻逐鵝笙轉，行隨漁鼓摻。

朱唇要桂魄，翠袖拂松髾。

眉黛何曾掃，姿容不受黔。

定無擲瓦戲，或有食桃甜。

木落聲逾促，塵飛意自恬。

香流羅帕染，膏厚茜裙粘。

屢折腰瓊細，雙垂臂玉纖。

三三光灼爍，兩兩隊莊嚴。

佇立綃裾貼，頻移繡帶襜。

魚龍騰寶篋，燕鵠起珠簾。

得睹多生快，貪看未屬厭。

酥凝膚膩滑，筍削指柔尖。

趙女回車避，齊倡蹴襪潛。

〔註164〕《石語齋集》卷之八。

月輪窺畫棟，雲陣宿層簷。

回雪稱非過，陽春號亦謙。

誰人堆鄂被？有客贈吳縑。

銀燭從更爇，銅壺任報簽。

河橫容坐待，露重莫行沾。

未論傾城國，懸知動井閭。〔註165〕

有的側重於陪侍：

立春三日矣雪片不停，寒威愈熾，與客擁爐清歌細舞，亦自不惡

飛飆日日打庭柯，莫是東皇妒綺羅。

獸炭炙爐烹雪響，鸞刀切肉帶冰多。

當春合作陽阿舞，坐雨翻成水調歌。

宛轉送歡殊不惡，請君休問夜如何。〔註166〕

橋上遊，時歌人作三女郎佐酒

野橋招客酒如何，萬樹青青席上多。

一曲陽春流水住，千秋誰復覓韓娥。

翩翩媚子過新豐，採袖花鈿學漢宮。

坐客最憐三婦豔，主人莫惜一尊空。

溪流彌彌石磷磷，落日移尊更水濱。

無賴鶯聲濃似酒，當筵肯放獨醒人？〔註167〕

有的側重於抒懷：

病中遣二歌者還國兼寄諸王孫

結佩當年憶漢濱，猗蘭芳杜不勝春。

謾傳山簡非凡吏，忽到何戡是故人。

如意任教聲裂石，接䍦翻笑鬢如銀。

臨岐各抆龍陽淚，叢桂尊前賞更新。〔註168〕

聽李生歌憶韋鑒

御酒心難醉，聽歌恨轉長。

〔註165〕《石語齋集》卷之八。
〔註166〕《始青閣稿》卷之九。
〔註167〕《太函集》卷之一百二十。
〔註168〕《太函集》卷之一百十五。

　　　亡琴隔流水，宿草對斜陽。

　　　欲賦風回笛，相思月滿梁。

　　　獨留雙耳在，因誤識周郎。

　　詩注：「鑒嘗隸余家樂部，今亡。」〔註169〕

　　　予有歌童陳元者，才技雙絕，溺水而死。心甚傷之，為作此歌

　　　生不解執牙籌、逐腰纏，素封之業類計然。

　　　又不解濡首蠹魚、矻矻丹鉛。

　　　藜火照夜繩床穿，流芬揚芳竹素間。

　　　但把黃金教歌舞，清歌妙舞春風前。

　　　就中歌兒最可憐，玉立巧盼何蹁躚。

　　　檀槽小按梁州曲，白雲紅雲低玳筵。

　　　人道韓王孫，又似李延年。

　　　不獨青衣推絕豔，並令紅粉妒嬌妍。

　　　男兒技絕亦命薄，撇卻華堂葬魚腹。

　　　芳魂瀰瀰去不返，一片湖波浸膏馥。

　　　膏殘脂覆香披離，人人聞之哭路岐。

　　　嗟爾河伯胡無知，昔時娶婦今取兒！

　　　區區水府曷用之。

　　　我欲奪汝於河伯之手，出汝於罔象之口。

　　　惜無返魂香、續命膏，可以肉骨而起朽。

　　　哀哉臨流釂汝酒，魂兮歸來汝知否？〔註170〕

　　上面這首詩的作者鄒迪光對其歌童可謂養護備至。某年仲春他攜友人赴蘇州鄧尉山賞梅，「凡為肩輿者一十七以舁吾輩，四以舁童子。諸童善歌，不欲以筋力敗咽喉故」〔註171〕。

　　主人的賓客是家優的第二類歌詠者。萬曆間潘之恒通過對其友人家優的記詠為我們展示了當時上層人士聲色生活的極度曼靡。《豔曲十三首》寫道：

　　　從吳越石水西精舍觀劇，出吳兒十三人，乞品題。各以名作姓，

　　以字作名，以諸孺作字，得詩十絕，以小序冠之。

〔註169〕　《鹿裘石室集》卷第九。

〔註170〕　《調象庵稿》卷之六。

〔註171〕　《鬱儀樓集・卷之三十六・遊吳門諸山記》。

蘅紉之，字江孺，有沉深之思，中含悲怨，不欲自陳。知音得之度外，令人神魂飛越。

選得宮鶯出上林，淒清江上帶餘音。

多情何處飄殘夢，一段梅花泛古琴。

蘋羞之，字南孺，眼語眉韻，亦自可人。巧舌弱文，足誇吳趨之豔，吾將索諸神情之間。

吳趨何得太多情，媚眼波人百態生。

總為曼聲難自遏，半乘流去半空雲。

支翰之，字菘孺，頎頎濯濯，不蘄乎樊中。時其兄來遊，乍登歡場，發豔呈秀，令人想鷫鸘之豐。倘離蒻澤，不將與蕭艾同流耶？

蝶徑鶯林曲度遲，香塵飛處落花隨。

因君愛結雙童佩，不羨芃蘭葉與支。

芄懷之，字益孺，毀容多姿，落英偏豔，苟和璧之足珍，何瑕瑜之易掩？吾得之齲齒折腰間矣。

分林佳色競邀歡，瑤圃飛英秀可餐。

最喜嫣然含半瓠，懶將溫語向人寒。

苾達之，字邦孺，曼聲既自繞梁，弱態況能傾國。雖蓬山萬里，知夢魂之非遙也。

莫憑難舌問含香，才近驪淵自有光。

雙淚不因何滿子，柔情先斷使君腸。

蕙樹之，字心孺，為人柔順婉至，頗具情癡，亦多吳韻。登場度曲，雖為曼聲，密意傾心，似各有所屬者。

病後秋林錦色凋，月明澄水夜迢迢。

何人為奏湘靈瑟，個是通情第一宵。

……〔註172〕

《廣陵散二則》寫道：

余辛亥仲夏，訪李本寧太史於京口，同至廣陵。社友汪季玄招曲師，教吳兒十餘輩。竭其心力，自為按拍協調。舉步發音，一叙橫，一帶揚，無不曲盡其致。為余具十日飲，使畢技於前。旦衣披

〔註172〕《鸞嘯小品》卷之二，轉引自《潘之恒曲話》下編。

綃衣，抵旅次，乞詩以示指南。余喜吾鄉之有賞音也，欣為之品題。
得十三首，以二序冠之。其濃淡煩簡，折衷合度，所未能勝吳歆者
一間耳。別之五年，季玄且厭去，以贈范學憲長倩，欲終其愛，以
進於技，令得列之班行。余謂似當少勁，恨未得再覯，頗懷斷袖之
思，效前魚之泣。追述初詠，標為《廣陵散》以憶之。

國瓊枝，有場外之態，音外之韻。閨中雅度，林下風流。國士
無雙，一見心許。

何處梅花笛裏吹，歌餘縹緲舞餘姿。

涉江聊可充餘佩，攀得瓊臺帶露枝。

曼修容，徐步若馳，安坐若危。蕙情蘭性，色授神飛，可謂百
媚橫陳者矣。

宛轉歌喉態轉新，鶯鶯燕燕是前身。

已憐花底魂銷盡，漫向梁間語撩人。

希疏越，修然獨立，顧影自賞。敘情慷慨，忽發悲吟，有野鶴
之在雞群之致。

年少登場一座驚，眾中遺盼為多情。

主人向夕頻留客，百尺垂楊自選鶯。

元靡初，雲衢未半，秋舟方升。孤月凌空，獨傳清嘯。倘謂同
歡畢輪，毋薪發黶於三歲矣。

黃鵠高飛不可呼，羽衣瀟灑髻懸珠。

曾棲句曲三峰頂，肯傍淮南桂樹無？

掌翔風，顏如初日，曲可崩雲。巫峰洛水，彷彿飛越，豈直作
掌中珍耶？

風前垂柳斗腰低，一剪青絲覆額齊。

含意未申心已醉，高雲墮砌月沉西。

瑤萼英，色豔而恍，氣吁以暢。如縹緲仙人，乍遊林水，而纖
塵不染。

美豔由來自有聲，眾中識曲不知情。

若教蘭子親操璧，肯博秦庭十五城。

直素如，錦文自刺，冰操同堅。寵或馳於前魚，怨每形於別鶴。
無金買賦，為獻長門者接踵。悟後之歡，自溢於初薦爾。

淡泊無由表素心，聊將貞操託孤琴。

相如不淺臨邛意，託諷何嘗為賜金？

昭冰玉，美秀而潤，動止含情。水靜而心澄，雲過而響逸矣。

一束宮絛一串珠，風前美度擅吳趨。

排空群玉君應見，曲罷湘靈定有無？

……〔註173〕

潘之恒的品評是側重於表演方面，諸優藝精而色美。潘氏只是一位賓客，但在憶想時也已「頗懷斷袖之思，效前魚之泣」了。

賓客的詠優詩大多都是贈詩。贈與主人的：

蔡立夫素不事麴蘗，入都下忽以酒人名。每一舉觴輒酣暢累日，夜乃醒，醒則復呼酒，酒已復醉。或至經月始復常，自名連環飲。得歌者苗鳳，時置屏障間相酬酢。余甚高其風格，戲贈此章

擊筑燕臺興轉狂，《離騷》讀罷思飛揚。

經時曲阜邀從事，盡日糟丘臥太常。

帳裏玉簫傳鳳吹，筵前珠履集龍陽。

竹林風致看垂盡，倘許頻過白面郎。〔註174〕

寄悼姚家小史駱僎，呈主人叔度

長干孤月掛禪枝，憶爾鳴琴松下時。

檢得扇頭秋九詠，右軍遺教駱丞詩。

少小曾稱明下童，漸來有意比郗公。

五雲書吏新相召，真訣丹文字字工。〔註175〕

季公懷童子潘小妃，遂夢贈以箋詩，字皆豔。比醒，止憶「樹老接村煙」一語。諸友韻其事，各用五律紀之

聞名猶過重，敢說會期賒。

小史能為夢，秦宮合葬花。

作雲終易散，是影恨猶遮。

一句一魂死，寧堪半幅紗。〔註176〕

〔註173〕《鸞嘯小品》卷之三，轉引自《潘之恒曲話》下編。
〔註174〕《少室山房集》卷五十八。
〔註175〕《鹿裘石室集》卷第二十五。
〔註176〕《遠山堂詩集》五言律。

贈與家優的：

採芳歌贈屠家小史

精衛恨填滄海水，誓不願身為女子。

但化人間美丈夫，何惜終當以情死。

上天曾夢黃頭郎，未數安陵與龍陽。

間傳小語能飛藻，別有嘉名是採芳。

採芳不須仍采綠，不必更採東籬菊。

或登若木翳春霞，或倚扶桑窺早旭。

自昔容華難久居，只今壽命堪誰續。

君不見，君主翁，承恩獻賦甘泉宮。

十二天閒皆下駟，三千粉黛獸當熊。

一朝出殿竟長揖，文章有神身不立。

渡海惟邀化鶴期，臨池卻笑前魚泣。

我知採芳汝非王母之雙成，亦非梁家之玉清。

函關倘御青牛去，徐甲應乘紫氣行。〔註177〕

秋日李玄素徹侯招同汪遺民諸子飲瑤華堂觀演家樂，即席贈歌
童雲在，和玄素作

青童妙麗奪紅裙，如串珠喉吐異芬。

當筵不敢頻揮扇，舞態生愁化作雲。

阿鬟綠鬢學幺鳳，星眸憨憨帶春夢。

遲聲緩舞真情種，不是情癡亦心動。

蜂隨蝶戀楚姬邊，蘭吹花語香魂牽。

莫手小垂桃暈臂，目波清漾生秋妍。

有時犀露妃子笑，有時蛾蹙龍陽泣。

妃子龍陽交一身，待人憐處亭亭立。

傅粉勻朱羞女流，鬢膏眉翠黯然收。

千般嫵媚回歌席，未少凌波雙玉鉤。

主人醉客開秋宴，坐客醉狂迷婉孌。

不放轅門魚鑰松，漏沉下盡銀虬箭。

〔註177〕《鹿裘石室集》卷第七。

有情不怕銷魂死，檀板牙簫喚復起。

醉不肯歸胡為哉，妒他珊瑚枕上雙鬌回。〔註178〕

贈金公朗歌童王元

短髮鬖鬖號遠山，斜垂倭墮帶華簪。

妙年蕭史難消受，不忍含嬌齧被函。〔註179〕

贈歌者

習家池上春畫長，主人愛客飛羽觴。

梨園子弟紛成行，少年白皙稱陳郎。

何晏之粉荀令香，技掩秦青音繞梁。

翩翩廣袖能迴翔，修眉高髻內家妝。

月中一曲舞霓裳，輕敲檀板按宮商。

頓令四座生輝光，蘇州刺史空斷腸。

奈何與子非一鄉，安得相從樂未央？

人生及時須徜徉，莫令兩鬢生秋霜。〔註180〕

歌者陳郎戲作胡姬妝，即席調贈

漢宮推麗質，結束作胡姬。

蔡女還家日，明妃出塞時。

狐裘裁袖闊，貂帽壓眉低。

不必歌黃鵠，風霜貌不移。〔註181〕

重集諧賞園憶歌者陳情

龍陽窈宨勝蛾眉，埋玉空山是幾時。

重到園中聽歌舞，不成歡樂卻成悲。

陳郎豐度似何郎，長袖蹁躚韻繞梁。

此日重來君不見，舞裙歌扇總淒涼。〔註182〕

　　上面三首詩中的陳郎、陳情係顧大典家優。顧氏江蘇吳江人，隆慶進士，官至福建提學副使。家有諧賞園，去官後居園養閒。詩作者徐熥做客其間，主

〔註178〕《范勳卿詩集》卷之四。

〔註179〕《翰寥館集》卷一。

〔註180〕《幔亭集》卷之三。

〔註181〕《幔亭集》卷之五。

〔註182〕《幔亭集》卷之十三。

人盛情款待，出家樂侑觴。據詩所寫，陳情乃一男旦，陪客時身著女裝，既妖且麗，惹得徐氏幾欲腸斷。基於客人的身份，他與這位白皙少年應當不會發生身體關係。但從字裏行間的表達來看，家主可謂通達，陳情之「情」多多少少曾經投注在了佳客的身上。

　　一般看客寫家優，總是描寫他們如何深得家主的寵愛。而下面在張明弼的詩賦中，小嬣尤物移人，移情別戀，結果受到主人責懲。作者以憐惜的口吻對其遭遇表示同情：

　　　小嬣賦

　　　天茫茫兮無縫，地悠悠兮少罅。

　　　鬼既死兮難話言，人徒生兮不靈化。

　　　抱愠悇以莫申，獨潺湲而涕下。

　　　若乃前生琪葉，今世瓊枝。

　　　千靈作性，百韻為姿。

　　　出秦宮而蕭是，入漢殿而董非。

　　　字櫻桃而守禮，題芍藥以能詩。

　　　珊樹落而為棘，玉榮敗而為泥。

　　　當日清門，此時朱閣。

　　　身墮繡階，影依珠箔。

　　　捧結綠以當琴，掩團紅而薦索。

　　　靈竽一飛，活花四舞。

　　　嬌逐聲流，媚隨面吐。

　　　按幽意於長弦，屬微懷於柔縷。

　　　庭無司馬兮音未揚，座少周郎兮曲偏誤。

　　　菖蒲花兮有時榮，明月光兮有時傾。

　　　誰家才子無春思，何處佳人少麗情。

　　　況復宮中誦句，日下知名。

　　　添璃雲以裁賦，扣璧月以尋盟。

　　　儂奚為而受箠，君奚事而未鳴。

　　　芝欲銷而蕙泣，玉將折而珠驚。

　　　判千秋兮雙恨，詎百年兮孤生。

　　　紅廳西兮畫樓角，上客散兮朱顏渥。

簾簷鵲低，地衣獅弱。

銀缸背屏，薰籠橫幄。

捫魚鑰以無聲，敲獸鐶而有諾。

帶解葡萄，篆松杜若。

夢涉笑兮靨微開，眠正沈兮鬟未約。

遂乃旌心白水，鏤意青天。

魚非情釣，袖以意鐫。

袞裯淚兮劍鋒血，士女誓兮英雄言。

刬黃蘗兮染蠶絲，結青麻兮孿鴛肌。

除天上兮無合離，信人間兮多是非。

儂儕誰門，君遊何許。

歡緒未裁，離目先舉。

月新生而眉愁，山晚去而黛苦。

雖畏眾而禁啼，時避人而泗雨。

岐亭燭澹，別幌琴寒。

密約誤來易，私書寄去難。

蛾長顰而翠損，眶無燥而碧闌。

腸千迴而牽直，珠萬夥而滴乾。

絮鮫淚於君衫，書蠅頭於君珮。

心已拔而葉存，神既離而蛻在。

檀槽擲而音移，研席虛而跡沫。

乃有客工調達，主好摧殘。

護花莫薪，蔓草誰刪。

笞痕在背，銘血留肝。

河水深而路澀，白日皎而心寒。

明知麻葛之疏，莫解蘭金之戀。

寧受儂以多言，勿期君而不見。

任殞命於九原，終不移其一念。

告靈祇兮鑒此心，央日月兮相照臨。

願為破竹合，不作連枝分。

願為井底花，不作陌上塵。

願接翼於衡岫，願差鱗於湘潯。

願比目而充膳，願雙絲以制襟。

願雲衣以同駕，願桑環以再尋。

自是氣誼重非，關情好深。

重曰：

欲採芙蓉兮憚水蛟，將拾蘪蕪兮畏山兕。

人生有情兮山水可徙，願倩黃鵠兮以報彼美。〔註183〕

二、戲班男優

　　明代商演戲曲也很興盛，商業戲班中通常沒有女優，旦角男扮。無論生旦，他們不像家優那樣是被專人寵愛；而看客也不同於家主的賓客，他們不僅可以賞觀，而且有時還可以狎玩，與優伶發生實際的斷袖關係。

　　　　贈歌者

　　　　盡說青樓碧玉家，舞風歌月鬥鉛華。

　　　　自從誤識櫻桃後，懶看閶門路畔花。

　　　　梨園戲罷奏清歌，纖手輕傳金叵羅。

　　　　紅燭影中留一笑，芙蓉花破蘸秋波。〔註184〕

　　此詩當中，青樓碧玉指妓女，梨園櫻桃指優伶。作者王伯稠先曾賞妓，後來則感覺妓不如優。顯然，後者如果只是演藝精妙，不會具有如此魅力的。

　　　　戲同義父贈徐優，得陵字

　　　　午夜虛堂醉一燈，美人如玉酒如澠。

　　　　樽前何惜纏頭費，公子風流自五陵。〔註185〕

　　此詩當中，優伶觝觝唱罷復又席前侑酒，恩客自然不吝纏頭之賞。美優何以為報？一種方式便是以身自獻。

　　　　戲贈歌者王郎

　　　　明瞳寒溜春江水，鬢髮油油亂雲委。

　　　　口脂吹澤花無香，刻玉為人許人倚。

　　　　紅牙聲停哄堂別，繡被香溫笑微揭。

〔註183〕《媚幽閣文娛‧初集‧賦》。

〔註184〕《王世周先生詩集》卷之十八。

〔註185〕《鹿裘石室集》卷第二十二。

蘭燈已盡羞無言，難道窺簾怕明月？〔註186〕

即事二絕

拂袖鳴弦意態殊，輕攏慢撚唱吳趨。

劃然住撥回頭顧，得似曹綱右手無？

一尊逃暑半庭陰，送客留髡酒更深。

聽罷清商涼吹滿，卻憐瘦骨倘難禁。〔註187〕

為孫太素調歌者

鬢雲眉月眼波秋，欺女流。有□人人綰結在心頭。　　鍾情後，

將身就，背花羞。別有靈犀一竅把魂勾。〔註188〕

上面三首詩詞寫到了優伶伴宿獻身的情形。「繡被香溫」、「送客留髡」還比較含蓄，《調歌者》的色情意味則極濃，下闋對同性性行為進行了直露描寫，「靈犀一竅」指歌者的肛竅。

除夕贈歌者

除夕蕭條憶故鄉，天涯憔悴對何郎。

非關傅粉天然白，不待薰衣自有香。

爆竹且為長夜飲，樗蒲暫逐少年場。

巴人未解陽春曲，慚負清音繞畫梁。〔註189〕

贈歌者陳生

凍雲寒樹客江天，旅館蕭條夜不眠。

賴有清歌消濁酒，征途逢著李龜年。〔註190〕

上面兩首詩的作者王穉登曾經自言其聲色之好：「平生好奇書，喜談劍術。少尤好肉，孌童季女不去左右。」〔註191〕「僕十二而遊青樓，三十二遂斷絕。中間二十載，雖未嘗不與此曹燕昵，釵珥縱橫，履舄錯雜。連袂接枕，迷花醉月。而此心匪石，更不可轉。年來既修頭陀行，孌童季女之好，寂然不萌。食火吞針，遊戲三昧而矣。」〔註192〕據此，王穉登於男女兩色靡不篤好。

〔註186〕（明）王留作，見《閒情集》卷之五。

〔註187〕《吳歈小草》卷之四。

〔註188〕《范勳卿詩集》卷之二十一。

〔註189〕《王百穀集》燕市集卷下。

〔註190〕《王百穀集》延令纂卷上。

〔註191〕《王百穀集‧廣長庵主生壙誌》。

〔註192〕《王百穀集‧謀野集卷三‧答朱十六》。

他中年以後不再迷戀，大概是繁華歷盡，放眼皆空了吧。

席上贈別得邊字

出谷新鶯喜乍邊，輕黃初著媚羅筵。

明朝奈何江頭別，不是情人亦黯然。〔註193〕

聞鶯有感

珠喉當日度新聲，百鳥林間不敢鳴。

一自仙郎騎鶴去，年年枝上囀流鶯。〔註194〕

上面兩首詩的作者張鳳翼是明代著名戲曲家，劇作有《紅拂記》、《虎符記》等，其男色之好見本書第 177 頁。

過蘇生期，歌者小謝不至戲作

寂寞看花輿，徬徨伐木歌。

虛聞鶯出谷，未見鵲填河。

暮雨當窗斷，春星入戶多。

明朝攜小謝，池草夢如何？〔註195〕

贈瑤樹為顧朗生

豔色真瓊樹，豐肌倍玉環。

紅妝停夜月，翠黛壓春山。

飛鳳秦臺下，遊龍洛浦還。

相思幾攀折，遮莫鬢毛斑。〔註196〕

臨淮席上蔡生乞詩作，時王山人在坐

龍陽君已貴，一笑眼能青。

玉樹標前砌，金莖夢後庭。

聲馳千里驥，歌送五侯鯖。

莫以安期舊，揶揄蔡克靈。〔註197〕

七月望抵武林，陸履素使君招集湖上。樂人周生瑾者年少善歌，

酒酣持扇索題，即席塗抹四韻

華星明月遍西園，皂蓋追隨識大藩。

〔註193〕《處實堂集》卷之四。
〔註194〕《處實堂集》續集卷之七。
〔註195〕《少室山房集》卷三十七。
〔註196〕《少室山房集》卷三十七。
〔註197〕《少室山房集》卷三十七。

南國風流周小史，東吳才望陸平原。

朱弦度曲飛霜麗，玉局觀棋墜露繁。

夾岸芙蕖千萬朵，歸來何異宿桃源。〔註198〕

九日同莊靜父、俞羨長登寶所塔

突兀龍山色，登高豁旅愁。

黃花亦無賴，偏逐少年頭。

詩題注：「時歌者顧生戴黃花侑酒。」〔註199〕

潘、張兩生小飲舟中，時童子阿四侍側，眾以黃四娘呼之，余
賦一絕

騎曹公子各翩翩，黃四娘嬌壓玳筵。

狂殺杜陵歌扇底，爛燒銀燭坐霜天。〔註200〕

趙生以歌者范三至，再乞余詩

淋漓尊酒醉還醒，嘹嚦歌聲出錦屏。

最愛趙郎情性好，雙眸時為萬山青。〔註201〕

幼識歌者何生，一別廿載，相對憮然，為題一絕

回首高陽二十年，何戡重對各潸然。

渭城是處殷勤唱，遮莫明朝送畫船。〔註202〕

歌者陳、邵兩生別余二十餘載，忽與遇長安邸中，一曲辭去

廿載桃花潑水頭，腰肢垂老尚風流。

相逢一笑番成別，月落參橫下酒樓。〔註203〕

上面多首詩的作者胡應麟曾記其當年與京中諸友的文宴生活：「每令節芳辰，名園勝墅，靡不折柬追呼，窮極興會。至於改席懸燈，淫宵徹漏。左龍陽右安陵，前綠珠後靜婉。魯衛新聲，宮商迭出。滇閩異味，水陸杳陳。飲則逾平原之日而不歸，醉則屆中山之期而不醒。一詠成而句已傳於碣石，一賦出而楮輒貴於洛陽。誠人代之賞心而帝京之盛集也。」〔註204〕所謂龍陽、安陵當

〔註198〕《少室山房集》卷五十八。
〔註199〕《少室山房集》卷七十二。
〔註200〕《少室山房集》卷七十五。
〔註201〕《少室山房集》卷七十五。
〔註202〕《少室山房集》卷七十六。
〔註203〕《少室山房集》卷七十八。
〔註204〕《少室山房集・卷一百二十・與黎惟敬秘書》。

是指戲班優伶或歌童小唱，而綠珠、靜婉則是指女妓。當然，宴樂既多，侍飲者有時也可能是家樂。胡氏還曾言曰：「憶爾時長安中伏天，偕足下過某勳戚貴人家，〔友人〕惟敬、仲修、思伯、子鳴、裕卿、少承、謙之輩咸集。高堂十仞，八窗洞開。酒酣興發，龍陽君振袂起，歌高氏《小梁州》詞。妖姬年十五，吹紫玉蕭相逐，清音泠泠，上屬雲漢。」〔註205〕既是勳貴人家，蓄養家樂自非難事，並且男優、女優可以兼蓄。

> 贈歌者
>
> 鶯喉宛轉舞蹁躚，唱徹《涼州》第一篇。
>
> 緱嶺羽衣王子晉，漢宮麗質李延年。
>
> 袖當臥處還堪剪，錦擲筵間不用纏。
>
> 三過雍門稱絕技，可能歌勸上留田？〔註206〕
>
> 東原〔註207〕別歌者周郎
>
> 縹緲尊前一曲歌，相逢其奈別離何？
>
> 數聲殘角霜天曉，馬首無情幽怨多。〔註208〕

《幔亭集》作者徐𤊹《贈歌者周文成詩序》謂曰：「辛卯之冬，道過東平，於沈刺史席上邂逅青陽歌者周文成。幻質江南，棲蹤濟北。聲掩秦青之妙技，衣留韓掾之餘香。風神一片玉同清，眉黛九華山並秀。舞袖蹁躚，似鶴歌喉。宛轉如鶯，倚柱尋思。欲賦江淹之別，當筵流盼。能回刺史之腸，卷爾目成。令人魂斷滿堂，燈燭會難。擬乎絕纓，觸目琳琅。愛何辭於剪袖，未遂平原十日之飲，難為郵亭一夜之眠。雞既鳴矣，恨僕夫之整駕。馬不進也，實為爾而躊躇。行行重行行，天涯地角。歎息復歎息，日居月諸。齊州安在哉，心憂曷已。美人不見兮，我勞如何？顧予浪跡難期，君亦萍蹤無定。漫賦四絕，用□寸心。異日重逢，持為左券！」〔註209〕據此，徐𤊹與周郎似未發生身體上的關係，但他顯然懷有此念。

> 有唱人頗為客苦惱，嘲之
>
> 村務何須掬李娃，當時傳唱一枝花。

〔註205〕《少室山房集‧卷一百十六‧與祝鳴臯文學》。
〔註206〕《幔亭集》卷之七。
〔註207〕今山東東平縣。
〔註208〕《幔亭集》卷之十三。
〔註209〕《幔亭集》卷之十六。

居間縱有多情客，誰解攵捶到狹邪。〔註210〕

口號戲贈張正郎

客散紅亭酒，天寒雲月微。

何來花燭滿，不照粉郎歸。〔註211〕

雪中同張正郎歸思

御溝殘雪色，仙署蚤梅花。

似少青綾被，為郎獨憶家。〔註212〕

　　上面三首詩的作者湯顯祖是明代最著名的戲劇家，與優伶交往密切。在明詩當中，家優的身份相對容易確定，詩題等處的提示時常比較明顯。而對戲班男優我們則需多做一些辨別，通過分析詩題、詩句，要確定他們具有四處賣藝、賣色的特點，沒有隸屬於特定一人。就湯顯祖的幾首詩而言，「唱人」不像是對家優的稱呼，賓客不便對家優過分狎昵呢；「紅亭」是一處公共場合，「粉郎」應是住在他自己的家裏。所以，所寫應非家優。在本節其他詩中，作者觀劇、聽曲大體也未在私家，優伶活動比較自由，與看客可以進行錢色交易，這是判斷他們為戲班男優或歌童小唱的主要依據。

　　當然，其實在本節當中，面對某些詩歌我們細辨之後也只能是大體上將其吟詠對象認成為戲優，並無法完全肯定的。而若再退一步，某些詠優詩的題目、詞句中身份信息過於簡略、過於兩可，這時傾向性的判斷也難以做出，我們也就只能認為優伶既可能是家優也可能是戲優了。補充兩點：戲優也可以去人家表演、侍酒的；而家優也可能隨從家主去到家外的郊野、園亭，這時家主同樣會廣招賓客，一顯奢靡。

座中有名蓮萼者持扇乞題，即席賦

爛漫芙蓉色，居然似六郎。

朝雲圓翠蓋，夜月舞紅裳。

景奪前溪麗，香飛太液長。

空令李供奉，極目紫騮傍。〔註213〕

郊外送客即席

飛杯客子紛無數，度曲兒童浪有情。

〔註210〕　《湯顯祖全集》詩文卷十九。

〔註211〕　《湯顯祖全集》詩文卷二十。

〔註212〕　《湯顯祖全集》詩文卷二十。

〔註213〕　《少室山房集》卷三十九。

人物喧闐煙樹裏，桃花如錦爛春城。〔註214〕

郊外水亭小集

清歌嫋嫋兩妖童，尼酒題詩興轉工。

拾翠女來虛欄外，分蔬人立小畦中。〔註215〕

步君御韻贈歌者

香濃花豔酒猶清，靜聽何戡度曲聲。

總是鳳城春事晚，風前猶自有新鶯。〔註216〕

李四郎席上觀劇二首

花滿枝頭酒滿觴，坐中況復有龍陽。

與君莫惜如泥醉，三萬六千都戲場。〔註217〕

戲與歌兒

輕衫拂拂杏花煙，喚起黃鸝訴柳綿。

憨態酒情渾不禁，為君幾失小乘禪。〔註218〕

彥吉先生席上觀劇贈周郎

獨絲抽半琯灰過，四坐冥冥但有歌。

一縷風中香欲去，燭燈影裏占無多。

乍見聲聞好女身，寒空一葉下無因。

可知今夜登場者，卻是前生顧曲人？〔註219〕

席上有贈

幾回輕剪燈前影，百囀徐銷梁上塵。

已過雁來薹菊綻，似聞好鳥唪深春。〔註220〕

　　最後一點，戲優與家優也是可以互通的。如果主家敗落，一些家優便會投入戲班；如果豪客對某戲優特加賞愛，也可能會把他買進家裏。下面這首詩中，小憐在成為吳將軍嬖人之前即曾傾倒過眾多看客。

〔註214〕《敝篋集》卷二。
〔註215〕《敝篋集》卷二。
〔註216〕《珂雪齋集》卷之七。
〔註217〕《范勳卿詩集》卷之二十。
〔註218〕《李太僕恬致堂集》卷之九。
〔註219〕《隱秀軒集》詩月集。
〔註220〕《吳歈小草》卷之四。

小憐歌為吳將軍孌人賦

小憐昔日傾人國，斷絕腸弦膠不得。

今日小憐油幕前，將軍終日掌中憐。

西第繁華真可羨，選伎徵歌促佳宴。

八尺屏風纖影來，小童侍立花如面。

鈴閣杯深萬蠟灰，營門角動天未開。

絕纓醉客逃金罍，將軍送客燭影回。

爾時小憐何所似，素腕真同玉塵爾。

鄴宮櫻桃空有名，花底驕奴何足擬。

金柝稀從丹徼傳，雞聲不向貂惲起。

曼睩低惲流盼君，身是公身為公死。〔註221〕

綜觀明代的情色賞優詩，龍陽、斷袖這樣的明言男色的語詞不時可見，諸作者即便與優伶未曾結有實際的斷袖關係，也傾向於以龍陽目之。就文學表達而言，體裁特點決定了諸詩在整體上還是比較文雅的。不過若置於古代所有詩歌當中，這一部分顯然又是屬於比較香豔的了，明代的享樂主義、感官主義世風於中畢現。不妨尤其注意以下幾首詩：

（一）李日華《戲與歌兒》：「為君幾失小乘禪。」作者戲言快要受不住歌兒的誘惑。

（二）王留《戲贈歌者王郎》：「繡被香溫笑微揭。」歌者繡被既香且溫，好不誘人。

（三）婁堅《即事二絕》：「送客留髡酒更深。」「送客留髡」典出《史記·滑稽列傳》，留人歡飲共宿之意。

（四）婁堅《贈友人青衣四絕句》：「為看陽臺暮雨過。」「陽臺暮雨」典出宋玉《高唐賦》，同床交歡之意。

（五）范鳳翼《為孫太素調歌者》：「別有靈犀一竅把魂勾。」歌童的後竅在勾引客人的魂魄。

（六）胡應麟《臨淮席上蔡生乞詩作》：「金莖夢後庭。」客人的陽莖想進入歌童的後庭。

（七）范允臨《贈金公朗歌童王元》：「不忍含嬌齧被函。」「齧被」是指

〔註221〕《識匡齋全集》卷之一。

歌童侍寢時咬緊被面，以免因後庭疼痛而呻吟失聲。

　　這七首詩的作者不同，不過前後合觀，恰是完整呈現了優伶與主人或看客發生性關係的全過程。

　　在整個中國古代，明代詩詞的情色表現最為突出，男色方面如此，女色方面也是如此，這是世風淫靡的一種文學表現。對人生享樂的極致追求促進了經濟、文化的繁榮，明人的人生觀可以借用前面鄒迪光的兩句詩來做概括：「人生何可長拘束，酒色聲聞理自通。」只是社會的奢靡總是與散漫柔弱相依隨，結果甲申明清易代，放縱退去，克制襲來，這是幸還是不幸呢？

清代的情色賞優詩歌

　　優伶男色的面貌明清兩代大體上是一致的，但也存在著一些區別。就現實表現而言，清代的道德風尚要比明代嚴肅，禁娼規定執行得相對比較嚴格。這是一把雙刃劍，一方面性道德的嚴肅化導致男風比較收斂，另一方面女色受到的壓力越大男色就越易成為一個宣洩口。因此，相對而言清代的優伶男色是一種克制狀態下的興盛。就詩歌表現而言，清人在吟賞優伶時對情慾的強調弱於明人，雖然仍為情色，不過含蓄的程度有所提高。

一、家庭男優

　　清代家樂，乾隆及以前承晚明遺緒依然可謂繁榮，以後由於朝廷禁限等原因則顯得日漸衰落。在繁榮階段，冒襄、查繼佐、李漁、泰興季氏、畢沅、王文治等之所蓄均稱精妙。家主自詠之詩：

> 梨園何武昔在余家，為有力者牽挽而去。後流落長安，轉徙白下，近不復知其蹤跡。昨家兄自廣陵歸，說猶在坐部，風致楚楚，齒齒更佳。故主之義，不忘戀戀。余聞之，重有感也，作四絕句寄之
>
> 小窗無一似從前，不奏霓裳廿七年。
> 靜夜每聞歌水調，挑燈閒憶淚潸然。
>
> 月下燈前試舞衣，玲瓏唱徹牡丹辭。
> 夢魂猶記吾家事，況說揚州似舊時。
>
> 吾家滿子最能歌，座客聽之喚奈何。
> 白髮新來翻舊譜，依人情比昔年多。
>
> 更有王郎擅柳枝，櫻桃樂府恰相宜。

於今露葉霜殘後，可得重來唱我辭？〔註222〕

效陳迦陵《悃悵詞》〔註223〕為雲衣作

藥煙日坐小樓薰，無復衣香借令君。

忽地眼明書一卷，窗前吹落硯池雲。

秋來鶴骨不勝寒，病起空庭綠正圍。

多謝一枝新竹影，朝朝搖與隔牆看。

雲窗曲折不分明，合住人間太俊生。

聽到讀書聲了了，滿園雛鳳與雛鶯。

宮商盡日費推敲，自拍檀痕不用教。

要與雲仙通一語，彩鸞韻本借伊鈔。

盥手薔薇百和湯，愛儂詩似愛名香。

背人偷唱《燒香曲》，嫋出爐煙一寸腸。〔註224〕

虹橋船裏雨纖纖，不隔花香只隔簾。

依約嬌郎癡坐處，有人愁在小眉尖。

家近蘇州七里塘，自拋鏡子照鴛央。

斑騅記得門前住，曳雪牽雲為陸郎。

女兒箱子下江干，排著輕裝等暮寒。

紅柿詩箋青李帖，一齊收拾與儂看。

分身曾入洗桐圖，〔註225〕不道庭前路易蕪。

袖上墨痕襟上酒，思量一味總模糊。

維摩榻畔夜燈青，蘸得楊枝水滿瓶。

一柱心香親下拜，可能替誦淨名經。

寫風寫水著衣裳，懶逐游絲照曲塘。

瘦到秋蘭秋也老，隔簾誰護晚來霜？

衫痕扇影送流年，不是吳儂易放顛。

生悔藕絲鄉里住，風風雨雨總纏綿。

〔註222〕《窮硯齋學詩》。

〔註223〕見本書第 583、909 頁。

〔註224〕余舊有《燒香曲》。——原注。

〔註225〕金山人葉山為寫洗桐軒圖。——原注。

酒面重開且一傾，銀河不道起離情。

簷前怪底秋桐泣，昨夜琴中是尾聲。〔註226〕

客人、他人所詠者：

為朱鶴庵侍史王郎作

何處逢君？落花時節，嫩楊乍囀鶯簧。小閣深沉，鄂君繡被生香。紅牙按罷渾無力，倚東風，更換霓裳。背蘭缸，橫波偷展，低問周郎。　　東君為汝彷徨。倩珊瑚作枕，玳瑁為梁。海燕同棲，一時嬌豔無雙。從此蛾眉參意畫，應見慣，不辨鸞鳳。漫猜他，佳人碧玉，夫婿王昌。〔註227〕

十伶曲

杜乂膚清骨相勻，也知家近宋東鄰。

一枝栽向靈和殿，思曼當年最惱人。

流雪回風步步升，凌波一朵玉含情。

朝元閣裏披裘出，鐵石應銷宋廣平。

詩題注：「為石林家優作。」〔註228〕

秋夜醉尹考公宅，戲贈歌童燕郎

九月芳柑血色紅，臨筵一擲意先通。

蓬萊殿裏依稀是，玉碗親傳女侍中。

銀粉金柈清絕塵，手分朱實色鮮新。

儂心已自懵騰久，何必檳榔始醉人。

半幅紅箋裹束新，合歡仙果嶺頭春。

木桃不是尋常物，那得瓊瑤報美人？

小史風流獨擅場，珠兒真覺勝珠娘。

甕頭吏部疏狂甚，不管人間有斷腸。〔註229〕

誦侯弟家歌兒三寶聲技絕佳，自主人之出不知所往，感賦三首

未及垂髫見藝成，我於尤物最鍾情。

三千里外歸來日，何處花間聽囀鶯？

〔註226〕《尚絅堂詩集》卷二十九。

〔註227〕《二鄉亭詞·卷三·高陽臺》。

〔註228〕《巳畦詩集》卷之六。

〔註229〕《南淝集》卷一。

花香月色可憐宵，歌舞朱門去已遙。

為問章臺街畔柳，臨風誰折最長條？

憔悴楊朱泣路岐，鴒原南望不勝悲。

紫荊花下歸同醉，腸斷當年舞柘枝。〔註230〕

作為華貴風流的明末四公子之一，冒襄入清後居鄉不仕，唯以聲色自娛。
且又愛才好客，樂將家樂與客共享。嘉賓瞿有仲歎賞道：

留別巢民先生

偶然興到名山水，扁舟直走江千里。

雲煙飄渺耳目前，波濤鼓蕩心胸裏。

風便帆飛射雉城〔註231〕，雉城主人最有情。

一見恰如故相識，意氣風流無等倫。

好客不問家生產，買歌不惜千黃金。

雕盤綺食開清尊，吳歌楚舞香氤氳。

秦簫為歌楊枝舞，就中紫雲猶媚嫵。

紅兒雪兒無足數，桃葉桃根如糞土。

低眉斂袖不肯前，如怨如嗔殊可憐。

忽然宛轉發清響，月亦為之欲墮不墮懸青天，

停雲飛塵何足言。

舉杯呼問漢天子，當年延年可如此？

胡為金屋復貯他家姊，或曰雲陽母乃然。

漢家河山值幾錢，把玩玉符竟不傳。

紫雲紫雲真妙絕，情怯心慵歌未歇。

俄而奪春暉，俄而亂白雪。

哀音滿座風騷屑，不顧吳儂腸斷折。

腸斷折，魂飛騰，余時大醉欲作升天行。

揮毫灑落如雲崩，渾如太白潦倒天子庭，

玉環捧硯調清平。

亂離歡樂豈長久，人間萬事多摧杇。

〔註230〕 《蘆中集》卷六。

〔註231〕 江蘇如皋，冒襄的家鄉。

　　須臾客散酒杯闌，回頭歌舞夫何有。

　　揚州古稱繁華地，阿孃魂魄狂乎否？

　　錦帆留得殿腳歌，玉樹飄零溪頭柳。

　　誰從別墅復殘棋，草木不靈風鶴走。

　　明日別君期何處，東西南北惟馬首。

　　君挾東山妓，余牽東門狗。

　　同是避世人，何計不相負。

　　丈夫會合總有時，兩髀肉生悲老醜。

　　沈吟此事淚沾襟，壯心擊破秦王缶。

　　何怪嵇康阮藉徒，一飲直傾三百斗。

　　黯然把酒顧紫雲，紫雲為我重賡《將進酒》。〔註232〕

　　冒氏家優人多藝精，前期出名者包括紫雲、楊枝、秦簫、靈雛等。紫雲情事
已有詳敘，見本書第904～959頁。至於楊枝等人，他們所得到的讚美亦復不少。

　　楊枝曲

　　金城楊柳盡蒼茫，張緒風流枉斷腸。

　　不道過江蕭瑟後，一枝獨自掛斜陽。

　　陽羨書生促賦詩，竹西渡口欲歸時。

　　主人不用金樽勸，只有楊枝管別離。〔註233〕

　　和青若贈楊枝韻

　　金溝二月嫋鴉黃，揚州人、到長楊。絲絲縷縷畫柔腸，瘦得神

　傷。　　春色隋堤、一片繡簾香，粉千行。相逢飛絮已池塘，誤卻

　風光。〔註234〕

　　和其年韻同前

　　倒芳卮，訴芳卮，縱不相憐也莫辭，歡多那易離。　　惱楊枝，

　惜楊枝，對此青青我鬢絲，腰肢問小時。〔註235〕

　　寄秦簫

　　垂柳依依似漢南，樹猶如此我何堪。

〔註232〕（清初）瞿有仲作，見《同人集》卷之六。
〔註233〕（清初）鄧漢儀作，見《同人集》卷之六。
〔註234〕《定山堂詩餘·卷三·畫堂春》。
〔註235〕《定山堂詩餘·卷三·長相思》。

殷勤寄與秦簫說，春到同攜斗酒柑。

年年吾夢在江南，老去氍生更不堪。

勞苦秦簫頻問訊，開械香似洞庭柑。〔註236〕

為靈雛題畫

吳綾一幅滑如脂，江南好畫師。長松幾樹碧離離，斜添斑竹枝。　煙似水，雨如絲，梅花簾外垂。更題半闋斷腸詞，樊川杜牧之。〔註237〕

詠賞楊枝、秦簫的幾首長詩見本書第872～874頁。

而楊枝等人之後，徐雛、大菊、二菊、小楊枝等復又擅譽一時。

《後演劇行》為巢民冒先生作……

我昔放浪遊東臯，得全堂上紅蠟高。

主人喜作西園會，不惜十斛傾蒲萄。

家有歌兒結隊出，傳頭絕妙非凡曹。

時看滿眼騰翠袖，慣聞中夜喧檀槽。

一絲婉轉歸寂寞，萬態攸忽奔波濤。

洗缽池頭客一月，日在歡場快所遭。

無何賓客漸雲散，主人門館侵蓬蒿。

紫雲已逝楊枝槁，陳郎淺土埋櫻桃。

剩有秦簫雙耳塞，合肥〔註238〕不在形酕醄。

從此華筵罷絲竹，重陽寒食尤蕭騷。

或云官長喜詗察，四方群盜且旌旄。

或云里兒原善怒，況聞歌舞群嘈嘈。

以此閉閣計亦得，其如懷抱多輷輵。

玲瓏幡綽有底急，總為愁人解鬱陶。

今秋揚州忽傳語，主人呼客還遊敖。

更掃後堂理絃索，兼得善本窮纖毫。

吳兒十二最聰慧，便解音律調笙璈。

按拍每使龜年服，顧曲無須公瑾勞。

〔註236〕《定山堂詩集》卷四十三。
〔註237〕《迦陵詞全集·卷三·阮郎歸》。
〔註238〕龔鼎孳，安徽合肥人。

寶彝染香一炬後，得此意興殊雄豪。

我久不到射雉路，聞之即欲喚輕軺。

靜垂簾幕聽妙曲，纖月低映寒風飈。

恍惚當年酒壚睡，細談開寶燈重挑，

如君那復心忉忉。

紅妝姬能工繪事，綠髮兒能歌《浪淘》，

亟須快舞鬱輪袍。

大夫廟後垂柳外，會買白蝦與濁醪。〔註239〕

得全堂席上戲賦贈三小史

徐雛彬如，小字花乳

雛鳳當年事可傳，雛兒此日倍堪憐。

喉同鶯囀聲聲脆，曲比珠明字字圓。

何必心傷追往昔，總教腸斷是當筵。

雉皋若不逢司憲，怎識風流第一仙？

金菊芳男

看遍風前掌上身，果然宜喜復宜嗔。

記來豔曲皆紅豆，掃去繁花盡錦茵。

乍見似曾相識夜，細思無可奈何春。

停樽忽憶仙裳句，腸斷魂消是此人。〔註240〕

金二菊韋杜

老年魂夢又揚州，小菊逢場世莫儔。

林泰而今難獨步，王郎當日未風流。

名花傾國香盈座，皎月中天鶴唳秋。

憶得趙家誇姊妹，昭陽合德最溫柔。〔註241〕

　　關於查繼佐家樂，金埴曾記：「康熙初間，海寧查孝廉伊璜繼佐，家伶獨勝，雖吳下弗逮也。嬌童十輩，容並如妹，咸以『些』名，有『十些班』之目。小生曰風些，小旦曰月些，尤蘊妙絕倫，伊璜酷憐愛之。數以花舲載往大江南北諸勝區，與貴達名流歌宴賦詩以為娛，諸家文集多紀詠其事。至今南北勾欄

〔註239〕（清初）鄧漢儀作，見《同人集》卷之九。
〔註240〕黃仙裳有「腸斷魂消是菊郎」之句。——原注。
〔註241〕（清初）吳鏘作，見《同人集》卷之十一。

部必有風月生、風月旦者，其名自查氏始也。伊璜下世已久，十些無一存者。庚寅〔註242〕秋，查太史德尹嗣璓〔註243〕，偕予飲煙雨樓，述之嘖嘖。」金埴乃作八首絕句以追豔之，其中兩首云：

> 查氏勾欄第一家，十些新變楚詞耶。
>
> 騷翁獨絕歌郎絕，魂宕風些與月些。
>
> 生魂蚤為豔歌招，十色花曹雙領曹。
>
> 睨殺月些鉤乍吐，風些香到鄭櫻桃。〔註244〕〔註245〕

關於王文治（號夢樓）家樂，姚鼐曾記：「君之歸也，〔註246〕買僮教之度曲。行無遠近，必以歌伶一部自隨。其辨論音樂，窮極幽渺。客至君家，張樂共聽，窮朝暮不倦。海內求君書者歲有饋遺，率費於聲伎。人或諫之，不聽，其自喜顧彌甚也。」〔註247〕錢泳曾記：「五雲者，丹徒王夢樓太守所蓄素雲、寶雲、輕雲、綠雲、鮮雲也。年俱十二三，垂髫纖足，善歌舞。越數年，五雲漸長成矣，太守惟以輕雲、綠雲、鮮雲遣嫁，攜素雲、寶雲至湖北送畢秋帆制府〔註248〕。審視之，則男子也。制府大笑，乃謂兩雲曰：『吾為汝開釋之。』乃薙其頭，放其足，為僮僕云。」〔註249〕而在五雲之前，王氏家伶尚有名鈿郎者，蔣士銓散曲《題〈鈿郎花陰撅笛圖〉為夢樓太守作》寫道：

> 【香遍滿】柳綿初定，白玉闌干幾折橫。倚著個人兒花現影，是秦青。紅牙板暫停，烏襴譜作成。不語，把東風憑。
>
> 【懶畫眉】霜筠尺半撚來輕，纖指偷藏七點星，移宮換羽太聰明。他生來占就香為姓，還愛把紫玉釵兒做小名。
>
> 【二犯梧桐樹】能歌絳樹聲，怕比櫻桃鄭。隨侍仙官，把法曲商量定。做一個芸窗闢蠹薰衣鼎，做一個雪案司書照字螢。為甚麼些時畫里人孤另？敢立盡花陰，把探花郎等。

〔註242〕 康熙四十九年，1710 年。
〔註243〕 查嗣璓，查繼佐族任。
〔註244〕 風些姓鄭，本名阿桃。——原注。
〔註245〕 《不下帶編》卷六。
〔註246〕 乾隆三十二年（1767），王文治自雲南臨安知府任上去職，第二年春天回到家鄉江蘇丹徒。
〔註247〕 《惜抱軒詩文集·文集後集卷七·中憲大夫雲南臨安府知府丹徒王君墓誌銘並序》。
〔註248〕 湖廣總督畢沅。
〔註249〕 《履園叢話·卷二十三·五雲》。

【浣紗溪】欄偎鏡，柳蘸萍，好風懷年光乍經。是滇南萬里官衙靜，是湖上三更月榭清。心暗省，待將馬淑風流問李卿。柳宗元、真個多情。

【劉潑帽】喚丹青添上個官人倩，教你畫兒中減字偷聲。若得嫩芭蕉，幾滴雨同聽。便和你剪紅鐙，重譜個《相思令》。

【秋夜月】風送迎，一字字調和正。似朝元散序依牆聽，似龜茲入破當筵勝。把花魂吹醒，把花心吹定。

【東甌令】鶯低囀，龍怒鳴，一縷情絲去又停。非花非霧將人凝，在玉指中間迸。須臾裂竹兩三聲，林際數峰青。

【金蓮子】誰似卿？漫說那紫雲婀娜楊枝倩，合讓這男貞似女貞。辛苦他種花人，卻朝為穎士暮康成。

【尾聲】浸雕簷月影移花影，怕有個玉堂人、愁聽過牆聲。孤負了、這花月闌干不共憑。〔註250〕

王文治蓄養優伶的時間相當長，五雲或遣或贈後其實仍有所蓄。其友祝德麟的下面兩首詩分別作於乾隆四十五年（1780）和嘉慶二年（1797），前後相隔近二十年，王氏快雨堂中一直都是絲竹盈耳，舞袖翩躚：

> 信宿夢樓快雨堂，瀕行留贈兼別雷峰四首
>
> 夾拜呼新婦，〔註251〕單行見小君。
>
> 交情同輩少，禮數一家分。
>
> 歌管姣童狎，旃檀大士聞。
>
> 累他清淨地，為我設膻葷。〔註252〕〔註253〕
>
> 讌集快雨堂，夢樓出家伶奏伎，即席成詩並效其體
>
> 話雨曾棲快雨堂，廿年惟有舉頭望。
>
> 唐碑晉帖書家味，玳管銀箏樂府香。
>
> 檻外篔簹滋舊綠，尊前羅綺換新妝。
>
> 悲歡莫道都如夢，似此歡娛得幾場？〔註254〕

王文治曾經自寫其攜優遊賞的自在生活：

〔註250〕《忠雅堂詞集》卷下南北曲附。

〔註251〕時夢樓新娶子婦，即雷峰女也。——原注。

〔註252〕夢樓蓄聲伎，長齋奉佛。——原注。

〔註253〕《悅親樓詩集》卷十。

〔註254〕《悅親樓詩集》卷三十。

六十自壽詩八首

應共西湖結契多，五年常住水雲窩。

閒來自制銷魂曲，笑遣紅兒月下歌。〔註255〕

永忠是康熙第十四子允禵之孫，由於祖父當年在儲位之爭中落敗，他在乾隆朝只能是過一種放達閒逸的生活，所交亦多閒散宗室，「幻翁」應即其中一位。

幻翁宅即席戲贈歌郎

馥官

兩頰如花唇抹丹，春星俊眼好波瀾。

暗香彷彿來檀口，不負佳名是馥官。

昇官

斂眉側立不勝情，唱到多情顧盼精。

何必將心思小月，此兒真個大憨生。〔註256〕

幻翁宅作

月娟娟，一杯春露留仙。最堪憐，人兒嬌小，才過二六華年。倚參差，斜吹玉笛映聯翩。緩撥冰弦，飛絮成團。落花堆雪，柔絲一縷與情連。展歌喉，雛鶯聲巧，玉潤更珠圓。銀燭下，眼波抹媚，眉黛橫鮮。　莫相憶故鄉風景，此中盡可盤桓。得賢主惜花同命，是知音愛亦如蓮。繡幕圍紅，瑣窗疊翠，真成金屋貯嬋娟。謝老人多情風雅，暫許到身邊。誰想到天臺誤入，有此奇緣。〔註257〕

題畫梅贈幻翁家歌兒

月下香繁，風前雪皎，乍相逢已堪傾倒。一枝疏影，天然輕巧，曉清清把筆重臨腹稿。　熟處難忘，前緣未了，只好向夢中尋討。春信先傳，花顏易老，祝東君莫待青梅嬌小。〔註258〕

二、戲班男優

清代家樂不如明代興盛，商演戲曲則有後來居上之勢，相關情況請見本書第502～577頁的敘述。

〔註255〕《夢樓詩集》卷十九。

〔註256〕《延芬室集》乾隆三十四年己丑稿。

〔註257〕《延芬室集·乾隆三十四年己丑稿·多麗》。

〔註258〕《延芬室集·乾隆三十五年庚寅稿·殢人嬌》。

戲代林郎悵別

花氣親沾蛺蝶裙，一弦一思繞春雲。

魂銷今夜長安月，酒冷香殘應憶君。

粉巾紅淚濕千行，囑付更籌一刻長。

願得黃昏花睡去，畫樓偏遣月如霜。〔註259〕

贈江郎

每憶紅顏宛在前，忽驚憔悴劇相憐。

原來採石輕分手，不見江郎已十年。〔註260〕

贈月槎周郎

茅齋剪燭記春慵，入坐明星玉女峰。

留得雙蛾頻轉處，疏簾影裏暗香重。

別來楓葉落青溪，慚愧三春烏夜啼。

回首板橋分手處，亂雲堆裏夕陽西。

雨絲風細滯歸津，慢撥檀槽入破新。

最苦陽關翻四疊，畫樓回首摘花人。〔註261〕

贈緒風朱郎

杜乂膚清年正髫，一枝花發傍雲霄。

蓬萊清淺渾難到，卻在揚州第幾橋。

前身不是杜蘭香，月袖雲襟徹底芳。

莫待一聲河漏子，畫屏先下淚雙行。〔註262〕

紅橋尋歌者沈西

石橋西，板橋西，遙指平山日未西。舟來蓮葉西。　人東西，水東西，十里歌聲起竹西。西施更在西。〔註263〕

贈若耶小史為葉星期〔註264〕作

畫舠乘風一葉輕，紅亭相送客相迎。

〔註259〕《定山堂詩集》卷四十二。

〔註260〕《正誼堂詩集》七絕一。

〔註261〕《巳畦詩集》卷之九。

〔註262〕《巳畦詩集》卷之九。

〔註263〕《曝書亭集·卷第二十五·長相思》。

〔註264〕葉燮，字星期。

最憐小史如初日，不勸離筵到五更。〔註265〕

贈歌者陳郎並東西樵

櫻桃時節櫻桃鄭，改作崔徽。奪得鶯鎚，輕燕翩翩掌上飛。　　紅牙按罷《黃金縷》，卸卻羅衣。一段嬌癡，羞殺西樓穆素輝。〔註266〕

王郎詩

溫皆山吏部愛歌者王郎，嫌賢弟宰上元，關防拘閡。其同年莊念農儂河房近郎，戲曰：「從我而朝少君。」溫喜甚，邀余與吳蘭臣、汪秋奩等稱娖前行且飲，申旦後止。溫書詩冊如蠶眠，納王郎袖，諸公酬之。

一樹涼燈萬瓦霜，四年重到舊歌場。

板橋添個旗亭事，齊唱《王郎曲》四章。

自是王孫解愛才，故教雙姓使君猜。〔註267〕

衍波箋紙真珠字，便是溫家玉鏡臺。

青溪咫尺路難通，阿弟琴堂最惱公。

苦勸莊生居北郭，王昌消息近牆東。

我有閒情海內知，連宵偏和國風詩。

紫雲豔極紅牙脆，那可旁無杜牧之？〔註268〕

題樹齋贈別胡郎詩後

聽唱驪歌別阿儂，搖鞭無奈管絃終。

桃花昨夜相思淚，背看春山獨自紅。

花滿春堤月滿鞍，紅兒相送小長干。

老夫萬種風懷淡，只覺人間別最難。〔註269〕

丹陽道上留別雙郎

姑蘇春水一帆斜，惆悵丹陽兩岸沙。

爭奈行船換鞍馬，淡煙疏雨別梅花！

〔註265〕（清初）朱彝尊作，見《本事詩》卷十一。據《曝書亭集》卷第四，此詩名
　　　　為《山陰送葉六爕還當湖》。
〔註266〕《二鄉亭詞·卷一·采桑子》。
〔註267〕郎姓王，又姓孫。——原注。
〔註268〕《小倉山房詩集》卷十一。
〔註269〕《小倉山房詩集》卷十七。

蝶枕鴛衾夢不成，燈花如雪夜分明。

兩行淚落吳江水，愛有芙蓉處處生。

十三名字冠揚州，腰帶猶存瑪瑙鉤。

記否空江篷背冷，新年聽雨木蘭舟？

當筵怕唱六么終，頃刻回頭夢已空。

寄語篙工緩搖槳，千金難買石尤風。

贏得芳名喚滿窗，枝頭乳燕語雙雙。

情知送我終須別，留下香囊伴過江。

珍重梨園檀板餘，幾時重訪范莊居。

三秋憶著休貪懶，才歇笙歌便寄書。〔註270〕

甲寅中秋月夜攜余秋農旻、王雙南鎔成、韓奕山炎、唐雪江潔、金桐軒德榮秦淮水榭，聽葛名兒度曲

歌喉響徹過行雲，卿可是秦青？星眸四射，勾人心醉，蒜澤微聞。　　一聲河滿青衫濕，四座無聲。香沉水咽，碧闌干外，明月來聽。〔註271〕

旗亭月夜，忽遇伶人何玉兒，廿年前西湖所識也。相話往事，各感飄零。酒半強予同歌，為喚奈何矣

小步到旗亭，相逢認未真。歎何戡廿載風塵。泥我尊前歌一曲，聽玉笛，帶商聲。　　各自感飄蕭。宵寒酒不溫，蔥淒涼，怕說前情。尤是西湖湖上，月偏不是，曩時心。〔註272〕

上面兩首詞的作者嚴駿生是袁枚弟子，袁氏曾經記寫他與揚州名伶計五官（名賦琴）的相戀故事，見本書第289～290頁。嚴氏個人詞集中的贈詞與袁枚所記略有不同。

留別計郎賦琴

花落鳥啼日暮，悲流水西東。悔從前意摯情濃。問東君仙境許人通？為底事玉洞桃花，開才三夕，偏遇回風。最堪憐，任有遊絲十丈，留不住飛紅。　　春去也，五更鐘。隔雲煙，十二巫峰。恨春波一色搖綠，曲江頭來日掛孤篷。更惱煞杜宇啼時，將離花放，

〔註270〕《小倉山房詩集》補遺卷一。

〔註271〕《餐花吟館詞鈔‧卷第一‧眼兒媚》。

〔註272〕《餐花吟館詞鈔‧卷第四‧南樓令》。

人去帷空。斷腸處，彈盡相思珠淚，明月二分中。〔註273〕

下面兩首詞位於《留別計郎賦琴》前後，只有曲牌名，應也是為計郎而寫。

卿卿已定今宵約，迢迢等到銀蟾落。香篆嫋風簾，愁隨漏共添。　凄清人靜後，獨坐拈紅豆。難得便相逢，緣何先許儂？〔註274〕

回想桃源路入初，豆花棚下晚風疏。關心燕語情偏重，無力楊枝醉欲扶。　春夢幻，易模粘，相逢曾記舊盟無？怕他愁減腰肢瘦，不敢雙魚屢寄書。〔註275〕

袁枚《贈計賦琴》詩云：

令君人去香猶在，任育生來影亦佳。

莫更披衫臨水坐，恐教羞殺六郎花。〔註276〕

王文治《邗江雅集戲紀絕句五首，同隨園前輩作》寫到了「賦琴」之名的來歷：

樂府需留大雅音，深卮飲罷且停斟。

可知叔夜多情處，不賦箏琶只賦琴。

詩注：「計郎色藝獨冠揚州，舊名賦亭，今諸公為易賦琴。」〔註277〕

聽王四兒歌《撲蝴蝶》

日長金縷垂深院，滿庭花片。一雙蝴蝶南園見，溜波偷眄。　和身倒，撲去輕羅扇，腕露黃金釧。才得又飛情猶戀，一聲鶯囀。〔註278〕

贈王四兒二首

當筵一曲如珠串，面流香汗。六幺催唱重呼喚，櫻桃微綻。　滿堂賓欲散，重開宴，過雲聲達旦。歌舞教成炎涼判，回首雲漢。

姻緣雖小同親眷，肯教人見。且留侍我書香案，拭箋擎硯。　人間天上遍，何曾見，恁百長百擅。爭不教人心兒戀，雙眸雙腕。〔註279〕

贈歌伶

蹁躚宛現掌中身，一串珠含別樣春。

〔註273〕《餐花吟館詞鈔・卷第一・離別難》。
〔註274〕《餐花吟館詞鈔・卷第一・菩薩蠻》。
〔註275〕《餐花吟館詞鈔・卷第一・思佳客》。
〔註276〕《小倉山房詩集》卷三十七。
〔註277〕《夢樓詩集》卷二十四。
〔註278〕《童山詩集・附卷上・後庭花》。
〔註279〕《童山詩集・附卷上・後庭花・又》。

唱出王郎新樂府，雙鬟未是可憐人。

半敧花帽蹴蠻靴，酒上桃腮暈淺渦。

儂是江南未歸客，鷓鴣雖好不須歌。〔註280〕

贈朱福壽

庚辰夏，余飲於張少府景沂席間。適朱生福壽至自京師，余耳其名舊矣。已而勸酒鐙前，微歌筵上，停觴掩袂，繼以欷歔。知其返而自傷，不免有漂零之感。余亦早歲羈遲，頻年落拓，對此景光，能無悲悼？於是作詩贈之。

老去風情尚宛然，一聲聲唱《想夫憐》。

應知夙契三生薄，竟未相逢十載前。

紅藥映階春已晚，綠雲擾鏡月空圓。

適聞水調新翻曲，可是岐王舊管絃？〔註281〕

贈陳郎

堂開畫錦起笙歌，綠酒紅鐙襯綺羅。

垂手竟能翻玉佩，發聲偏自唱黃河。

天涯淪落誰知己，年少漂零可奈何？

我本梁園舊詞客，青衫那不淚痕多。〔註282〕

高要周夢樓舍人前在都中，與樂部雲郎者昵，未幾遂歿。而羊城歌者蓉兒姿貌與之酷肖，夢樓復昵之，然亦有所主矣。同年呂拔湖為賦此調，並邀余與古樵同作。余傾於友人席上數見之，果妍靚可念也

銀屏影隔。怪逢來昨夕，還又今夕。曲盝迷香，纖腕芳羅，燈底背人偷擲。秋襟不耐花枝繞。笑年年疏狂，蹤跡逗晶簾。眉月彎環，彷彿宮黃寫額。　　爭豔芙蓉名字。只櫻桃一樹，許共標格。玉已成煙，燕又移巢，舊恨新愁如織。傷春未入梨雲夢，也無端百分憐惜。問尊前顧曲周郎，兩地消魂怎得？〔註283〕

席上贈歌者

掌上纖腰剛舞遍，趙家姊妹憐飛燕。隨意妝成梳洗慣。當筵見，

〔註280〕《粵遊吟》。
〔註281〕《春草堂集》卷之四。
〔註282〕《春草堂集》卷之四。
〔註283〕《梅窩詞鈔·解佩環》。

天生好個風流旦。　　欲聽清歌珠一串，琵琶忘卻深深院。可惜珍

珠拋又散。如花面，人前乍卻桃花扇。〔註284〕

同光間王曾祺曾謂：「華陰袁聽濤有《可憐詞》，為小伶綠兒作。」詩云：

傾城花底喚秦宮，水上鴛鴦雪上鴻。

楊柳偶隨燕市綠，櫻桃不數鄭家紅。

颦如趙女愁俱好，曲顧周郎誤亦工。

儂說可憐憐未得，如卿真個可憐蟲。

茜紗裙束沈郎腰，不是柔腸骨亦銷。

弱貌漫矜花窈窕，戎妝也學霍嫖姚。

歌翻楊柳聲聲慢，香印蓮花步步嬌。

一曲回波人似海，青燈紅燭可憐宵。

牙根微轉幾聲鶯，低唱無聲勝有聲。

一縷情隨眉語度，四條弦和指音清。

香分金鈿增長恨，花墮珠樓認小名。

吟遍洛神都不稱，只應喚作可憐生。〔註285〕

和明代優伶一樣，我們有時難以判斷某些清代優伶到底是家優還是戲優。

為沈郎玉卿題便面

海棠落盡柳花飄，花底何人度玉簫。

自倚碧欄杆畔立，垂楊不及沈郎腰。

羅帶回風不動塵，留仙一曲綺筵春。

扶來七寶蓮花步，我見猶憐是美人。

一別橫塘油壁車，幾年絃管雜飛沙。

因君卻憶西陵路，蘇小門前紅藕花。〔註286〕

弔惜郎

蘭芳菊素立清秋，薄醉難消薄命愁。

早信王郎情易死，情多不死不風流。

朱門歌舞鬱金香，豪竹青絲夜未央。

〔註284〕《梅窩詞鈔‧漁家傲》。

〔註285〕《樵說》卷第三。

〔註286〕《定山堂詩集》卷三十七。

花霧一痕風似箭，可憐吹落打球場。〔註287〕

吳茲受先生席上聽小史度曲，賦示漢槎

一聲河滿出屏前，幾度橫眸向綺筵。

憶遍舊人都不似，銷魂莫說李延年。〔註288〕

山陰呂黍宇自揚州攜高小史至，索和紅橋詞，漫成十二絕

何處還來繡被舟，越人曾到古揚州。

歸時學得簫聲好，沽酒蘭陵恣冶遊。

我亦當年舊酒徒，王孫床畔醉呼盧。

如今見爾還相憶，拾得金丸酒更沽。〔註289〕

吳錦雯席上看登郎重繫三弦子歌

吳公風雪夜開筵，重看登郎分外妍。

一曲清歌爭欲聽，斷人腸是第三弦。

腰間珍重繫明珠，長伴冰弦一兩絇。

不向紫囊重覓取，肯教容易見羅襦？〔註290〕

贈歌者陳郎

偷聲減字，且洗衰翁耳。惱亂多情人慾死，只有臨川曲子。　　陳
郎巧囀歌喉，尊前倍覺風流。一霎塗妝綰髻，十三十四丫頭。〔註291〕

與歌兒紅樹

碧葉著秋色，夭嬌若朝霞。

自貪紅樹好，不復愛桃花。〔註292〕

贈歌者陳希三首

紫簫吹罷換新聲，生長邯鄲最有名。

自是延年難再得，誰能一顧便傾城？

西湖秋月鏡中開，驚見妖童豔落梅。

莫是玉關長不閉，焉支小嶺亦飛來。

〔註287〕《定山堂詩集》卷四十一。
〔註288〕《正誼堂詩集》七絕一。
〔註289〕《正誼堂詩集》七絕二。
〔註290〕《正誼堂詩集》七絕二。
〔註291〕《曝書亭集·卷第二十六·清平樂》。
〔註292〕（清初）李念慈作，見《本事詩》卷九。

細細青絲挽落雲，風流貪著翠羅裙。

情知不是金釵子，那得閨人不妒君。〔註293〕

春晏高雲樓聽阮郎歌，雲卿索詩贈之

曲房搖波皦如月，龍腦香微薰畫壁。

挾彈相過遊冶兒，調笑倡樓醉青陌。

花間起舞拂蘭纓，笑倚西窗雲母屏。

繡袋織成鸂鶒樣，碧簫吹落鳳凰聲。

猗頓鴟夷如敝屣，三語辟掾亦偶爾。

一聲紅豆慣消魂，檀槽自激梁塵起。

時斟平樂酒，看殺杜陵花。

蒹葭漫相倚誰共？雒陽車子都安陵。

豈足羨紗帷，春暖湖山宴。

桃花洞口阮郎歸，嫣然笑認仙人面。〔註294〕

贈歌兒

玉笛聲遲，琵琶索緩，幾回欲唱還停。撚花微笑，小立繡圍屏。待把金尊相勸，又推辭宿酒還醒。秋堂靜，露華悄悄，銀燭冷三更。　　輕輕喉一轉，未曾入破，響迸秋星。又低聲小疊，暗嫋柔情。試問青春幾許，是莫愁未嫁芳齡。吾慚甚，髭黃鬢苦，未敢說消魂。〔註295〕

三、京城男優

京城男優是戲班男優的一個組成部分，因其分量尤重，所以在此單獨敘述。

在乾隆末期以前，京優的表現尚不算特別突出。康熙間蔣楛《京師太平園觀劇戲題竹枝》寫當時演劇情形：

老人無計遣愁懷，貰酒長安十字街。

應制優伶名內聚，太平園裏唱《荊釵》。

梨園大抵是吳儂，妙舞清歌入九重。

多少書生頭白盡，笑啼無處肯相容。

〔註293〕《洪昇集》卷一嘯月樓集。

〔註294〕《甌香館集》卷五。

〔註295〕《鄭板橋全集·詞鈔·滿庭芳》。

　　悲歡離合演來真，優孟衣冠絕有神。

　　喉囀盡如絲竹脆，聲聲飛出繞梁塵。

接著，蔣氏又以三首詩專寫小旦葉四官：

　　班頭聲價動長安，眾裏先尋葉四官。

　　可奈《荊釵》無腳色，開簾止許剎那看。〔註296〕

　　遏雲絕技勝秦青，何日清歌洗耳聽。

　　水噴桃花瓜子面，暫時含笑立娉婷。

　　知情鼓板說風騷，同鋪雙雙霸佔牢。

　　此處無銀三十兩，如何妄想吃餘桃？

詩注：「後三首俱指葉四官。欲通葉者，先商之點鼓板，賂同鋪者三十金。」〔註297〕

　　乾隆十九年（1754）進士王又曾《都下有歌童工色藝而特妙於口輔，梁山舟名之曰笑渦兒。屬周西陳、汪桐石兩同年填詞贈之，邀余繼作》寫道：

　　秋翦橫波，縠起微潮，輕圓有痕。想登臺擁袂，乍回舞雪。褰帷舉扇，細嫋歌雲。欲語欹鬟，佯羞弄帶，逗露靈犀一點春。天然韻。便啼眉齲齒，欠此風神。　　芳名錫自情人，更銷盡春風別後魂。任陳王賦好，輕憐翠屧。施家村遠，莫泥嫣矄。翻水年華，拈花態度，歡喜偏成懊惱因。無聊甚，試圖成軟障，喚下真真。〔註298〕

　　吳長元《燕蘭小譜》寫成於乾隆五十年，對於相公私寓即將出現之前的京優色藝敘寫較詳。在當時，陳銀官、王桂官、劉二官、劉鳳官有「四美」之譽，吳氏分別詠曰：

　　陳銀官

　　魏長生之徒。明豔韶美，短小精敏。庚辛間與長生在雙慶部，觀者如飽飫醲鮮，得青子含酸，頗饒回味，一時有出藍之譽。

　　逸態翩躚青勝藍，多情不作寶兒憨。

　　憐他醞藉春風裏，弱柳依依似漢南。

　　王桂官

　　身材彷彿銀兒。橫波流睞，柔媚動人，一時聲譽與之相埒。為

〔註296〕臺上額「剎那看」三字。——原注。

〔註297〕《天涯詩鈔》卷三。

〔註298〕《丁辛老屋集・卷二十・沁園春》。

少施氏所賞，贈書畫、玩好，千有餘金。故矯矯自愛，屢欲脫屣塵
俗，知其契合不在形骸矣！

　　丰韻嫣然一笑間，湘雲冉冉鎖巫山。

　　襄王不赴高唐夢，莫放春風作等閒。

劉二官

長身玉立，逸致翩翩。性頗驕蹇，與豪客時有牴牾。近有太嶽
之裔，寒士也，以綺語結契，甚相愛重，豈少陵所云：文章神交有
道乎？

　　臭味甘和似醴醪，無端作惡憤餘桃。

　　多情丁卯橋邊客，力任調人不憚勞。

劉鳳官

丰姿秀朗，意態纏綿。歌喉宛如雛鳳，自幼馳聲兩粵。癸卯冬，
自粵西入京，一出歌臺，即時名重。是日演《三英記》，無淫濫氣象，
惜關目稍疏，即劇調之。

　　乍訂鶯儔意已諧，反共作合巧安排。

　　憐伊未遂同衾願，臠肉何時補綻來？

男風典故、名詞在《燕蘭小譜》的詩詠中出現了數次：

　　斷袖何如割臂盟，胥靡猶係故人情。

　　未知仗義孫賓碩，肝膽曾為若輩傾。

　　修真學佛語惺惺，欲海波瀾棺未寧。

　　莫被秦宮花裏笑，戚施面目太酸丁。

　　餘桃已失分甘愛，斷藕猶牽別緒長。

　　奚似杜陵漚燕侶，去來親近兩相忘。

　　東風一曲紫山翁，旖旎無妨學道功。

　　歌舞情懷聊漫與，任他人笑比頑童。〔註299〕

　　而自乾隆末期以來，在徽班進京的刺激下，相公體制在京中逐漸形成、發
展了起來。相公們既在戲班唱戲又在堂寓娛賓，柔曼傾意，類近娼妓，從而京
城優伶男色的表現變得尤其突出，外省無地能及。而以進京趕考的舉人為首，
文士老斗們創作出了大量的詠優詩詞。近人張次溪所編《清代燕都梨園史料》

────────────

〔註299〕見《清代燕都梨園史料》，第17、18、19、43、50、51頁。

所收甚夥，列舉如下。

（一）《日下看花記》

金官

小語無多數解頤，柔情款款送杯遲。
秋波偏溜頹唐叟，便醉如泥總不辭。

添齡

依人小鳥動人憐，丰韻嫣然豁眼前。
珍重歌喉珠一串，好從香國鬥嬋娟。

（二）《片羽集》

閬仙八首

紅妝翠蓋惜風流，美酒清歌結勝遊。
雲意旋裝行路景，雁聲仍帶海門秋。
高吟大醉無虛日，身去心留不自由。
不是西風苦留客，為誰一步一回頭？

（三）《聽春新詠》

贈李菊如

曲欄攜手話喃喃，月下燈前思不堪。
贏得離愁填滿腹，更何情緒憶江南？

戲柬如蘭

櫻桃花下儂家住，年年愛種櫻桃樹。
櫻桃花放待郎來，馬蹄莫逐東風去。

菩薩蠻・初見閬仙

梨花蕊小初籠月，搓酥滴粉疑無骨。葉葉綺羅衣，都成蝴蝶飛。　蒹葭依玉樹，不覺芳心露。豈是怕儂看，秋風窗罅寒。

（四）《鶯花小譜》

袁雙桂

體格冠群芳。玉無瑕，月有香。從來不許風流莽。春蘭露瀼，秋梧雨涼，個中寫出幽人樣。漫思量，癡牛怨女，銀漢隔紅牆。

袁雙鳳

阿姊擅嬌嬈。論豐容，讓小喬。鳳兮誰敢題凡鳥？盟心鵲橋，傷心斷橋，葬花心事花知道。占春韶，瓊枝璧月，無奈是情苗。

楊發林

領袖散花天。小雲郎，解語蓮。春雲意緒春風面。麗華般妙顏，麗娟般妙年。孫娘齲齒櫻唇淺。最纏綿，佯羞薄怒，擲眼復憑肩。

（五）《金臺殘淚記》

閱《燕蘭小譜》諸詩，有慨於近事者，綴以絕句

百蝶風裙正小開，雙蓮金地故低徊。

凌波滿目生塵路，洛水神妃錦水來。

詩注：「京伶裝小腳，巧絕天下。譜云始於魏三〔註300〕，至今日尤盛也。」

立部依稀見幾人，歌殘紅豆有餘春。

三年一字論花價，苦付山樵作後塵。

詩注：「都下諸伶，韻香固不愧崑旦，然紉香、蓉初、梅卿亦皆習崑曲，聲容甚佳。余亦嘗為一字評曰：韻香『韻』，紉香『媚』，小郊『麗』，蓉初『爽』，梅卿『婉』，桐仙『秀』，問梅『宕』，青蔚『嫩』，竹香『蕩』，蕙香『放』，法慶『騷』。」

（六）《燕臺鴻爪集》

代寶岩贈陳素霞

矯矯朱霞客，英英白石郎。

招邀看衛玠，消息報王昌。

小別魂猶繞，重尋眼更狂。

未親鄂君被，空接令公香。

促去愁天遠，歸來覺夜長。

遊仙一百首，私詠替曹唐。

四月十五夜寶岩邀同蘗仙及曼卿、韻蘭、珊珊、一香飲稚琴宅，席間賦

勸君滿酌金屈卮，聽我狂歌《金縷衣》。

如此良宵如此酒，人生能得幾多時？

〔註300〕即前面《燕蘭小譜》已經提到的魏長生。

（七）《曇波》

夢蝶詞

慣醉花陰酒一尊，暫時分手亦銷魂。

此情耿耿卿知否？恐有前生未了恩。

續夢蝶詞

閉門無事酒孤斟，風雨蒼涼百感侵。

相憶輒書君姓字，一波一磔見儂心。

（八）《群英續集》

金縷曲・都門春感，為周郎賦四闋

芳草知時節。忒匆匆、流鶯啼後，珍叢消歇。多少花前驚心事，曾與斷紅細說。已廿載傷春傷別。碧海青天迢遞夢，照樓臺無恙今宵月。斜漢畔，幾圓缺？　　人間寶鏡紅綿拂。盡留渠、團欒樣子，影兒難覓。紅豆江鄉相思種，無處尋消問息。又付與柔腸千結。簾外輕紅階下雨，早花花葉葉無顏色。春正好，未須折。

（九）《宣南雜俎》

題壁

霞芬朱郎為余愛友，乙亥夏日飲於泰豐樓，見壁上有贈霞芬四絕句，酒後技癢，戲和其韻。

春風楊柳鬥腰支，綽約豐神係我思。

最好笙歌明月院，嫣然一笑入簾時。

綺羅襦罩嫩胭脂，脈脈無言倩女思。

別有深情忘不得，酒闌燈她向人時。

（十）《眾香國》

豔香

傾城顏色上春時，為語園官好護持。

占得風光如許豔，花王畢竟是男兒。

媚香

更有深情甚畫眉，旗亭歡宴記當時。

艸兮城裏簪花格，錯認檀郎作豔姬。

（十一）《燕臺集豔》

仙品

鳳屏清畫嬝龍香，閒情正與春長。斷來能有幾迴腸，秀出群
芳。　　更沒纖毫塵態，素娥洗盡繁妝。誰將消息問劉郎？無限思
量。

情品

黛拂雙蛾淺，天教百媚生。水雲飛佩藕絲輕，看取無情芳草也
關情。　　殢酒懨懨病，閒花淡淡春。重簾不卷篆煙橫，留戀海棠
顏色過清明。

（十二）《燕臺花史》

蓬仙

雲行太空，舒卷自如。

好風過竹，微波蕩藻。

有美一人，其來於於。

或曳長袖，或拖輕裾。

修容自喜，動宕不拘。

水流花放，悠然有餘。

玉磬

春色無邊，休辜負，探花時節。正長安、看遍韶光，□□未
歌。翡翠欄邊蝴蝶夢，荼蘼架上杜鵑咽。問卿卿、何事恁多情，經
年別。　　楚館外，秦樓北。腸一縷，思千結。豈儂情似水，我心
如鐵？萬里春風剛過眼，連年別恨不須說。趁今番、把折柳陽關，
歌一闋。〔註301〕

　　《史料》所收多是一些梨園花譜類書籍，數量著實不少。當然，編者所未
見者也還是有的，像《夢華外錄》、《金屋小譜》、《長安花品二十四聯》等均是，
《金屋小譜》中的賞優詩有120首左右。

芝蘭

花晨月夕正飛觥，閱盡繁華費品評。

〔註301〕見《清代燕都梨園史料》，第 72、94、130、163、170、200、219、219、220、
244、244、262、267、398、399、507、519、1019、1021、1045、1054、1063、
1067 頁。

未必玉人多薄命，從來名士最鍾情。

訂交早共鷗盟結，惜別頻將蝶夢驚。

此去鄉關莫惆悵，好留健羽待飛鳴。〔註302〕

天祿

品出新茶勸客嘗，舉杯同飲勝瓊漿。

最憐把酒難為別，臨去猶留冒頻香。

詩注「品香與余同飲，常勸以茶解醉。臨去時頗有依依莫釋之意，必款語片時始散也。」〔註303〕

梨園花譜的作者大多佚名，而賞花者若更灑脫一些，也會將作品收在個人詩文集當中。下面這兩組詩都作於嘉慶年間。

下第後戲贈霍郎小玉

尹邢終究孰娉婷，評點妍媸帶淚聽。

同受人間顛倒殺，下場舉子上場伶。

遏雲清響繞空梁，燕雀無聲坐滿堂。

唱殺碧雲天一曲，北人都不愛《西廂》。

雙鬢頹雲兩眼星，長亭哀怨唱旗亭。

明朝我亦登車去，如此淒聲不忍聽。

如雪如花日炙消，勸郎歸趁大江潮。

如何苦戀黃衫客，日看殺咤氣色驕。

一斛珍珠百綺羅，泥郎行酒索郎歌。

郎心莫似叙裙軟，世上相逢李益多。

愛郎心似愛才心，未必郎知我意深。

清夜忽然雙淚落，平生我亦負知音。〔註304〕

贈歌兒彩伶

珠飛黛舞月昏黃，翦水帷雲一篆香。

絕代風流讓陽羨，濃情無墨畫雲郎。

捧出瓊枝秀絕群，衣香花氣嫋氤氳。

〔註302〕　（清・道光）橫樑山人作。
〔註303〕　（清・道光）詠霓居士作。
〔註304〕　《天真閣集》卷十四。

涵煙翠疊雙眉嫵，占盡揚州月二分〔註305〕。

宜嗔宜笑盡溫存，頰潤紅潮帶醉痕。

無限春心撩客夢，東風吹豔海棠魂。

紅梔燈下囀鸝喉，鈿邊瑤箏雅韻流。

安得阿姨三百萬，為卿破費作纏頭。

霧幔雲樓別樣春，琅琅韘屩躅微塵。

白鷗纏唱情無那，倦眼斜飛可意人。

纏綿情璽吐絲絲，昵我偏多決絕時。

一笑茂陵抍病渴，無心北地買胭脂。

卿如飛絮我飄萍，被酒追歡眼獨醒。

他日五湖秋滿棹，一蓑攜去配樵青。〔註306〕

道光間梁紹壬將其詩作收在了個人筆記當中：「余在京師，凡遇諸伶侑座，酒闌燈炧，往往漠然。人或以矯情譏，或以木石誚，迥然不顧也。一日見某部某郎，不覺傾倒，形輸色授，頗難自持。然獨蠶抽絲，無由作合也。」於是梁氏乃賦《無題》二章云：

尋到蓬山別有春，好將綺筆寫芳因。

鉤輈格磔渾難語，撲朔迷離兩不真。

願作鴛鴦申後約，化為蝴蝶夢前身。

玦鐶消息全無準，腸斷愁紅悶翠人。

不沾情處惹情魔，如此相思可奈何？

後落梅花酸意透，倒垂蓮子苦心多。

鳥因銜恨思填海，狐為生疑怕渡河。

欲託微波通一語，生防前面有鸚哥。〔註307〕

梁紹壬還寫有一首《梨園伶》，完整描述了相公們從表演到侑觴的賣弄色藝風情的全過程：

軟紅十丈春風酣，不重美女重美男。

宛轉歌喉嫋金縷，美男妝成如美女。

〔註305〕彩伶揚州人。——原注。
〔註306〕《三十六灣草廬稿》卷五。
〔註307〕《兩般秋雨盦隨筆·卷一·無題詩》。

樓臺十二醉春風，過午花梢日影紅。

此際香車來巷陌，此時脆管出簾櫳。

簾櫳掩映嬌妝束，場屋頻頻滾絃索。

須臾花枝照眼明，飛上九天歌一聲。

歌聲未罷歡聲滿，就中誰得秋波轉？

曲罷翩然下坐旁，猶留粉暈與脂香。

憑將眉語通心語，好把歌場換酒場。

酒樓攜得人如玉，自占藏春最高閣。

閒泛鵝兒弄罘尊，不容鸚母窺簾模。

承顏伺色最聰明，射覆藏鈎靡不精。

卻即偏離拋又近，情無情處動人情。

情多不及黃金貴，幾束吳綾謀一醉。

夢裏溫柔鏡裏人，甘心竟為他憔悴。

憔悴青衫興已闌，一鞭又跨別人鞍。

試看花底秦宮活，誰念車傍范叔寒。〔註308〕

與清代相公相近的是明代小唱，他們都在私下寓所招客陪歡。有關小唱的記載相對較少，彼類歌童中賣身情形似較多見；而相公似乎大多止於賣色，上面賞優詩的作者們發乎情止於禮，不像走到了最深一步的樣子。不過實際情形如何？至少也是因人而異，太過文雅就成做作了。

將明清兩代的情色賞優詩做對比，明代對家優的吟詠比較突出，清代則對相公這樣的比一般戲優更形魅惑的優伶頗多賞吟。總體而言，家優愈精則男色享受的程度愈深。如果家庭之內已趨曼靡，那麼社會之上自不待言。明代的優伶男色要比清代外顯一些，而即便如此，以京城相公為代表的清優色藝亦已驚人耳目了。

清代的詠優長歌

本文所謂「詠優長歌」乃係情色賞優詩的一部分，其句數明顯多於常見的四、八句式的律詩、絕句，敘事更加細緻，抒情更加充分。由於獨具特色，故此獨立一文。

〔註308〕《兩般秋雨盦隨筆・卷六・燕臺小樂府》。

一、家庭男優

　　清初陳維崧曾為愛侶徐紫雲作有一首《徐郎曲》〔註309〕，當時他是在前輩冒襄家作客。冒氏家優出名者還有楊枝、秦簫等，陳維崧為此二人也各作歌一首：

　　　楊枝曲
　　　人生花月不常有，眼前況見青青柳。
　　　人生離別將奈何，可憐復唱楊枝歌。
　　　僕本傷心人，闌入揚州路。
　　　風流前輩馬扶風，後堂絲管留髡住。
　　　婆娑門舞白翎雀，開元弟子黃幡綽。
　　　緩舞珊珊屏後來，嬌歌嫋嫋燈前落。
　　　就中誰更得人情？弱質輕軀近長成。
　　　詢來知是楊家子，我取楊枝作小名。
　　　曲塵染就黃金熨，和煙和雨窗前拂。
　　　文通久號斷腸人，楊枝爾更銷魂物。
　　　楊枝楊枝難重陳，與爾相依春復春。
　　　永豐坊裏誰栽汝，京兆街邊最綰人。
　　　我作楊枝歌，一為楊枝譜。
　　　半植深宮半道傍，古來只有楊枝苦。
　　　細說楊枝誰最都，御溝西望翠模糊。
　　　棲來興慶池中鳥，藏得昭陽殿裏烏。
　　　高樓更憶名花萼，楊枝此地偏飄泊。
　　　公子堤前籠玉鞭，美人樓上褰珠薄。
　　　愁人最恨是離亭，送客楊枝二月青。
　　　顰罷蛾眉君不見，吹殘玉笛舊曾聽。
　　　驚心猶是春江渡，鵝黃染就渾無數。
　　　贏得榆錢號沈充，那堪柳色如張緒。
　　　楊枝楊枝勿復嗟，爾今生長在侯家。
　　　教得琵琶蒙主惜，唱成穆護有人誇。
　　　我今亦是白楊樹，十圍擁腫心空處。

雨打風吹只自憐，長條短葉攔官路。〔註310〕

秦簫曲

冒家堂上絲管何喧豗，二十四枝銀燭高崔巍。

燭亦不肯灰，歌亦不肯絕。

七尺罘罳冷於鐵，三更獸炭坐相齧。

此間秦簫曲中傑，忽然高唱《受降城》，

舂作冰車鐵馬聲。

須臾如抗復如墜，老馬郭索沙場行。

廣陵花月不知數，小樓玉笛無朝暮。

幾人不聽秦簫歌，一生總為秦簫誤。

主人磊落天下傳，主人好客能開筵。

滿堂白月白如練，十四紅羅紅刺天。

笑謂秦簫來，醉看秦簫舞。

二十年來事可憐，化作迷樓樓下土。

憶昔江南月一輪，長干門外正留賓。

更衣私入鳴珂巷，坐中頗有英雄人。

平生然諾惜不得，匣裏寶刀老無力。

有眼只讀《帝京篇》，卻與黃金不相識。

秦淮酒樓十二重，酒人如虎詩如龍。

教坊子弟善駘宕，曲中老伎多從容。

善和坊里語瑣瑣，慈恩宅畔花溶溶。

半飛不飛雙阿子，欲別未別諸吳儂。

吳儂度曲誰最雄？禿矜老子稱國工。

駊騀不讓黃幡綽，要眇直壓商玲瓏。

此曹精緻有如此，吾輩攻苦將無同。

躊躇冷炙殘杯後，慘淡斜風細雨中。

只今歌者如鵝鶩，誰人盡譜聲歌法。

秦簫秦簫當苦吟，爾更少小宜惜陰。

南朝狎客亦何限，殿中朝貴皆知音。

會須一曲送天上，安能老大青楓林。

〔註310〕《湖海樓詩稿》卷之四。

主人語竟日方午，努力秦簫更起舞。

君不見，人生飄忽不自知，主人此語真吾師。

坐中有客夜深泣，卻悔少年蹉跌時！〔註311〕

　　在清初的社會環境下，蓄優賞樂有時是逃避嚴酷現實的一種方式，政治上的失意彷徨轉化成了聲色上的流連沉溺。《秦簫曲》中的「主人」係指冒襄，繁華已逝，他在秦簫、楊枝諸優身上努力追摹著往日的榮錦。而若遺民心態更強一些，則會借憂憤世，激昂慷慨。比較一下，陳維崧的《秦簫曲》側重於哀婉，而陳瑚《秦簫歌》則側重於悲愴：

堂上醉葡萄，堂下奏雲璈。

左盼舞徐蓁，右眄歌秦簫。

秦簫秦簫調最高，當筵一曲摩雲霄。

邯鄲盧生橫大刀，磨崖勒銘意氣豪。

漁陽撾鼓工罵曹，曹瞞局蹐如猿猱。

長安市上懸一瓢，義聲能激袁家獒。〔註312〕

一歌雨淙淙，再歌風蕭蕭。

三歌四座皆起立，欲招鳴雀驚潛蛟。

喜如蘇門嘯，思如江潭騷。

怒如秦廷築，哀如廣武號。

引我萬種之愁腸，生我一夕之二毛。

淚亦欲為之傾，心亦欲為之搖。

吁嗟乎！秦簫爾居楚地，但解作楚歌，

胡為乎悲壯慷慨乃能為燕趙之長謠？

我愛秦簫聲，不惜秦簫勞。

願將義士忠臣曲，遍付秦簫緩拍調。

君不見，黃幡綽、敬新磨，嘲笑詼諧何足慕。

惟有千秋雷海青，凝碧啼痕感行路！〔註313〕

　　雷海青是唐玄宗時期的宮廷樂工，安史之亂時被掠，因拒絕為安祿山演奏而慘遭肢解。陳瑚對他著意表彰，無非是在鄙視明季某些士人轉身投效的

〔註311〕《湖海樓詩稿》卷之四。

〔註312〕歌《邯鄲》、《漁陽》、《義盧獒》諸曲。——原注。

〔註313〕《確庵文稿》卷之五上。

太過迅速。

清初吳偉業曾作長歌《王郎曲》〔註314〕，王郎紫稼曾經為人家優後來身份自由。吳氏還作有一首《臨頓兒》，這位美伶如籠養金絲雀，滿身華麗卻內心憂苦：

> 臨頓誰家兒，生小矜白皙。
> 阿爺負官錢，棄置何倉卒。
> 給我適誰家，朱門臨廣陌。
> 囑儂且好住，跳弄無知識。
> 獨怪臨去時，摩首如憐惜。
> 三年教歌舞，萬里離親戚。
> 絕伎逢侯王，寵異施恩澤。
> 高堂紅氍毹，華燈布瑤席。
> 授以紫檀槽，吹以白玉笛。
> 文錦縫我衣，珍珠裝我額。
> 瑟瑟珊瑚枝，曲罷恣狼藉。
> 我本貧家子，邂逅遭拋擲。
> 一身被驅使，兩口無消息。
> 縱賞千黃金，莫救餓死骨。
> 歡樂居它鄉，骨肉誠何益？〔註315〕

也是在清初，青州歌者胡文玉本為戲優，因為無錫黃心甫所賞，似是改做了心甫家優。兩情相悅，誓同生死。時人王澤弘為詩歡賞道：

> 梁溪高士冰雪姿，著書兀兀恒苦饑。
> 客遊齊魯何寂寞，忽感歌者相追隨。
> 黃河以北嗜北調，青州亦住宣州兒。
> 妙年顏色天然美，豔妝不學俗女子。
> 一夜歌聲繞屋樑，滿堂淚下如鉛水。
> 相憐悔不早同生，那期只欲從君死。
> 先生有僕不安貧，不識博奧之主人。
> 拔刀作逆胡為爾，天涯安得金繞身。

〔註314〕見本書第 578～579 頁。
〔註315〕《吳梅村全集》卷第九。

最恨有刀不鑄眼，如花忍作看秋薪。

虎狼自門入，煎逼何太急。

短袖甘為倚柱笑，一身卻似當熊立。

少年義俠誰不憐，忍痛無聲暗悲泣。

此身一死奚足云，高義偏感劉將軍。

脫贈奇方出金石，先生搗藥何殷勤。

古人深情各有託，繡被安可方紅裙。

先生自歎知音寡，我亦有生深情者。

為僕受恩反負恩，如君萍梗交乃肯。

誓死如飄瓦，我願他日乘車相逢揖君下。〔註316〕

乾隆年間，陳瑤卿為宗室幻翁家樂。主人多情而且好客，乃出以娛賓。宗室永忠《贈幻翁家贈香小史陳瑤卿》詩：

花非花，色非色，異樣柔情爭解得。

芳年十五小腰身，一笑亦足傾人國。

吳頭楚尾別兒家，北上輕帆五兩斜。

深入侯門供小部，新聲肯讓《後庭花》。

主人多藝復多情，愛寫湘蘭不著名。

十日學來能把筆，疏花淡葉署瑤卿。

不嫌墨污柔荑手，又拍紅牙和鳳笙。

主人愛客情偏切，後堂屢醉評花月。

一枝瓊樹出東廂，兩點春星映晴雪。

欲進不進身遲回，若遠若近煩疑猜。

道人已是無情物，轉使心花為汝開。〔註317〕

乾嘉間王文治所蓄家優頗負時名，〔註318〕瑤生是其較早收納的一位。王氏《瑤生曲》：

蒙州刺史愛名花，遠自江南植海涯。

綴玉懸珠凡幾種，關心一朵豔朝霞。

〔註316〕《鶴嶺山人詩集·卷一·無錫黃心甫遊齊，與歌者胡文玉善。心甫有僕窺橐中貲，將謀不利。文玉覺其意，以身代刃，入膚數寸。有中營劉將軍者，出奇方救之，得不死。余感其義以作歌》。

〔註317〕《延芬室集》乾隆三十五年庚寅稿。

〔註318〕見本書第 500 頁。

春風曾記當筵見，下馬張燈旋開宴。

恰恰林間谷鳥啼，涓涓花底流泉轉。

刺史求民苦太勤，緣勤卻被上官嗔。

太守權輕救不得，早時白簡到楓宸。

絃管生衣雅歌歇，清宵無語涼蛩咽。

更遭勢力橫相干，憔悴花枝泣秋月。

萬里邊關朔吹寒，九龍江水起狂瀾。

羽書日日徵兵急，鳥道家家轉餉難。

尚書憂國驚無措，一劍翻將主恩誤。

旋看使相繼邊籌，甫見蠻渠成內附。

使相乘秋開不賓，重延賢俊共功勳。

君才本是豐城物，豈有虹光不上雲。

曼胡短後晨裝飭，菱弱花嬌攜不得。

便呼絳樹出雕欄，卻向鄰家送春色。

自古金尊為客開，休燈擁袂不相猜。

平章風月須關學，檢校鶯花亦費才。

顧我窮荒阻歸計，鬢絲如雪茶煙細。

方將開閤放楊枝，何暇濃書記唐字。

見說渠儂有法緣，紅窗偷誦貝多篇。

唯應示疾維摩室，小試天花有漏禪。〔註319〕

　　按：乾隆二十九至三十二年王文治曾官雲南臨安知府，詩中太守乃其自稱。蒙州當係臨安下轄的蒙自縣，瑤生本為縣令暨刺史的家樂。時當清緬戰爭正酣之際，先曾得咎、欲立軍功的刺史被使相延攬，不能攜瑤生同行，乃將生送與太守王文治。其後王氏解郡去官，復攜瑤生及另一家樂鈿郎回到江南家鄉。其《無錫錢瑾岩工為詩歌，兼精音律。新詞自倚，有姜白石之風。頃余攜瑤生及鈿郎奉過，彈絲品竹，略展閒情。瑾岩爰制《哨遍》一闋贈瑤生，制《紅情》一闋贈鈿郎，續又各贈絕句如干首。重章往復，詞旨斐然，瑤、鈿二生獲此可以傳矣。二生粗諳文義，頗深知己之感，求予作詩致謝》詩描寫了自己與官無緣、與優為伴的自在生活：

　　　　龍鍾病守擲手版，萬事浮雲不掛眼。

〔註319〕《夢樓詩集》卷九。

尚餘結習未消除，愛近紅牙與金管。

去官無復持一錢，二生相伴猶清妍。

興來腰笛向秋月，一聲吹破千林煙。

高言識曲姜白石，閒暇相思便相覓。

黃河親授畫壁詩，〔註320〕絳帳戲登講經席。〔註321〕

新詞如綺寫麥光，微吟齒頰生古香。

若翻新譜被絲竹，定教三日音繞梁。

束裝早晚尋歸路，春風綠到江南樹。

應偕樵青及漁童，蓑笠飄然刺船去。

相君合是樑柱材，即看駟馬相如來。

倘余恃舊邀吹笛，好踞胡床弄一回。〔註322〕

家樂、家班在乾隆以後逐漸衰落，相關記載不多睹見。但有一種方式在此需要提示一下：如果豪客對某位戲班優伶或京城相公特加賞愛，會將其贖出讓他陪侍左右。這時，優伶的身份可能是跟班、家樂，也可能不予明確。道光年間，李玉郎就是這樣的一位人物。時人謝堃《李玉郎歌》：

李玉郎者，安徽懷寧人也，以色藝隨桐城方君之任山左。余耳玉郎名久矣，今年秋來依上公，玉郎先在府第。蓋方君與伯澗儲公秦晉也，特遣侍之。余得瞻其容色，雖不及府第諸伶，然近日亦罕見者，不無歎賞。儲公命賦長句，並紀其顛末云。

江南江北櫻桃花，含風向曉枝枝斜。

地近龍眠山色好，勻圓萬顆紅兒家。

兒家舊住龍眠側，青螺遙映雲鬢濕。

長成聲價重梨園，我昔相思未相識。

龍眠公子繡衣郎，二十專城宰壽張。

攜將曲部龜年裔，來贈琅玡大道王。

上公府第今梁園，魯國諸生半在門。

揚雄奇字朝題策，張泌新詞夜倚聲。

揚雄張泌才無匹，堃也叨為座上客。

〔註320〕瑾岩能歌「黃河遠上」詩，因授瑤生。——原注。

〔註321〕瑾岩曾與鈿郎同演玉茗堂《閨塾》劇。——原注。

〔註322〕《夢樓詩集》卷十。

　　幾番公讌許追陪，不賦長楊賦長蓬。

　　長蓬一聲萬花舞，玉郎笑擲珊瑚樹。

　　舞罷渾疑花片飛，歌停恍似鶯聲住。

　　絳燭千條徹夜燒，珍珠亂灑紫檀槽。

　　停歌罷舞邀相見，果然玉立丰姿豔。

　　垂手參差玉佩鳴，步搖錯雜金釵顫。

　　金釵玉佩好腰肢，楊柳風回太液池。

　　屈伸玉指擎杯際，瀲灩星眸欲醉時。

　　此時萬楚心將死，此時杜牧狂難已。

　　能令相如渴疾消，一杯除是天河水。

　　君不聞，辟疆園，雲郎姣好顏如仙。

　　有客有客陳其年，梅花一夜詩百篇。

　　又不聞，小倉山，狀元夫人李桂官。〔註323〕

　　一生知遇畢宮保，跋涉追隨萬里道。

　　即今若輩豈無人？愧我才非畢與陳。

　　擬將宋玉《高唐賦》，寫贈雲英掌上身。〔註324〕

　　道光年間正值相公業的繁盛之期，而安徽省是京中徽班優伶的重要來源地，因此李玉郎很可能是一位相公。同鄉方君賞之，遂攜其赴任山東壽張。〔註325〕通常情況下，既以色藝隨官，則優伶似近男妾，對境遇應當滿意的。可玉郎不久卻遁入了空門，這令謝堃很是感慨驚詫。

　　李生玉郎，梨園中善舞者也。嘗扮花木蘭、冼國夫人諸劇，窈窕中有一種英爽之氣。世不多見，余曾作歌紀之。未幾棄所習，習浮屠術。聞而韙之，仍繫之以詩

　　維摩斗室飛天花，一花飛落江之涯。

　　江涯萬戶春無主，不願生男願生女。

　　生男慣作女兒妝，送入梨園教歌舞。

　　憶昔豐臺贈芍藥，公讌追隨上公府。

　　回思瀚內優伶多，玉郎嫵媚誰堪伍。

〔註323〕見本書第 584～588 頁。

〔註324〕《春草堂集》卷之二。

〔註325〕據光緒《壽張縣志》卷五，道光九至十二年方長春曾宰壽張縣。

　　　　皓齒明眸滿月龐，軍中裝束更無雙。
　　　　柳腰不讓秦良玉，蓮步還勝雲鞾娘。
　　　　眾中識得王之渙，新聲愛唱黃河傳。
　　　　不索纏頭索贈詩，此中滋味腸堪斷。
　　　　盛筵難再古今同，春月秋花幾番換。
　　　　浮雲西北自高樓，溝水東南愁復愁。
　　　　舟中翠被香初散，天上霓裳月不流。
　　　　燕雲吳樹思何益，過河剩有枯魚泣。
　　　　才聞人澥唱楊枝，忽送春風皈淨域。
　　　　淨域諸天大歡喜，愛河流斷相思水。
　　　　蓮出淤泥本不污，旃檀座上香生几。
　　　　一笑來參最上乘，三生石上證前因。
　　　　虎溪它日重相見，添個高僧傳里人。〔註326〕

二、戲班男優

　　康熙間戴晟《沈郎行》寫道：

　　　　憶昔光陰不虛擲，繁絃急管競朝夕。
　　　　千金贈客揮珠玉，酒酣命姬歌一曲。
　　　　曲中昵昵女兒聲，不解優孟寫春情。
　　　　更向吳閶買歌舞，個中陸登最媚嫵。
　　　　鬖鬖白皙聰而慧，小立氍毹挽高髻。
　　　　後來趙沉才貌得，偏長肌膚綽約人說比王郎。
　　　　誰知河畔青青柳，亦復移栽上苑傍。
　　　　幾年人事幾番憂，索寞荒齋寡應酬。
　　　　幸有藏書敵百雉，抱讀坐銷終歲愁。
　　　　三更燈火月當天，每逢此際意惘然。
　　　　夢中恍惚翠幕前，耳畔猶似擊鼓金石聲淵淵。
　　　　近日邑侯好賓客，公門已成桃李陌。
　　　　余舊通家叨覆育，兩度綺筵趨末席。
　　　　花下輕盈舞袖飄，歌喉宛轉叶笙簫。

〔註326〕《春草堂集》卷之二。

　　一班玉筍春山色，多效休文逞細腰。

　　燕支出，莫與匹。

　　吳歈中，應第一。

　　飛燕試新妝，楚宮徒自傷。

　　史雲太真空多肉，不及沈郎清歌妙舞一一斷人腸。

　　道是沈郎歌調清，引商刻羽挾風生。

　　道是沈郎舞態濃，佯羞珍重意融融。

　　一顧再顧驚辟易，座中狂客漫呼賞識浮大白。

　　嗟予潦倒從公等，能不低佪念往昔？

　　身在歡娛心聞寂，只今清淚涔涔滴。

　　欲吟麗句記樊川，兩行紅粉善雕鐫。

　　腐儒眼底徒饞餓，摹寫那得形神全。〔註327〕

　　戴晟所觀係官府裏的演劇，沈郎表演可斷人腸。而戴氏自己曾蓄家樂，回首往昔，遂不勝唏噓。

　　乾隆間黃景仁《褚五郎行》寫道：

　　廿條銀燭高崔巍，筵前羯鼓紛喧豗。

　　主人愛客客滿座，相逢四海傾瑤杯。

　　上座聽歌氣如虎，有客停杯慘無語。

　　往事楊枝嫋綠煙，故家燕子愁紅雨。

　　褚郎十五記將迎，袴褶妝成鎖骨輕。

　　故緩紅牙偷入破，慣拋珠淚得人情。

　　徘佪舞榭兼歌榭，飄泊山城更水城。

　　逢渠猶記花開夕，謝家子弟爭移席。

　　一囀輕喉發曼聲，吳儂相顧皆無色。

　　前輩風流酒作池，後堂絲管春成國。

　　脫帽翻尊奪錦茵，就中狂殺江南客。

　　江南一別又經年，西風吹夢尋無跡。

　　顧曲周郎鬢漸星，多愁白傅衫常濕。

　　崔九堂前有舊人，奉誠園內無新識。

　　三千里外楚王臺，驀地重逢醉眼開。

驚定相看翻似夢，關山知否得曾來？

此際歌場正嘹喨，晴絲作陣空中颺。

鈿合方看訂再生，〔註328〕《霓裳》已見歸天上。

背人脈脈送橫波，似曾相識驚無恙。

舞罷更妝向畫筵，尊前細訴飄零狀。

問訊同遊幾輩存，羊曇華屋增悲愴。

感時懷舊更長吁，我亦風塵無事無。

肯把犛婆通貴戚，不堪鐵笛老江湖。

褚生飲汝一杯酒，酒盡猶能進歌否？

人世悲歡轉眼非，青衫失路嗟何有？

落魄空沾淮海塵，相思為怨金城柳。

莫作伊涼變征歌，酒闌蕭瑟斷腸多。

他年此會知何日？月落烏啼奈爾何！〔註329〕

黃景仁與褚五郎相識於江南，雖然良賤有別，但都為了生計而轉徙四方。他鄉驀然偶相遇，均是天涯淪落人。

嘉道間繆艮所編《文章遊戲》收有馮立卓的一首《黃郎曲》，詩作於山東曹州：

愛河渡慈航，大地風情扇。

美惡無定姿，所好目皆眩。

懷寧黃鳳林，名震曹南院。

疑從金粟界，受讁人天遣。

輕如乳燕飛，態比嬌荷顫。

步屧紅毧毧，驚鴻識一面。

巧笑不須多，妙舞曇雲現。

遲遲媚愈生，豔豔魂離倩。

誰為賞音者，顧曲長獨擅。

太守嵇善人〔註330〕，宴客客情戀。

是軒〔註331〕儒雅才，私語紗窗茜。

〔註328〕時演《長生殿》──原注。

〔註329〕《兩當軒集》卷第二十二。

〔註330〕承群。──原注。

〔註331〕太守從侄至亮。──原注。

知味擬噉蔗，賤卻官廚膳。

愧我亦癡豪，未辨素與絢。

顛倒孰假真，喜看敘而弁。

追想少年時，狂縱何知倦。

過眼盡成空，愁緒針縈線。

幻境悟歡場，循轉宮商變。

放衙午夢回，淚染河東絹。

靜坐近山居，日聽黃鶯囀。〔註332〕

咸光間董沛《贈韓生》：

韓生皎皎玉為骨，楚曲秦腔中音律。

豪門鞠部早知名，不作春鶯作秋鶻。

繡旗四展風拂拂，女軍對捧將軍出。

英雄兒女兼一身，譙國平陽古人傑。

明光細鎧紅綃帕，錦袖迴翔臂如雪。

雪花飛上瓊林枝，纖歌始凝白雲遏。

忽然兩陣勢交突，鼓聲驟起金聲咽。

有若駿馬登臺馳，鞭影刀鋒電光掣。

低腰貼地故盤折，香汗交頤粉融滑。

翻身倒立雙趺翹，窄窄弓鞋換羅襪。

橫波一轉神為奪，叔寶當筵防看殺。

斯時百輩觀者心，半入癡頑半饞渴。

蓬萊縹渺舊宮闕，燕部陳張兩奇絕。

意中南北較低昂，技差勝汝貌非匹。

韓生西來才數月，未肯羞顏向人熱。

漫山桃李爭豔姿，別有孤花自芳潔。

江城風雨落梅節，酒酣為爾感詩筆。

才色徒供豪貴憐，聲名已被同曹嫉。

自來巧者不如拙，悔抱朱華餌容悅。

天涯羈客如爾儔，一例彈詞賣歌活。〔註333〕

〔註332〕《文章遊戲》四編卷八。

〔註333〕《六一山房詩集》續集卷七。

　　韓生是一位刀馬旦，表演時英姿颯爽，不同於青衣花旦的嬌柔嫵媚。而即便如此，他依然是「才色徒供豪貴憐」。按：詩中「豪門鞠部早知名」處有注：「生〔曾〕為李提督世忠家伶。」李世忠本名兆壽，曾係捻軍、太平軍首領，後降清，累官至江南提督。據記載，當其得意之時，「乃極意聲色，購梨園三部，曰玉筍班、玉蘭班、長春班，班各百餘人。玉貌珠喉，錦衣畫棟，極一時之盛」〔註334〕。

三、京城男優

　　張次溪所編《清代燕都梨園史料》收有大量詠優詩詞，其中長歌亦有數首。嘉慶間留雲館主人《惜花行》寫道：

> 虛室宵分夜如水，太乙下降青娥起。
> 不寄琵琶不撫琴，競說風流楊小史。
> 楊家小史舊知名，其秀在骨其神清。
> 阿買生來能識字，都官自小最多情。
> 瑤臺裝束比雙鬟，領袖春風玉筍班。
> 盡有纏頭誇蜀錦，不因窺鏡問銅山。
> 棱棱傲骨不可使，玉軸牙籤徵所喜。
> 乞取芸編照汗青，一卷怡情而已矣。
> 別有幽愁暗恨生，柔腸寸結杳難明。
> 消渴文園口乍吃，離魂倩女淚先傾。
> 自言我本良家子，舊住蜀岡西故里。
> 學得梨園到上都，陽翟居奇從此始。
> 無端弓影杯蛇誤，薄言往愬逢彼怒。
> 豈有明珠篋底藏，可憐蕙茝終相侮。
> 阿誰能使月常圓，阿誰搔首問青天。
> 天只生人情便了，情長情短有誰憐？
> 此時座客皆驚歎，此際無人不魂斷。
> 一聲孤雁下寒雲，切切淒淒漏將半。
> 人生貴作有情客，相賞知音在裙屐。
> 愛花應有惜花人，抱此區區究何益。

〔註334〕《兩淮勘亂記·李世忠歸誠錄》。

風塵憔悴重相看，幾度傷心話亦酸。

怪事向空書咄咄，點金無術夜漫漫。

書咄咄，夜漫漫，安得大開鸚鵡金羈線，

盡使世上多情破涕皆為歡。

此詩所詠者名長青，他「性耽六籍，藝冠群芳。鳳鳴天半，秦弄玉五夜之簫；鶴語秋空，趙倚樓一聲之笛。加以纖腰一撚，柳影搖風，笑眼雙挑，珠光剪水。入蘭室而聞香，柔情款款；凌霜華而挺秀，仙骨珊珊。其性情高簡，每思脫屣歌場，而迫於其傅，健翮難飛。惟遇二三知己，細述深衷，雖燭燼參橫，娓娓不倦。嘗誦『天只生人情便了，情長情短有誰憐』之句，菊部有情人無有過於此者」〔註335〕。

小頑道人《舞花行》：

何物老嫗生此兒，蓮花為骨香為肌。

香肌玉雪生憐處，舞袖歌衫入妙時。

京華半是鍾情客，碧檻朱欄圍綺席。

倩郎妝束比雙鬟，絕勝旗亭好風格。

珠喉才試玉簫停，脫卻羅裙撤繡屏。

兒家自有驚人技，不獨瓊花唱《後庭》。

輕舒猿臂猱身捷，短梃齊眉弄如葉。

掀風攪雨捲春濤，駭人心目迷人睫。

回身再整小蠻腰，餘勇真能奪錦袍。

天外雲移雉尾扇，尊前風試雁翎刀。

刀光閃爍不可視，矯如遊龍疾如鷙。

瀏灕渾脫獨冠時，絕似公孫舞劍器。

須臾棄刀復運錘，雙挈流星駭伏獅。

初如月窟金波瀉，漸看銀河電影移。

彈丸脫手難摹似，珠光圓轉春光裏。

舞影風迴入鏡中，點點梅花落江水。

爾時觀者咋舌驚，注目搖首飛神情。

逢場作戲等閒事，不圖見此奇孩嬰。

添酒盃呼問蹤跡，羅衫團扇風流絕。

〔註335〕《聽春新詠》，見《清代燕都梨園史料》，第 166、167、164 頁。

　　硯覰猶能説我家，黃金臺畔人提挈。

　　學書不成去學藝，藝到精時儂未知。

　　即今淪落風塵內，俯首人間老曲師。

　　我聞此語重咄咄，手擊唾壺口欲缺。

　　為卿翻作《舞花行》，舞盡花時還舞雪。

　　舞花舞雪妙香生，曲院風光分外清。

　　明月華燈相賞夜，嬌歌休問郭芳卿。

　　此詩所詠者名德林，他「歌喉清婉，舞袖玲瓏。《賣藝》一劇，刀杖俱精。而流星雙錘，如雪舞花飛，盤旋上下。嫣紅一朵，隱約於珠光騰擲之中，神乎技矣。昔公孫大娘舞劍器渾脱，少陵極贊其精。不謂卝角兒郎，直欲後來居上」〔註336〕。

　　華胥大夫張際亮文名素著，志氣高遠。但卻屢試不第，落拓一生。其《金臺殘淚記》作於道光八年（1828），於京師樂部載述頗詳。據《自敘》所言，作者居京三載，懷才不遇，兼遭家難。「故人憐之，恐其傷生，每為徵樂部少年，清歌侑酒，以相嬉娛。」〔註337〕張際亮寄情聲色以澆心中塊壘，與多位優伶相公往還甚密。《殘淚記》中《徐郎曲》寫道：

　　徐郎家近龍眠山，問年十四來燕關。

　　龍眠彩雲不可見，化作徐郎春風面。

　　瞳神皎映雙華星，額角如畫長眉青。

　　桃花著露嬌盈盈，欲笑未笑微分明。

　　高臺曲館歡娛地，蘇揚子弟多佳麗。

　　爭按伊涼宛轉聲，竹枝含怨柘枝媚。

　　徐郎未至眾皆默，徐郎一至爭歎息。

　　白袷輕衫步屢遲，滿堂紈綺無顏色。

　　登場結束揚細喉，乳鶯百囀無其柔。

　　餘情掩抑若有思，觀者忽作無端愁。

　　回眸半顧翦秋水，卻使翻愁作歡喜。

　　同時吳郎亦擅名，可惜先為人看死。

　　徐郎徐郎乃神仙，風塵流落寧非天？

〔註336〕《聽春新詠》，見《清代燕都梨園史料》，第 188、189 頁。

〔註337〕見《清代燕都梨園史料》，第 225 頁。

飛車日侍豪家筵，幾曾蘊藉真相憐。

我為徐郎歌，徐郎當奈何？

即今十月繁霜多，翠被易損朱顏酡。

江南腸斷老姚合，平子四愁倍蕭颯。

金刀玉案誰贈答，每見情深恨語雜。

語雜尚可尋，情深未敢道。

男兒致身將相苦不早，激昂萬事傷懷抱。

安得玻璃春、葡萄醅，相逢痛飲三百杯。

竟醉驅馬黃金臺，臺端今古團團月。

曾照英雄歌舞來，月不缺時何足哀。

我當為爾千徘徊，徐郎徐郎我當為爾千徘徊。〔註338〕

　　徐郎名桂林，後更名小邠，安徽懷寧人。近代著名翻譯家林紓曾記《徐郎曲》的寫作原委：「道咸間有徐桂林者，負絕代之麗姿。每一登場，聞者傾靡。同時有吳蕙蘭字碧湘者，安徽之十牌人。貌不如小邠，而演唱時情態宛肖女郎。年十八死，所善者大出資厚殮之，且為之禮佛於龍泉寺。一時都下諸伶大集，為吳郎祈冥福。丙戌〔註339〕冬十月，雪霰已集，諸伶咸衣輕裘，百色雜陳，如群花交媚，都下士夫亦雲集。小邠卓立群中，翛然若羽仙。是日松寥山人〔註340〕亦蒞會，見之心動。而小邠者慕風雅，亦悅松寥才調，與之往還，靡有間日。松廖羈旅京師，名動公卿間。鄉之大老建節於外者，歲有伙助，松寥亦頗揮霍。小邠厚松寥，初未嘗向之陳乞。松寥心契小邠無已，因為《徐郎曲》。」〔註341〕

　　張氏《楊生行》：

楊生二十如文士，淪落風塵幾知己？

人前小坐抱幽怨，酒半清談解名理。

自言家本維揚城，九歲來作幽燕行。

可憐薄命付歌舞，眾人苦賞歌喉清。

清歌亦是淒涼事，拍按紅牙餘涕淚。

鶴在樊籠那返山，風捲飛花只到地。

〔註338〕見《清代燕都梨園史料》，第 237 頁。

〔註339〕道光六年，1826 年。

〔註340〕張際亮亦號松寥山人。

〔註341〕《畏廬漫錄・徐小邠》。

十年姓字滿長安，珊珊骨節疲雕鞍。

香車懶入王侯第，顏色爭求一見難。

登場偶作好裝束，風神秀奪萬人目。

含情含態宛轉間，湘妃愁月蒼梧綠。

伶俜弱弟亦溫存，宛如桃葉隨桃根。

豪貴歡嗟輕薄慕，那知骨肉對消魂。

楊生有兄復有母，楊生有身不自有。

古來失意傷心人，萬言不如一杯酒。

楊生滿引雙金壺，貴賤苦樂皆須臾。

有酒不飲何為乎？楊生不飲毋乃愚。

生不見六郎年少勇於虎，落筆縱橫作風雨。

意氣徒看隘九州，功名何日垂千古？

楊生名法齡，江蘇揚州人。他「九歲即來都下，以色傾一時，尤善歌。意度閒靜曠遠，善清言，不喜飲酒。或遇客，終日不交一語，亦無所忤」〔註342〕。

《金臺殘淚記》是一部雜記，張際亮的個人詩集中也有兩首長詩。《王郎曲》：

天下三分月，二分在揚州。

一分乃在王郎之眉頭，彎彎抱月含春愁。

春愁多種揚州土，付與歌兒更倡女。

王郎生小住新城，瓊華照影春無主。

瀟湘雲曉秋始波，盈盈一帶如銀河。

雙眸剪水清怨多，臨風不語天奈何。

偶然一笑天為和，紅潮上頰生微渦。

團團寶鏡汝何物，常照歡愁顏半酡。

我見王郎日，王郎已二十。

婀娜身輕鎖子骨，衣香曉著花露濕。

人言前時結束乍登場，能使坐者忽起成癡立。

哀絲豪竹歌臺清，王郎按歌嬌娉婷。

嫋如語燕將啼鶯，高下不斷傳春情。

春情且如此，春愁復餘幾？

〔註342〕見《清代燕都梨園史料》，第238、228頁。

十年奔走豪家子，五侯七貴皆歡喜。

驄馬並頭油壁車，門前日夜馳流水。

門中曲堂交綺疏，堂上七尺紅珊瑚。

後堂塵掩百琲珠，妖姬美妾絕世無。

御史中丞老尚書，手題紈扇為汝娛。

不數吳桐仙，誰言夏秋芙。

往年王紫稼，見汝恐不如。

使我慷慨萬感俱，使我一歎三長吁。

君不見，長安歌兒好顏色，王郎一出誇傾國。

如何文采風流映八荒，飄零京洛無人惜。

《鬱輪袍》，歌不得。

琴久碎，器且滌。

但傳王粲賦登樓，那比子雲官執戟。

龍虎風雲夢未醒，話向王郎涕沾臆。

或言揚州兒，不如揚州女。

吟詩作畫態楚楚，千金宛轉通一語。

邇來鹽莢疲，粉黛亦苦饑。

青樓晝閉蝴蝶飛，杜秋紅淚盈羅衣。

乃知豔色同為天下重，貴賤苦樂猶有時。

王郎王郎汝當勸我一杯酒，

富貴回頭幾是非，人生冉冉行易衰！

詩題注：「名長桂，春臺部歌者。」〔註343〕

張氏《眉仙行》：

蘇州錢氏子，眾人呼眉仙。

眉仙昨日嬌可憐，眉仙今日愁萬千。

十三十四月欲圓，十八十九連下弦。

江流東逝難西還，人生才高須少年。

少年不稱意，老大眾所棄。

一樣垂楊大道旁，春來嫋娜秋顦顇。

且言眉仙昔同師，小字蓮仙情最癡。

〔註343〕《思伯子堂詩集》卷二十七。

翠裘紅頰青長眉，歌臺一出人嗟諮。

十年過眼成黃土，剩有劉郎兩鬢絲。

不聞唱渭城，但聞雨淋零。

當年豪客亦已逝，人間何處尋旗亭？

畫堂銀燭燒春星，忽見眉仙重醉醒。

眉仙況復非娉婷，嗟我那得辭飄零。

我昔遊三山，洪濤浩渺不可攀。

群仙待我蓬閬間，足踏赤鯶行屢艱。

我昔叩九閽，閶闔高高虎豹蹲。

仰視不見重雲昏，手持玉斧修桂根。

嫦娥為我苦歎息，惜我當初好顏色。

兩行對詠霓裳人，一時見汝羞傾國。

如何蟾兔搗藥各長生，汝墮塵埃鬢將白。

金粟重開不得食，走遍天涯少棲息。

夜夢天帝來相呼，下土小子何太愚。

微歌縱酒合竄黜，況乃薄視富貴如泥塗。

世間萬事等電露，傷今弔古胡為乎？

杜秋娘、田順郎，前人託興徒慨慷。

毋將千載低徊淚，灑向杯乾粉暗場。

欲覺未覺天蒼茫，中宵坐起憂旁皇。

嗚乎眉仙，我今與汝誰故鄉？

詩題注：「名雙壽，四喜部歌者。」〔註344〕

咸光間董沛所作《雲郎曲》縹緲恍惚，雲郎彷彿雲中仙子，蕩人魂魄：

晴風旖旎晴花簇，十里斜街轉輪轂。

銀屏繡閣爐煙薰，華燭堂前教歌曲。

就中雲郎何翩翩，去年九月才入燕。

翡紅翠碧珍珠鈿，京華小隊靈瓊仙。

鏤冰為肌玉為骨，秀出班行年二八。

鸞笙鳳管相和鳴，疑在蓬萊舊宮闕。

女兒裝束登場來，雲郎一笑千眸回。

〔註344〕《思伯子堂詩集》卷二十七。

峨峨鬢髻粲瑤朵，碧月纖痕初上眉。

含桃欲語海棠睡，斜倚雕闌作沉醉。

翾風卷袖忽盤旋，故轉秋波弄嬌媚。

伊州一曲聲繞梁，梁塵不動微有香。

琵琶掩抑訴哀怨，能使聽者神黯傷。

歌臺結尾送蘭馭，雲郎卸裝出門去。

飛箋絡繹催上車，夜佐歡筵達清曙。

雲郎婉孌花不如，囊中麗錦盤中珠。

繁華過眼易銷歇，願爾善保千金軀。

豪家子弟纏頭彩，豈有深情注滄海。

鳥巢依舊雛兒飛，老輩何戡幾人在？〔註345〕

談到京城文士對優伶相公的賞愛，晚清名士李慈銘是必須提到的一位，其《越縵堂日記》對士優之交有細緻詳備的記載。李氏不但自己賞優，而且還時常與友朋、弟子一起共同招優，相互交流體會。詩人樊增祥號雲門，是其得意門生，《越縵堂日記》光緒二年五月初八曰：「雲門見視新譜《蕙蘭芳》引，感滇南李叔寶庶常所眷作也。綺情多觸，言哀已深。庶常予同年，曾識之蓮花寺。」光緒二年七月二十八曰：「韜夫招飲霞芬家，下午偕仲彝、子縝、雲門聯步而往。」師生同遊，好不風流灑脫。李慈銘去世於光緒年間，樊增祥則以遺老身份在民國前期繼續享其詩名。民國初年，他曾作有數首賞優長歌，撫今追往，根觸頗多。《秋夕與子修、伯嚴、石甫、子琴詣菜香居共飯，石甫招朱郎至。自庚子後不相見者十三年矣，既歸，作長句紀之》中的朱郎名素云：

經旬不出意不申，不期而會交始神。

海濱落落此數子，相逢寒谷生陽春。

東頭酒肆烹飪好，治具半是揚州人。

南人脾弱受甘滑，嫂羹婆酒須清醇。

秋宵酒座無他客，五人乃據十重席。

坐無左驂飲不歡，五郎狂飛花下檄。

長安妙伶道姓朱，年少雕青美丈夫。

人間萬耳傾車子，天上一聲驚念奴。

入門報導何戡至，座中俱是貞元士。

相別十年二十年，姓名一一能強記。

遊屨常聯三館人，法書妙得六朝意。

身為鞠部世家子，語帶燈窗書卷氣。

回思庚子幾斜陽，滿地紅巾國脈傷。

我入關中隨翠輦，汝留薊北閱紅羊。

七國連兵入京邑，玉樓金殿森攙槍。

坐見長鯨踞瓊島，亦呼舞馬上金床。

郎言舊事三歎息，十年朝局儂猶識。

和議初成舉國歡，鳳城重返三宮蹕。

朝朝降綸和滿漢，親舊秉權什六七。

膏血不恤天下枯，兵財大柄中央集。

兩宮上賓王攝政，玉牒群兒預樞密。

西園鬻爵買歌舞，東市刑人搜黨籍。

一夫大呼萬方應，烽火燭天無南北。

可憐三百年天下，覆亡不過百許日。

亦知魏祚故不長，不料喪邦如此極。

嗚呼此言出伶口，親貴依然安寢食。

離離彼稷生愁煙，吾曹身事何足言。

此世幾經桑變海，當年枉笑杞憂天。

猶憶丙年〔註346〕從李叟〔註347〕，汝父〔註348〕綠韝侍杯酒。

爾時汝才五歲強，今亦華年迫五九。

清歌只慕太常仙〔註349〕，晚出諸伶不掛口。

何況樊南七十翁，那能更逐孫通後。

聞歌往往悲霞川，竹林猶有此數賢。

此口不言唯飲酒，何惜三百青銅錢。

天寶尚有收京日，生逢德祐真災年。

稱詩都學杜陵老，豈期全類元遺山？〔註350〕

〔註346〕光緒二年丙子，1876年。
〔註347〕李慈銘。
〔註348〕朱小元，吟秀堂弟子，後來自立詠秀堂。朱素雲曾為熙春堂弟子。
〔註349〕名伶小蒳字蝶仙。——原注。
〔註350〕《樊山集外》卷二。

樊氏《青門飲》詞亦寫朱郎：

> 朱郎素雲工書善歌，余甲申〔註351〕出都，猶未露頭角也。及庚子〔註352〕在京，偶與歌筵，舊人都盡。子封曰：「盍召素雲？此越縵老人所眷也。」余一再招之，西巡後不復見矣。今者海上舞臺招邀，南下到滬之日，彊村亦至自蘇臺，突未得黔，身先訪素。賦此調之，並寄朱郎

> 呼酒金臺，少年輕俠。青尊畫燭，同聽箏雁。十七年來，錦纜重入，天寶舊人星散。旖旎雲霞契，香名在謫仙詩卷。〔註353〕不見中郎，得見何戡，芳緒無限。　　從此滄桑三變。將未老蘇崑，迎歸吳苑。紅杏詞人、妙伶紫稼，天遣下車相見。翠被今宵夢，莫誤將素娘低喚。彩雲新曲，可能簪寫、輕羅團扇。〔註354〕

關於朱素雲，《清稗類鈔》曾謂他「美秀而文，工書善歌。光緒甲申以前，猶未露頭角也。然李蓴客侍御慈銘識之於前，樊雲門方伯增祥眷之於後，而尤為陳小亭所昵。小亭，戶部書吏子，家饒於財，昵素雲最早。飲食宴處，悉在其家者十年。素雲性揮霍，皆小亭所供，既竭其藏金，復售屋得三四十萬金以繼之」〔註355〕。

在民國初年，朱素雲已屬伶界前輩，當時聲名正著、年在妙齡的是花旦賈碧〔註356〕雲等人。樊增祥《碧雲辭和石甫〔註357〕》詩序：「石甫未見賈碧雲，而作《賈郎曲》數百言。歸滬，拉余往觀，倚歌和之。」詩云：

> 相逢相識始相思，此人有情猶未癡。
>
> 澧州公子慕賈午，未見先賦香奩詩。
>
> 繁欽尺牘諛車子，元相長歌寄管兒。
>
> 月下如聞環佩響，夢中深費衍波詞。
>
> 佩蘭弱冠傳名字，依約華年崔念四。

〔註351〕光緒十年，1884 年。

〔註352〕光緒二十六年，1900 年。

〔註353〕愍師初眷霞芬，繼招素雲，並見日記。——原注。李慈銘，字愛伯、愍伯，號蓴客、蒓客。

〔註354〕《樊山集外》卷六。

〔註355〕《清稗類鈔·優伶類·朱素雲美秀而文》。

〔註356〕碧通作璧。

〔註357〕易順鼎，字石甫、實甫。

往日金梁橋畔遊，憲王樂府從頭記。

結交鼎鼎多勝流，書畫英英饒士氣。

雪苑春花五萬枝，時人總道儂家媚。

流轉名花入玉京，聲華一日滿都城。

公主第中催送酒，岐王宅裏坐調笙。

長白山頭王氣歇，龍種人人親粉墨。

大行在殯天下哀，二叔酣嬉預歌席。

白頭當國一親王，〔註358〕生子都如元顯狂。

父為茄花蒙世詬，〔註359〕兒因綠草掛彈章。〔註360〕

小年貝勒如獐鼠，〔註361〕心醉此郎鸊鵒舞。

蹤跡朝朝鞠部頭，優伶輩輩金蘭譜。

夜深沉醉酒家樓，笑曳郎裾北里遊。

欲得宿花雙蝶喜，寧知掩鏡一鸞羞。

此時太真絕裾去，小子侯猶色然恕。

身是揚州芍藥花，難為斜巷櫻桃樹。

家有糟糠醜醜妻，肯將撲朔混迷離。

生非春草羞隨馬，心似蓮花不染泥。

都人約略傳其事，聲價梨園增十倍。

試問中朝士大夫，幾人敢拂王公意？

中丞簪花學美女，相公傅粉隨歌妓。

十年妖孽滿朝廷，不中與郎作奴隸。

可惜金臺舞柘枝，說詩不遇鼎來時。

蘇卿早日逢雙漸，掃地添香定不辭。

滬上樓臺絢金粉，郎來爭擲纏頭錦。

楊柳風吹縹緲音，梨花月照娉婷影。

此時公子〔註362〕抱琴歸，消渴文園減帶圍。

畢竟江東逢衛玠，恍從畫裏識崔徽。

〔註358〕慶親王奕劻。

〔註359〕謂奶子孃孃。——原注。

〔註360〕奕劻長子載振，因納候補道段芝貴所獻女伶楊翠喜而遭御史趙啟霖彈劾。

〔註361〕奕劻次子載搜。

〔註362〕易順鼎。

訪素西樓猶有待，求凰巧遇嫠何害。〔註363〕

滿月難爭玉面光，剪淞不盡秋波淚。

老我重看海國春，紅毹能上悵前塵。

伊涼久已翻新調，娟態何曾是舊人。

三顆珠沉荀學贊，〔註364〕五雲門沕復堂文。〔註365〕

可憐朝市俱非故，忍復春明覓夢痕。

吁嗟乎！春申江上花無數，琉璃籠眼揩花霧。

老坡無復進歌頭，吏部猶能商樂句。

小試花叢月旦評，歌臺大有流連處。

君不見氤氳海上三朵雲，顏色鮮明青碧素〔註366〕。〔註367〕

　　身為遺老，樊增祥寫作詠優詩歌一是為了追懷往事，二是為了感歎時局。清末當權勳貴耽溺戲曲，寵狎歌伶，這被認為是滿清覆亡的一個重要因素。《碧雲辭》稱賞了賈碧云「心似蓮花不染泥」的難能可貴，《鞠部叢譚》曾載：「賈璧雲當宣統三年入京，聲名之盛，夐絕一時，豪貴招邀蓋無虛日。一日，慶王之子曰『摶二爺』者，屬楊小樓代挽之至邸。是夕璧雲有戲，而二爺止其勿往。璧雲謂：『安有千餘人候我唱戲，而我以陪汝宴輟演者，勿太無理乎？』二爺怒，持之急。璧雲曰：『吾售藝耳，吾得罪貴人，不過襆被出京，何至遽斫頭？』乃拂衣起。二爺呼侍衛執之。小樓至，跪求乃免。樊山、石甫作《賈郎曲》，皆盛稱其不畏強禦。」〔註368〕

　　民初劇壇曾有「北梅南賈」之說，賈指賈璧雲，梅指後來的「四大名旦」之首梅蘭芳。賈璧雲雖曾在京演出，但並無相公身份。梅蘭芳則不同，乃祖乃父以及自身均與相業密不可分，而樊增祥與梅家三代都有交誼。《伶史》曾載：「梅巧玲者，字慧仙。嘗一掌四喜部，兼於李鐵拐斜街營景龢堂私寓。所與遊皆名下士，常為小詩，超逸不凡，以故士大夫益愛之。如樊樊山輩，皆時茗會其家。光緒初，巧玲卒於家。有子兩人，伯曰大瑣，仲曰二瑣。二瑣性溫婉，

〔註363〕是夕演《棠姜》一齣。——原注。

〔註364〕憨伯師有《菊部三珠贊》。——原注。

〔註365〕甲戌會試，景和堂五雲最知名，仲修收入《群芳小集》。——原注。譚獻，字仲修，號復堂。

〔註366〕謂雲青、碧雲、素雲。——原注。

〔註367〕《樊山集外》卷二。

〔註368〕見《清代燕都梨園史料》，第785頁。

貌姣好如處女。唱青衣，不亞巧玲。且承父業，為景和堂主。當時士大夫以愛巧玲者，移而以愛二瑣，樊樊山、易實甫皆為其入幕賓。」〔註369〕梅巧玲、二瑣（梅竹芬）乃蘭芳祖、父，民國二年，梅蘭芳應上海丹桂園主之邀赴滬演出，樊增祥為作長歌《梅郎曲》：

> 梅郎盛名冠京師，才可十九二十時。
> 繡絲的是佳公子，傅粉居然好女兒。
> 海上歌臺封故步，拂弦難得周郎顧。
> 亟走金臺選妙伶，左驂史娜知何處。
> 梅郎嬌小建章鶯，巧囀春風第一聲。
> 東閣仙花是儂姓，左徒香草是儂名。
> 渠儂家在韓潭住，姓名傳遍江南路。
> 丹桂園中第一臺，須第一人作錢樹。
> 吳天飛下鳳皇雛，朝陽一鳴萬目注。
> 霓裳法曲世間無，錦擲纏頭不知數。
> 吳兒聽郎歌，金雁斜飛喚奈何。
> 吳姬見郎舞，含情慾語防鸚鵡。
> 沉醉江南士女心，衣襟總帶梅花譜。〔註370〕
> 豈期郎意重老成，傳語樊山問安否？
> 易五〔註371〕寄我瓊瑤音，道郎美慧知我深。
> 采雲兩曲略上口，琴樓一夢屢沉吟。
> 癸丑〔註372〕仲冬月初七，郎來引入芝蘭室。
> 渡江洗馬無此容，瓊樹一枝照瑤席。
> 不言早識玉性情，微笑如聞花氣息。
> 執經即是張雕武，學詩願從黃魯直。
> 翻笑世家無子弟，未入學堂知法律。
> 我如汝年遊上京，汝祖椒掖皆知名。
> 後來復見汝諸父，研光帽底花奴鼓。

〔註369〕《伶史・卷一・梅巧玲世家》。
〔註370〕園主以郎照像遍贈座客。──原注。
〔註371〕易順鼎。
〔註372〕民國二年，1913 年。

十年來去景和堂，一朵朱霞映門戶。〔註373〕

南臺御史李會稽，親將第一仙人許。〔註374〕

倘教霞川今尚存，定奪錦袍來乞汝。

是日盡醉酒家樓，鳳卿、素雲皆汝儔。

合為白玉連環樣，同引珍珠一串喉。

夜入梨園第一部，聽郎清歌見郎舞。

萬人如海看紅妝，萬炬無煙照海棠。

才揭繡簾猶掩抑，徐登錦闥故迴翔。

腰肢一撚靈和柳，學得籤錢堂下走。

看似輕盈極端重，才欲收光更遲久。

燕去紅襟雙剪齊，鶯來一點黃金溜。

引吭斂黛歌一聲，齒牙伶俐絲簧清。

聲聲到尾有旋折，字字入耳俱分明。

促節緊打催花鼓，曼音細咽雲和笙。

行雲上遏玉初振，潛氣內轉丹九成。

歌聲九變俄復貫，鎖骨觀音法身現。

錦鞴羅襦不動塵，微微頭上宮花顫。

吁嗟乎！九流百家具本末，此郎佳處玉在璞。

徒於歌舞稱賞音，皮相固知非伯樂。

琴書靜對兩忘言，淡似幽蘭馴似鶴。

專門才技何足言，以外有餘方是學。

我見梅郎如飲醇，吳中但說好伶倫。

亦如七十樊山老，只把文章動世人。〔註375〕

在清末民初的文壇，樊山樊增祥與哭盦易順鼎都以才情卓異著稱，二人惺惺相惜，此唱彼和。樊氏《碧雲辭》是對易氏《賈郎曲》的長和，易氏詩云：

廣陵一片繁華土，不重生男重生女。

碧玉何妨出小家，黃金大半銷歌舞。

昔年我亦踏香塵，十里紅樓遍訪春。

〔註373〕謂曖雲。——原注。朱靄雲（或作曖雲、愛雲），字霞芬，梅巧玲景和堂弟子。

〔註374〕憑伯師謂霞芬為真狀元。——原注。

〔註375〕《樊山集外》卷二。

依然廿四橋頭路，不見三千殿腳人。
蕃釐地塭真奇慧，別產瓊花收間氣。
幻出秦青楊白華，開成魏紫姚黃卉。
問姓紅樓舊世家，問名雲上玉無瑕。
二分占盡司勳月，一抹生成定子霞。
髫年便證明僮果，未向菌飄先涒墮。
小史真如日在東，詩人愨賦風懷左。
吹臺登罷又明湖，佼好人人說子都。
緱嶺月明看控鶴，高唐風氣為綿駒。
京國從來盛游衍，櫻桃萬樹櫻桃館。
百戲魚龍鏡檻開，五陵鶯燕箏人滿。
賈郎初到未知名，一曲登場萬眾驚。
妃子能空六宮色，念奴解作九天聲。
一時觀者皆傾倒，萬口同聲聽叫好。
壓倒豐臺芍藥花，休言晉國靈芝草。
紅氍毹上湧華鬘，此寶乾坤不敢慳。
大千秋色憑眉奪，五萬春魂借體還。
紅梅閣唱西梆曲，豔鬼來時萬燈綠。
落雁沉魚避笑顰，女龍雌鳳傳歌哭。
香車寶馬帝城春，都為來看賈璧雲。
菊部諸郎空黯淡，椒房七貴致殷勤。
從來一部婁羅曆，歌舞酣時國將畢。
豈意羊車看璧人，已悲鳳闕邅金狄。
移宮換羽亦傷神，蕭瑟還為去國人。
解佩多時留夏口，履珠昨日到春申。
滬濱遍吸人間電，賈郎一到開生面。
驚起鴛鴦卅六雙，擲盡鷹蚨三百萬。
王面金錢月萬元，歌臺聲價試評論。
名高始信優伶貴，祿薄誰求總統尊？
瑤光奪婿堪愁煞，堆滿車中是羅帕。
花裏秦宮豈願生，路旁衛玠還妨殺。

京師我見梅蘭芳，嬌嫩真如好女郎。

珠喉宛轉繞梁曲，玉貌娉婷絕世妝。

誰知豔質爭嬌寵，賈郎似蜀梅郎隴。

尤物同銷萬古魂，天公不斷多情種。

卅載春明感夢華，只今霜鬢客天涯。

還傾桑海千行淚，來寫優曇一朵花。〔註376〕

　　樊、易二人都曾歌詠過朱郎，二朱一名素雲，一名幼芬。易氏《朱郎曲，和樊山韻。贈歌郎朱幼芬，即送其歸北》云：

我昔遊春醉無限，燕臺遍識群花面。

迷香從不履平康，惟有歌郎微逐慣。

春官罷黜幾東風，薦禰無人似孔融。

卻看梨園喧狀榜，寫來花榜榜花紅。

霞芬雙鳳如昆弟，各向金堂自棲憩。

狀元榜眼屬兩郎，與我追隨結深契。

霞郎秀絕鳳郎嬌，兩朵國花為近侍。

舞臺雙演《蕩湖船》，香車屢約天寧寺。

別有如秋及紫雲，問年略長亦相親。

此皆光緒初元事，卅七年來化夢痕。

霞郎標格雲霞置，射雀乘龍旋作婿。

鳳郎色衰逐輿儓，寵燕嬌鶯不如婢。

一時多少寧馨兒，齊向花前著舞衣。

月皆十四十五夜，人盡十八十九時。

遊絲十丈天風絆，身作天邊勞與燕。

眉頭秋色滿大千，夢裏春花迷五萬。

連番物換復星移，消瘦東陽減帶圍。

紅燭照顏年少去，青山如夢舊遊非。

十年六度看花榜，悵別修門獨長往。

全拋玉雪幾家兒，自作金風一亭長。

愛晚霞頻獨自看，買春雨供何人賞？

懺綺先刪小史詩，參禪只聽高僧講。

〔註376〕《易順鼎詩文集》卷十八。

紫陌重來聽管絃，如花似水感流年。

瑤空底事罡風惡，吹墮芙蓉七寶冠。

紫雲久不操歌曲，如秋墓上櫻桃熟。

愴絕霞郎亦古人，尺波隙駟浮生慼。

韓潭第幾小朱門，憑弔霞郎不返魂。

寡婦離鸞彈怨曲，諸孤雛鳳繼清塵。

小霞小芬並美秀，更有佳婿稱梅雲。

梅雲亦復冠花榜，櫻雨時來伴酒尊。

人世光陰真轉燭，小者幼芬復如玉。

都誇芝醴有根源，誰道英靈非嶽瀆。

夢華回首說東京，兩世清歌一世聽。

曾向紅氍看幾度，恍從絳樹譜雙聲。

昔見幼芬汝黃口，今見幼芬吾白首。

花尚依然崔護桃，樹猶如此桓溫柳。

燕市吳淞兩地逢，舊遊根觸一生中。

虎生豹子非凡品，鶴立雞群有父風。

世族兒孫多不肖，名門罕見箕裘紹。

最難慘綠是佳兒，大半雕青成惡少。

鞠部居然有世家，蘭階何況皆英妙。

生子當如孫仲謀，呼祖何妨李存孝。

滄桑變後訪歌場，金狄銅駝事可傷。

百千萬劫此殘劫，二十五郎餘幾郎？

鼠兒年又鼠兒月，新劇《江寧》、《鄂州血》。〔註377〕

青衫旦曲已罕聽，青衫客淚還重說。

名篇且復和今非〔註378〕，無奈天涯又別離。

不知今夕是何夕？似說歸期已有期。〔註379〕

　　朱幼芬與其兄小霞、小芬係名旦朱霞芬之子，而霞芬係梅蘭芳祖父梅巧玲得意弟子。小芬又係梅蘭芳的姐夫，蘭芳、幼芬都曾在其雲龢堂中學戲。百

〔註377〕《江寧血》、《鄂州血》，皆滬上近演新劇。──原注。

〔註378〕樊山別號。──原注。

〔註379〕《易順鼎詩文集》卷十八。

花齊放，最終是梅蘭芳獨秀其中。易順鼎《萬古愁曲，為歌郎梅蘭芳作》用盡
了美人的辭藻，而梅郎也確實堪副其譽：

一笑萬古春，一啼萬古秋，

古來有此佳人不？

君不見古來之佳人，

或宜嗔不宜喜，或宜喜不宜嗔。

或能顰不能笑，或能笑不能顰。

天公欲斷詩人魂，

欲使萬古秋，欲使萬古春。

於是召女媧，命伶倫，

呼精精空空，攝小小真真。

盡取古來佳人珠啼玉笑之全神，

化為今日歌臺梅郎蘭芳之色身。

天樂園在鮮魚口，我為蘭芳輒東走。

香風吹下錦氍毹，恍飲周郎信陵酒。

我見蘭芳啼兮，疑爾是梨花帶雨之楊妃。

我見蘭芳笑兮，疑爾是烽火驪山之褒后。

我睹蘭芳之色兮，

如唐堯見姑射，窅然喪其萬乘焉。

我聽蘭芳之歌兮，

如秦穆聞鈞天，耳聾何止三日久。

此時觀者臺下百千萬，我能知其心中十八九。

男子皆欲娶蘭芳以為妻，女子皆欲嫁蘭芳以為婦。

本來尤物能移人，何止寰中歎希有。

正如唐殿之蓮花，又似漢宮之人柳。

宜為則天充面首，莫教攀折他人手。

吁嗟乎！謂天地而無情兮，何以使爾如此美且妍？

謂天地而有情兮，何以使我如此老且醜？

蘭芳蘭芳，人人如汝梅蘭芳，

豈知爾祖為梅芳？

或如拿破崙第一，更有拿破崙第二。

勿令林和靖成獨，要使林和靖成雙。

爾祖先朝第一伶，內廷供奉留芳馨。

兒童亦稱大老闆，天子親呼胖巧齡。

豈惟豔色擅歌舞，俠跡流傳不勝數。

數千餘金券屢焚，七十二家火待舉。

我見爾祖出葬時，多少邦人淚如雨。

文宗皇帝〔註380〕之末年，我父上計來幽燕。

當時海內憂患亟，書生痛哭空箋天。

傭書典衣一寒士，聲伎頗滿文山前。

能同歌哭惟爾祖，亦如畢秋帆遇李桂官。

爾祖之師羅景福，對於吾父心拳拳。

每云易老爺乃非常人，

能教此子以正，不僅深愛憐。

吾父忽復幡然折節講學屏聲色，

移居蕭寺遂與爾祖割愛絕往還。

德宗皇帝〔註381〕之初季，我向幽燕又上計。

爾祖才如卅許人，我年甫過二九歲。

不知當時蘭芳之父墮地業已十餘齡，

豈料今日乃與蘭芳論交兩三世。

正月二月百花生，東風如虎吹王城。

考舊聞於日下，憶夢餘於春明。

記殘淚於金臺，錄夢華於東京。

我亦嘗呼明僮，召神嬰，

集舞燕，招歌鶯，

如意館，沉香亭。

櫻桃斜畔櫻桃熟，胭脂坡上胭脂盈。

或白虎鼓瑟，或蒼龍吹笙。

或金魚換酒，或銀甲彈箏。

夢境堪追憶，人才可品評。

〔註380〕咸豐帝。

〔註381〕光緒帝。

孟如秋、朱愛雲、蔣雙鳳、王霽卿，

顧玉仙、孫梅雲、陳鴻喜、果香菱。

雖有蘭芳之色，而無蘭芳之聲。

紫雲、紫仙有聲而無色，

乃知非有九天聲、傾國色，

不能飲此萬古第一之香名。

蘭芳蘭芳，爾年二十餘，顏色真姣好。

我年五十餘，容貌已枯槁。

且莫歎枯槁，昔日故人皆宿草。

且莫悲宿草，今日天荒兼地老。

我如薊子訓撫銅駝，又似丁令威返華表。

玉馬朝周宋國人，金仙辭漢咸陽道。

南內無人泣杜鵑，西臺何處招朱鳥。

道家龍漢換開明，杜老龜年話天寶。

去年我見賈璧雲，衛玠璧人當代少。

去年我見朱幼芬，宗之玉樹臨風姣。

今見梅蘭芳，使我更傾倒。

使我哀賢才，思窈窕，坐對真成被花惱。

猶憶爾祖之楹聯：

幾生修到梅花，何所獨無芳草。

茫茫三十七年間，影事前塵如電掃。

嗟我生平喜少不喜老，恨壽不恨天。

未見蘭芳兮，自恨我生死太遲。

既見蘭芳兮，又幸我生死未早。

蘭芳蘭芳兮，爾不合一笑萬古春，

一啼萬古秋。

爾不合使天下二分明月皆在爾之眉頭，

爾不合使天下四大海水皆在爾之雙眸。

爾不合使西了、王嬙、文君、息媯皆在爾之玉貌，

爾不合使韓娥、秦青、騫姐、車子皆在爾之珠喉。

爾不合破壞我之自由，

爾不合使我迴腸盪氣無時休。

吾將與爾北登恒嶽，東觀之罘，

西上峨眉，南入羅浮。

追黃帝於襄城之野，叫虞舜於蒼梧之陬。

索高辛於有娀之臺，招周穆於無熱之邱。

枕不必洛妃留，香不必韓壽偷。

使常娥棄后羿，使織女辭牽牛。

丁歌甲舞兮崑崙醉，翠暖珠香兮贍部遊。

照影於恒河，老死於溫柔，含笑於神州。

蘭芳蘭芳，吾無以名爾兮，名爾曰萬古愁！〔註382〕

梅蘭芳是舊土壤裏開出的新花朵，進入民國以後，他與往昔隔絕，藝術與人格都獲得了觀眾的仰慕。而樊增祥、易順鼎則是新世界裏的舊波瀾，他們在民國初年用盡才情追摹前事，也曾收穫一時之譽。但世風丕變，相公時代已經過去，往日風情遂成追憶了。

迦陵詩詞與他的情感軌跡

清朝順治十五年（1658）仲冬，文學才子陳維崧從家鄉來到長江北面的江蘇如皋，以故交之子的身份住進名士冒襄家，從此開始了他纏綿宛轉、騰播海內的一段同性戀情。

一、依戀

陳維崧，字其年，號迦陵，江蘇宜興人，明天啟五年（1625）出生。（圖367）他家世清華，為明末四公子之一陳貞慧之子；少年穎悟，與吳兆騫、彭師度一起被著名詩人吳偉業並譽為江左三鳳。只是他生不逢時，年剛弱冠就遇上了甲申明清更替。作為前朝的風雲風流人物，父親陳貞慧淒然歸里，從此誓墓不出，在家鄉做起了處士遺民。面對突如其來的國難家難，陳其年陷入了空前的困惑困苦之中：政治上，曾經慷慨激昂地痛罵戎狄胡虜，卻眼見新朝的統治日益鞏固，不得不回心轉投。生活上，剛剛親歷了一些繁華榮錦，卻竟迭逢仇難，家業逐漸敗落，不得不外出遊食。因此，抵拒與屈從、風流與困苦在陳其年的內心交互攻戰，讓他充分體驗到了世態的炎涼，命運的無著。這種情

〔註382〕《易順鼎詩文集》卷十九。

況下，能夠獲得的他會充分獲得，能夠享受的他要充分享受。並且他有一支生花妙筆，同樣的事情發生在別人身上是平淡尋常，發生在他的身上卻能成為令人豔羨的典故。

順治十三年（1656），五十三歲的陳貞慧在宜興病逝，「家益落，且有視予兄弟以為釜中魚、几上肉者，各散而之四方」〔註383〕。這時明末四公子中桐城方以智已經出家為僧，商丘侯方域已在順治十一年（1654）去世，不過侯氏在當地仍為旺族，更興旺的則是如皋冒襄，他家水繪園已然是江南名士的一個交際中心。於是「兄弟饑驅，糊口四方」〔註384〕。陳其年十四歲的四弟宗石遠赴河南商丘，去做已故侯方域之贅婿。其年自己則在順治十五年冬天來到了如皋，從此前後九年斷續客居於此。

在四公子中，冒襄享壽最長，生活最為優裕。他字辟疆，入清後不仕，乃自號巢民。既然政治上已無可做為，便把活動的重心轉移到了詩酒留連、招朋款客上面。他「傳家故饒，四方賓至如歸。自所稱四公子外，若東林、幾社、復社諸先達及前後館閣臺省，下逮方伎、隱逸、緇羽之倫，來未嘗不留，留未嘗輒去，去亦未嘗不復來」〔註385〕。而陳其年的到來，他與徐紫雲的愛戀，更是讓水繪佳園聞名遐邇。

陳其年在水繪園的日常活動是與冒襄及其眾賓客詩酒唱和，顯然，有才子就要有佳人，這樣才能酒入歡腸，詩興勃發。於是，冒氏家樂登上了舞臺：

> 漫教小豎飾雲鬟，日夕開樽花月間。
>
> 最似風流謝安石，酒棋絲竹臥東山。〔註386〕

冒家「小豎」明媚可人，歌舞妙絕，包括紫雲、楊枝、秦簫、靈雛諸郎。王挺《冒巢民先生暨蘇孺人五十雙壽序》：「水繪庵之勝，樹木掩映，亭榭參差。嘗於其中高會名流，開尊張樂。其所教之童子，無不按拍中節，盡致極研。紫雲善舞，楊枝善歌，秦簫雋爽，吐音激越。」〔註387〕陳其年笑對諸美，欣然賦詩：

> **楊枝曲**
>
> 人生花月不常有，眼前況見青青柳。

〔註383〕　《迦陵詞全集》陳宗石跋。
〔註384〕　《湖海樓詩集》陳宗石跋。
〔註385〕　《冒巢民先生年譜》順治十五年。
〔註386〕　《同人集・卷之六・觀劇雜成斷句呈巢翁先生》，瞿有仲作。
〔註387〕　《同人集》卷之二。

人生離別將奈何，可憐復唱楊枝歌。

曲塵染就黃金熨，和煙和雨窗前拂。

文通久號斷腸人，楊枝爾更消魂物。〔註388〕

秦簫曲

此間秦簫曲中傑，忽然高唱《受降城》。

須臾如抗復如墜，老馬郭索沙場行。

廣陵花月不知數，小樓玉笛無朝暮。

幾人不聽秦簫歌，一生總為秦簫誤。〔註389〕

贈歌者陳郎

天涯蹤跡半旗亭，譜遍龜茲不忍聽。

憐爾小年非失意，逢人也唱《雨霖鈴》。〔註390〕

然而，上面諸郎雖都美曼動人，卻都比不過他們的同伴紫雲徐郎，所謂「徐郎更傾城，我見愁無賴」〔註391〕是也。在其年眼中，紫雲才是唯一的絕世美男。

徐紫雲，字九青，號曼殊，江蘇廣陵（揚州）人，順治元年（1644）生。身為優伶，他少小年紀已是出類拔萃，善演《邯鄲夢》、《燕子箋》諸劇。陳其年曾經回憶二人初見情形，可為「一見傾心」做解：

阿雲年十五，娟好立屏際。

笑問客何方，橫波漾清麗。〔註392〕

鈕琇《觚賸》記述二人初交情形，可為「苦盡甘來」做解：「其年未遇時，冒巢民愛其才，延至梅花別墅。有童名紫云者，儇麗善歌，令其執役書堂，生一見神移。適墅梅盛開，生偕紫雲徘徊於暗香疏影間。巢民見之，忽佯怒，縛紫雲去，將加以杖。生意極彷徨，計唯得冒母片言，方解此厄。時已薄暮，乃長跪門外，啟門者曰：『陳某有急，求太夫人發一玉音。非蒙許諾，某不起也。』因備言紫雲事。頃之，青衣嫗出曰：『先生休矣，巢民遵奉母命，已不罪雲郎。然必得先生詠梅絕句百首成於今夕，仍送雲郎侍左右也。』生

〔註388〕《湖海樓詩稿》卷之四。

〔註389〕《湖海樓詩稿》卷之四。

〔註390〕《湖海樓詩稿》卷之十二。靈雛姓陳。

〔註391〕《湖海樓詩稿·卷之三·丁聖瑞丈人招飲即席分賦》。

〔註392〕《湖海樓詩集·卷一·將發如皋留別冒巢民先生》。

大喜，攝衣而回，苦吟達曙。百詠既就，亟書送巢民。巢民讀之擊節，笑遣雲郎。」〔註393〕

　　其年百首詠梅絕句今無可見。他的長詩《徐郎曲》也是作於來到如皋後不久，聯繫個人身世，把對紫雲的賞愛之情抒發得淋漓盡致：

> 江淮國工亦何限，徐郎十五天下奇。
> 一聲兩聲秋雁叫，千縷萬縷春蠶絲。
> 滌除胸臆忽然妙，檢點腰身無不為。
> 高才刊曲驚莫敵，細心入破真吾師。
> 徐郎醉汝一杯酒，汝醉還能作歌否？
> 請為江南曲，一唱江南春。
> 江南可憐復可憶，就中僕是江南人。
> 憶昔江南夜三五，謝家兒郎健如虎。
> 結髮平翻烏角鹽，當窗濫作善才舞。
> 此日當歌便瘦生，此時善舞便相迎。
> 知音自是緣門第，識曲由來擅姓名。
> 教成南國無雙伎，彈破涼州第一聲。〔註394〕
> 十里倡樓留客住，三更街鼓得人情。
> 霍王小女家家瑟，楊氏諸姨部部箏。
> 俱誇玉樹華筵坐，不怕金吾大道行。〔註395〕
> 二十年來事沾臆，南園北館生荊棘。
> 崔九堂前只獨憐，奉誠園內無相識。
> 琵琶斜抱恰當胸，細說關山恨幾重。
> 南曲不傳張伯起，北宮誰數沈君庸。
> 霜天禿髮那堪摘，寒夜單衫只自縫。
> 暗裏漫尋前度曲，人前不認舊時容。
> 誰知老大不自得，卻向徐郎敘疇昔。
> 疇昔煙花不可親，徐郎一曲好橫陳。
> 於卿何事馮延巳，錯譜悲涼感路人。

〔註393〕《觚剩・卷二・賦梅釋雲》。
〔註394〕此二句據《同人集》卷之六補。
〔註395〕此二句據《同人集》卷之六補。

歌罷誰人擊羯鼓，十萬銀燈落如雨。

前輩徐郎慎勿輕，君不見，陳九白頭渾脫舞[註396]。[註397]

有雲郎相伴，陳其年的客居生活充滿了歡悅。（圖 368）可以把困頓和失意暫且放置，怡然陶醉在婉轉的歌喉，纏綿的情愫之中：

命不如人黯自傷，只緣家難滯他鄉。

旅窗若少雲郎顧，海角寒更倍許長。

記得端陽五月中，君曾薄醉倚疏櫳。

分明一幅瀟湘水，斜墜明霞數縷紅。

城南定惠前朝寺，寺對寒潮起暮鐘。

記得與君新月底，冰紋衫子捕秋蟲。

一時不見就會感覺坐臥不寧：

三鼓出門烏夜飛，五更還家星宿稀。

水晶樓角幾時暖，獨坐待君君不歸。

不歸獨坐到天明，斜倚香篝歎息輕。

鼠踏箏弦聲窸窣，錯疑人叩獸環聲。[註398]

某晚「夜飲友人所，阿雲待余不至，留詞而去」。詞中情意殷殷，其年能不感而相和？

如塵如夢如絲，脈脈意誰知？歸來恨晚，休搖屈戌，慢叩罘罳。　一陣碧虛窗外雨，三通鼓，人去多時。空留彩句，蜜花箋淡，鳳脛燈欹。[註399]

為能時刻看到雲郎，陳其年曾經請人為他畫像，即如《小青飛燕圖》。這是一幅扇畫，其年記曰：「婁東崔不凋孝廉為余紈扇上畫《小青飛燕圖》。花曰小青，開豔者有九，一春燕斜飛其上，意欲擬九青於飛燕也。因題一絕以報孝廉。」詩云：

嫩色生香賦不成，紅襟斜剪茜花輕。

一從圖入崔郎手，流遍江南是小名。[註400]

[註396] 陳九，徐郎教師也。——原注。
[註397] 《湖海樓詩稿》卷之四。
[註398] 《湖海樓詩集·卷一·惆悵詞二十首別雲郎》。
[註399] 《迦陵詞全集·卷三·極相思》。
[註400] 《本事詩》卷十二。

　　按崔不凋即崔華，在畫此圖的前一天他曾為《紫雲出浴圖》題詩。後圖五琅陳鵠繪，名氣更大。它「橫一尺五寸，縱七寸，雲郎可三寸許。著水碧衫，支頤坐石上，右置洞簫一。逬發鬖鬖然，臉際輕紅，似新浴，似薄醉。星眸慵睇，神情駘蕩，洵尤物也」。（圖369）陳其年攜之出入，遍索名人題詠，冒襄、王士禎、宋琬、尤侗、余懷等七十餘人題詩於上。冒詩云：

　　　　陳生奇文亂典墳，陳生癡情癡若雲。
　　　　世間知己無如我，不遣雲郎竟與君。

　　尤詩云：

　　　　卣園公子綺筵開，璧月瓊花款款來。
　　　　小部音聲誰第一，玉簫先奏《紫雲回》。

　　還有一些題詩用到了泣魚、龍陽、斷袖、秦宮、鄭櫻桃、鄂君繡被等同性戀的典故，更是明示出了兩人關係的性質：

　　　　聞道前魚泣此身，龍陽不減洛川神。
　　　　年少難忘割袖歡，相思尤作畫圖看。
　　　　花底秦宮弄玉簫，櫻桃紅暈影迢迢。
　　　　不信陳郎已二毛，鍾情尤在鄭櫻桃。
　　　　鄂君繡被多情物，惆悵聲殘玉笛時。〔註401〕

　　可鍾情愈深，離情愈苦。雖說是在如皋客居九年，其實陳其年是要不時地返鄉、出遊的，也就不時地要與雲郎言別：

　　　　惆悵詞二十首別雲郎
　　　　中酒將離思不禁，年年桐樹碧愔愔。
　　　　物猶如此難為別，怊悵無言淚滿襟。
　　　　鵾腦將殘酒再斟，此生何以報知音。
　　　　斷紈碎墨無多語，珍重文人一片心。
　　　　征鞍每歲愁中跨，短棹今年病裏還。
　　　　自是離人無限淚，平添秋水到吳門。〔註402〕

　　　　別紫雲
　　　　三度牽衣送我行，并州才唱淚縱橫。

〔註401〕《九青圖詠》。
〔註402〕《湖海樓詩集》卷一。

生憎一片江南月，不是離筵不肯明。〔註403〕

留別阿雲

真作如此別，直是可憐蟲。鴛裯麝薰正暖，別思已匆匆。昨夜金尊檀板，今夜曉風殘月，蹤跡大飄蓬。莫以衫痕碧，偷搵臉波紅。　　分手處，秋雨底，雁聲中。回軀攬持，重抱霄箭悵將終。安得當歸藥缺，更使大刀環折，萍梗共西東。絮語未及已，帆勢破晴空。〔註404〕

有離別就會有相思，《有懷紫雲》寫道：

蕭蕭驛館不勝長，楓樹如人岸作霜。

怪底蓬窗恒側坐，為臨秋水憶清揚。〔註405〕

《燈下絕句》云：

十載江湖落拓身，徐郎相見即相親。

自從小別三秋後，不信人間有璧人。〔註406〕

所以在外聽人度曲，便覺

脆管零絲不忍聞，衣香帽影綺窗分。

心情倚醉誰能那，忽憶天涯有阿雲。

自注：「結句懷九青也。」〔註407〕

而若言離別相思之苦，康熙二年（1663）紫雲娶婦這件事是必須要講的。此年紫雲已經二十歲，是該娶妻成親了。眼見情人由婦而夫，終於也嘗到了男女之歡的情味，陳其年半賀半醋地為賦一闋《賀新郎》，詞云：

小酌醺醺釀釀。喜今朝，釵光簟影，燈前滉漾。隔著屏風喧笑語，報導雀翹初上。又悄把檀奴偷相。撲朔雌雄渾不辨，但臨風私取春弓量。送爾去，揭鴛帳。　　六年孤館相依傍。最難忘，紅蕤枕畔，淚花輕颺。了爾一生花燭事，宛轉婦隨夫唱。努力做，薰砧〔註408〕模樣。只我羅衾渾似鐵，擁桃笙難得紗窗亮。休為我，再惆悵。〔註409〕

〔註403〕《湖海樓詩稿》卷之十二。

〔註404〕《迦陵詞全集·卷十四·水調歌頭》。

〔註405〕《湖海樓詩稿》卷之十二。

〔註406〕《湖海樓詩稿》卷之十二。

〔註407〕《湖海樓詩集·卷二·與李瑤田、劉維祺小飲邵生家，兼聽其絃索》。

〔註408〕丈夫。

〔註409〕《迦陵詞全集·卷二十六·雲郎合巹為賦此詞》。

　　這首《賀新郎》情真意密，細緻刻畫了作者的一種複雜心境：同性戀伴侶有新婚之喜，一方面要表示高興，一方面又滿懷醋意。兩樣感受攪和在一起，自然是別有一番滋味在心頭。可以說，《賀新郎》是同性戀文學史上最具文采、最有名氣的一首詞，而陳其年與他雲郎的交誼也因此變得更加廣為人知。在紫雲一方，從以後的事實來看，他雖然有妻，但真正深愛的當然還是陳其年，不然是不會一生相隨，死葬宜興的。

　　在如皋、揚州等地客遊多年，文名大增，功名依舊，四十多歲的陳其年依然還只是一位秀才，還要在生活上仰給於人。這是他不能甘心的，他要去尋找新的出路。可紫雲在身份上仍然屬於冒氏，於是其年採取了不告而行的方式，於康熙七年（1668）徑攜雲郎北上進京。五年後他重訪如皋，曾賦詩言曰：

　　　　記作聽歌舊末行，有人低唱《賀新涼》。

　　　　昵他簾底翻鶯拍，從我天邊禦虎倀。

　　　　再到豈無心一寸，不來多恐法三章。

　　　　沉思前事原無負，曾勸啣泥老畫堂。〔註410〕

　　看來當初此事確實做得有些粗率，不過冒襄畢竟憐才愛幼，「生平憐他人過於自憐，憐其年當又過於憐雲郎」〔註411〕。他亦有詩云：

　　　　四世通門誼百年，兒曹九載共芳荃。

　　　　慚非絳帳饒絲竹，曾遣青童〔註412〕伴食眠。

　　　　見慣數來憑旖旎，心知攜去省纏綿。

　　　　旁觀誤說何多事，擲拂相從汝較賢。〔註413〕

　　看到陳其年獲得了慰藉和幸福，作為長輩的冒巢民是不吝做出割捨的。

　　其年北上是去倚靠著名詩人又為朝中高官的龔鼎孳，紫雲隨侍而來，他的歌喉得以一展於京師。「日下勝流，震其聲名，爭欲一聆佳奏。」〔註414〕龔氏《雲郎口號》贊之云：

　　　　春風絲管揚州路，曾見秦簫最小年。

　　　　今夕雲郎來對酒，長安花月更嬋娟。

　　　　雲郎態似如雲女，縹緲朝雲與暮春。

　　　　　　　　　　　　　　　　　　　　　　　　　　　　　　　　　　　

〔註410〕《同人集》卷之七。

〔註411〕《同人集》卷之四，龔鼎孳至冒襄函。

〔註412〕紫雲。

〔註413〕《雲郎小史》。

〔註414〕《雲郎小史》張次溪序。

聽說繞梁歌絕妙，花前還許老夫聞。

只是長安米貴，居大不易，其年未能在京城安身。經由龔鼎孳推薦，他進入將任河南學政的史逸裘幕府，以幕客的身份又攜紫雲南去中州。龔鼎孳祝願道：

陳郎文采驚天下，作客雖貧材足依。

茶竈藥囊秋雨夜，他鄉伴好不須歸。〔註415〕

南行路上，路經邯鄲。紫雲工演湯顯祖名劇《邯鄲夢》，於是其年賦詞示之：

絲竹揚州，曾聽汝，臨川數種。明月夜，黃粱一曲，綠醅千甕。枕裏功名難鹿塞，刀頭富貴麒麟冢。只機房唱罷酒都寒，梁塵動。　　久已判，緣難共。經幾度，愁相送。幸燕南趙北，金鞭雙控。萬事關河人欲老，一生花月愁偏重。算兩人今日到邯鄲，寧非夢？〔註416〕

他鄉作客，生活上依舊清貧。其年與紫雲相依相倚，益發顯出情分的珍貴。其間兩人曾因事回吳，其年先返，紫雲後至。可以想見相思之苦和相見之歡，《懷州歲暮感懷》云：

酒盡燈殘戍角哀，鈎簾繞柱只徘徊。

枕欹獨客眠難著，衣迫長途綻復開。

故國愁聞魚大上，中原喜見雁重來。

憑誰驅使排幽興，寧郭詩人李杜才。

「雁重來」後自注：「九青再至。」〔註417〕

並且，面對生活的現實，紫雲不單是用歌喉音聲來提供娛悅，他還要操持具體的家務，是集戀人和僕人於一身。「冬抄十六日九青風雪入商丘」辦事，其年「賦詩懷之」，感念之情不禁溢於言表：

雞鳴白月盱眙縣，馬滑黃河武陟城。

偕汝風濤剛隔歲，累卿冰雪又單行。

伯桃作客衣裝薄，狐偃從亡骨肉輕。

此意凄然吟不穩，粉箋濕透淚盈盈。〔註418〕

〔註415〕《定山堂詩集》卷四十一。
〔註416〕《迦陵詞全集·卷十一·滿江紅·過邯鄲道上呂仙祠示曼殊》。
〔註417〕《湖海樓詩集》卷四。
〔註418〕《湖海樓詩集》卷五。

二、懷思

　　前後五年漂泊中州，境況還是一如從前。年近五十的陳其年倦怠了客遊生活，於康熙十一年（1672）仲夏攜他雲郎回到了家鄉。而此時雲郎也已年將而立，青春少年或者眉紋已現。時光在澹然隱逸中一點點流散，可好景不長在，未及一載，康熙十二年（1673）清明節前，僅方三十歲的徐紫雲在宜興倏忽病逝。〔註419〕面對眼前陰陽兩隔的淒苦現實，陳其年哀慟至極，悲不自勝。他不想就此永別，所以未將紫雲返葬揚州，而是就地安葬。這樣，自己「見」起戀人來也還容易，將來自己死了，縱然不能同穴相偎，也還可以挨得很近，在地下相感相知。《清明感舊》詞向著紫雲傾訴道：

　　　　正輕陰做來寒食，落花飛絮時候。踏青隊隊嬉遊侶，只我傷心
　　　　偏有。休回首，新添得一堆黃土垂楊後。風吹雨溜，記月榭鳴箏，
　　　　露橋吹笛，說著也眉皺。　　十年事，此意買絲難繡，愁容酒罷微
　　　　逗。從今縱到岐王宅，一任舞衣輕鬥。君知否，兩三日，春衫為汝
　　　　重重透，啼多人瘦。定來歲今朝，紙錢掛處，顆顆長紅豆。〔註420〕

　　宜興同志史惟先、蔣景祁、任繩隗等均有和詞，其中任詞用到了餘桃、董賢這兩個同性戀典故：

　　　　想當然徐娘老去，再來還是情種。深閨變調為男子，偏向外庭
　　　　恩寵。花心動，曾記得踏歌玉樹娛張孔。紅絲又控，愛叔寶風流，
　　　　元龍湖海，夙世曾同夢。　　誰知道，才把餘桃親捧，玉容一旦愁
　　　　重。從今省識蓮花面，生怕不堪供奉。誠軷恐，趁寒食，清明金盌
　　　　埋青冢，陳郎休慟。從古少年行，回頭及早，仿殺侍中董。〔註421〕

　　生人不再得見，從此以後，陳其年開始陷入對於紫雲生時的無盡回憶之中。最早當然是在如皋的時候。康熙四年（1665）春，著名詩人王士禛做客水繪，其《漁洋詩話》卷上記載當時情形曰：「余與邵潛夫、陳其年諸名士以康熙乙巳修禊冒辟疆水繪園，分體賦詩。余戲謂其年曰：『得紫雲捧硯方可。』紫云者，冒歌兒，最姝麗者，為其年所眷許之。」士禛也曾為《紫雲出浴圖》題詩，詩曰：

　　　　黃金屈膝玉交盃，坐爐銀荷葉上灰。

〔註419〕關於紫雲卒年的考證，請見周絢隆編：《陳維崧年譜》，第411、432、434頁。
〔註420〕《迦陵詞全集·卷二十九·摸魚兒》。
〔註421〕《雲郎小史》。

法曲自從天上得，人間那識《紫雲回》？〔註422〕

王士禎是如此地賞識紫雲，陳其年自然把他視為了知音。康熙十四年（1675），紫雲已經去世兩年，其年曾致信士禎。「作書將竟，忽憶曼殊。投筆泫然，不能終幅。」〔註423〕感情的表露真切而直接，必是想到了紫雲玉樹臨風，正當妙年的時候。

當初其年北上時，冒襄之子冒丹書正好南下，兩人相遇於山東青駝寺。紫雲在身份上其實也是屬於丹書的，而這位少主人顯然是認可了紫雲的「背主」行為，很可能回到如皋後還曾在父親面前替他說項，這讓其年一直心存感激。十幾年後再過青駝，感懷舊事，乃賦一闋《虞美人》：

魯山更比吳山翠，路入青駝寺。亂峰怪石㧻圍牆，牆裏人家，一半棗花香。　　當初有個卿家燕〔註424〕，與汝天涯見。曉風殘月憶從前，不道因循過了十餘年。〔註425〕

沙隨即今寧陵，在河南商丘附近，曾是陳其年的舊遊之地，《沙隨感舊》回憶道：

思量往事極分明。小徐卿〔註426〕，昵雲英，蕭寺幽窗檀板勸銀罌。兩小一雙描不盡，紅燭下，態盈盈。　　西風捲去隔年情。寺鐘鳴，記前生，落葉中原恰又趲離程。淡月曉風昏似夢，和淚也，出曾城。〔註427〕

惠山是無錫名勝，其年《過惠山蔣氏酒樓感舊》下自注：「余昨年與雲郎曾宿此樓。」昨年是指紫雲去世之年即康熙十二年（1673），一個「宿」字可以引起作者無限的傷懷：

惠山山下，誰氏高樓，記曾借我酣眠。夜半喧山，雨龍峰頂，飛掛百幅簾泉。當時尚有玲瓏在，憑闌唱，落葉哀蟬。可惜是聲聲紅豆，憶來大半難全。　　如今重經樓下，只水聲幽咽，髣髴鳴弦。彈指匆匆，舊時燕子，換做萬里啼鵑。當壚莫喚樓前客，應怪我，淚裏紅棉。惆悵煞，一天明月，滿汀漁火商船。〔註428〕

〔註422〕《本事詩》卷十二，《徐郎曲》注。
〔註423〕《陳迦陵文集·卷四·與王阮亭先生書》。
〔註424〕紫雲。
〔註425〕《迦陵詞全集·卷五·過青駝寺感舊，寄示冒子青若》。
〔註426〕紫雲。
〔註427〕《迦陵詞全集·卷八·江城子》。
〔註428〕《迦陵詞全集·卷二十四·五彩結同心》。

不僅重經舊地可以興悲，再睹舊物亦是如此，《春夜見壁間三弦子是雲郎舊物，感而填詞》云：

> 春燈炧，挏取歌板蛛紫，舞衫塵灑。屏間乍見檀槽，與秋風扇，一般斜掛。簾兒幬，幾度漫將音理，冰弦都啞。可憐萬斛春愁，十年舊事，慨慨倦寫。　記得蛇皮弦子，當時妝就，許多聲價。曲項微垂流蘇，同心結打。也曾萬里，伴我關山夜。有客向，潼關店後，昆陽城下。一曲琵琶者，月黑楓青，輕攏細斫。此景堪圖畫。今日愴，人琴淚如鉛瀉。一聲聲是，雨窗閒話。〔註429〕

七月十五日中元節是追薦死者、超度亡魂的日子，《中元感舊》云：

> 夾路幡竿，盈城梵唄，分明元夜燈市。露濕巫簫，秋生賽鼓，頭上月輪初霽。金波瀲灩，還瀉做，萬家紅淚。天與玉容爭淡，煙飄粉裙偏麗。　許多流鶯聲細，似啼猿，楚峽嘹唳。只有小墳新冢，誰修薄祭。空伴唐陵漢寢，都一樣，淒涼野田裏。黃土鴉鳴，白楊風起。〔註430〕

上詞中「小墳新冢」是指紫雲之墓，他人埋黃土，要想再會只能是形諸綺夢了。

紫雲逝後五年，康熙十七年（1678）其年北上進京參加博學鴻詞科考試，並在第二年考取，授翰林院檢討，與修明史。進京之前他在蘇州曾與著名畫僧大汕和尚相見，既然紫雲再也不能同行，便請大汕繪製了一幅《迦陵先生填詞圖》，重現兩人共在一起時的情形。圖中才子拈髯微笑，佳人素指弄簫，一派恬淡安舒、含情脈脈的景象。（圖 370）其年攜圖北上，在京幾年遍請名流題詞，舊雨新交如王士禛、尤侗、徐釚、宋犖、毛奇齡、朱彝尊、吳農祥、洪昇、納蘭性德等均有題詠。舊雨王士禛《木蘭花慢》詞云：

> 衣香鬢影共氤氳，吹徹參差入夜分。贏得迦陵新句好，不辭心力事朝雲。　玉梅花下交三九，紅杏尚書枉擅名。記得微吟倚東閣，梅花如雪撲簾旌。

尤侗《浣溪沙》：

> 側帽輕衫古意多，烏絲欄寫懊儂歌，紅兒解唱《定風波》。　翠管吟殘傾一斗，玉簫吹徹斂雙蛾，酒闌曲罷奈髯何。

〔註429〕《迦陵詞全集‧卷三十‧瑞龍吟》。
〔註430〕《迦陵詞全集‧卷十五‧天香》。

新交納蘭性德《金縷曲》詞云：

　　　烏絲詞付紅兒譜，洞簫按出霓裳舞。舞罷髻鬟偏，風姿最可憐。　傾城與名士，千古風流事。低語囑卿卿，卿卿無那情。

吳農祥《沁園春》詞用到了餘桃典故：

　　　柳底吹笙，麈尾烏絲，爭侍賓筵。見題詩欲倦，齊留帳下。宿醒微解，恒立床前。擲果丰姿，餘桃憨態，任打金鋪擁被眠。郎君誓，定今生與汝、不罷相憐。　只今追憶蹁躚好，初日容儀比少年。記笑顏攙眼，花難解語。歌喉按指，珠亦羞圓。金馬初開，璧人何在，翡翠簾寒易惘然。秋懷苦，似長河不息，膏火同煎。

著名劇作家洪昇作有一套散曲：

　　　【集賢賓】誰將翠管親畫描，一片生綃，活現陳郎風度好。撚吟髭，慢展霜毫。評花課鳥，待寫就新詞絕妙。君未老，傍坐著那人兒年少。

　　　【琥珀貓兒墜】湘簾低覆，一葉翠芭蕉。素指纖纖弄玉簫，朱唇淺淺破櫻桃。多嬌！暗轉橫波，待吹還笑。

　　　【啄木鸝】他聲將啟，你魂便消，半幅花箋題未了。細烹來陽羨茶清，再添些迷迭香燒。數年坐對如花貌，麗詞譜出三千調。鬢蕭蕭，鬚髯似戟，輸你太風騷。

　　　【玉交枝】詞場名噪，赴徵車竟留聖朝。柳七郎已受填詞詔，暫分攜繡閣鸞交。夢魂裏怎將神女邀，圖畫中翻把真真叫。想殺花邊翠翹，盼殺他風前細腰。

　　　【憶多嬌】夜正遙，月漸高。誰唱新聲隔柳橋，紙帳梅花人寂寥。休得心焦，休得心焦，明夜飛來畫橈。

　　　【月上海棠】真湊巧，畫圖人面能相照。覷香溫玉秀，一樣豐標。按紅牙月底歡娛，酌綠醑花前傾倒。把雙蛾掃，向鏡臺燈下，不待來朝。

　　　【尾聲】烏絲總是秦樓調，寶軸奚囊索護牢。怕只怕，並跨青鸞飛去了。〔註431〕

翰林雖然清貴但卻清貧，居京五載，康熙二十一年（1682）夏五月，陳其年在貧病中惘悵去世。《牆外丁香花盛開感賦》是他生前最後一首詞，內中

〔註431〕《陳檢討填詞圖卷》。

寫道：

> 昨歲看花，有人禿袖擘阮捱箏。悵新來梁間燕去，往事星星。只
> 有鄰花，依依不作路旁情。夜深難睡，繽紛花影，篩滿空庭。[註432]

　　如果想到病將不起，陳其年在感懷歷歷往事時腦海中一定會不時浮現出雲郎的身影。那身影蕩漾出款款深情和依依召喚，隨影而去，在生的對岸可以和情人再度攜手，永遠相依。興思及此，面對死亡又有何懼？

　　陳其年的去世在當時文人群體中引起了同聲哀悼。由兵部尚書、當初應試鴻博的薦舉者宋德宜主持，他的遺體得以返葬宜興。是歲中元日，冒襄在如皋定惠寺設位追薦，為詩回憶道：

> 水繪來冬過，華筵燭十行。
> 秦青歌絕調，阿紫舞霓裳。
> 雲集東吳士，書城南面王。
> 八曹融水乳，從此遂家鄉。

> 水繪詩千首，園林景物添。
> 賭吟求互勝，窮歲不為嫌。
> 博古銘奇異，佳辰寫妙嚴。
> 選聲極豪髮，圖畫楚腰纖。

自注：「其年密畫紫雲小像，遍求題詠成卷。」

冒襄之子冒嘉穗也為詩哭之：

> 蕭寺仍齊薦，英魂痛爾添。
> 千秋成永別，十載幸無嫌。
> 人事真難料，天心何太嚴。
> 紫雲應在侍，可復舊纖纖。[註433]

　　確如詩言，有紫雲陪侍，其年在天上的生活比他去世前的幾年一定還要好吧。

　　才子佳人雖都化去，風流韻事卻還繼續流傳。那幅著名的《迦陵先生填詞圖》由陳家保存，此後一百多年間，蔣士銓、王文治、程晉芳、翁方綱、陸費墀、洪亮吉、阮元、王仁俊諸名流相繼題詠。乾隆間詩文、劇作大家蔣士銓應陳其年從孫陳淮之請作有一套散曲，文采斐然，情亦真摯：

〔註432〕《迦陵詞全集・卷十・愁春未醒》。
〔註433〕《同人集》卷之九。

【中呂‧粉蝶兒】黯澹冰綃，卷中人一雙遺照，盡流傳把玩魂消。後視今，今視昔，不勝憑弔。莽風流大抵無聊，寫生時已曾知道。

【叫聲】當日個低回處，倩人描。細瞧，細瞧，看風鬢雲鬟嫋。待填成綺麗數篇詞，便留下風情一幅稿。

【醉春風】烏闌紙，漫鋪開。錦地衣，平展著。玉人此處叫吹簫，到如今可也老老。莽添來白髮蕭條，廝趕上紅顏悴憔，都併入丹青枯槁。

【普天樂】想當初亡命在書城筆陣，錦雉如皋。攜著個小雲郎，天涯流落，不多時燕子歸巢。又引出新詩做美，多謝梅梢。

【石榴花】玉堂偎傍可兒嬌，不但鄭櫻桃。把酸寒風味變清豪。嬋娟同坐了，雙頰紅潮，一聲聲低和迦陵鳥。酒醒來何處今宵？助風魔狂煞諸詩老。問髯翁，豔福怎能消？

【紅衫兒】生逐鶯花老，死憑風月弔。魂枉勞，夢枉勞，幻泡從何找？愁也拋，恨也拋，一代才華過了。

【煞尾】畫圖魂難將前輩招，史書堆且睡書呆覺。可憐他冷風煙，埋滅盡詩人照。叮囑你個太守〔註434〕收藏，莫令這幻影兒都亡了。〔註435〕

陳─徐情誼在清代一直騰播於眾口，已經具有了典故的特徵。尤其在清人記優評優之作中，徐紫雲已經成為了名優美伶的代表。如《燕蘭小譜》、《鶯花小譜》等書裏就有「水繪園中，喜雲郎之乍見」、「絕代風流讓陽羨，濃情無墨寫雲郎」、「領袖散花天，小雲郎，解語蓮」、「白雪歌喉，紫雲畫態，多應改變朱顏」〔註436〕一類的詞句。流風一直及於晚清，曾樸小說《孽海花》第二十回，段扈橋〔註437〕和相公薆雲在一起划船，陶情適意，於是便「蹲在船頭上，朗吟道：『攜著個小雲郎，五湖漂泊。』」自比陳其年，視薆雲為紫雲。

三、他情

行文至此，本文似乎已可結束。但是，陳其年是生活在一個宗法等級制的

〔註434〕陳淮。
〔註435〕《陳檢討填詞圖卷》。
〔註436〕見《清代燕都梨園史料》，第 5、171、220、259 頁。
〔註437〕指清末重臣端方，《紫雲出浴圖》曾經為他所有。

男權社會，他與徐紫雲可以愛戀得如癡如醉，這卻並不能妨礙他與其他男女的交際。具體地講：

（一）陳其年有妻

17 歲時其年娶表妹儲氏為妻，二人生有一子三女，可惜只有長女長成。由於長年在外不歸，陳氏詩詞不時流露出對於妻子的愧疚和思念：

> 天涯漂泊，湖雨湘煙無定著。暗數從前，汝嫁黔妻二十年。　　當
> 時兩小，樂衛人誇門第好。零落而今，累汝荊釵伴藥砧。〔註438〕

> 別汝真成此暮冬，天涯何事逼征烽。
> 一尊兒女關心酒，獨夜江城報曉鐘。
> 路黑河流鋪鐵色，燈青鄉思落銅峰。
> 年年慣作飄蓬計，此際登樓意萬重。〔註439〕

康熙十八年陳其年由秀才一步而為翰林，終於了卻了幾十年來的一樁功名心願，可第二年臘月初六日儲氏即在宜興去世。生死不得相見，而臘月初六又是其年生日，這能不讓他深感悲痛？

> 嫁與黔妻矣。憶糟糠，摳他不住，兩眸清水。為我懸弧繡梵夾，
> 下到瑤籤第幾？直絮得鸚哥流涕。今日蓮幢余轉拜，願相憐再世休
> 如此。花蔌蔌，墮成雨。〔註440〕

半年之後，陳其年在京病逝。

（二）陳其年有妾

當初初至如皋不久，冒襄長子嘉穗即產一子，其年誌喜詩中有「安得小婦生枚皋」〔註441〕之句，很想買妾生兒。因故未成，而隨著年紀日增，此念益亟。康熙十年（1671）《上芝麓（龔鼎孳）先生書》：「年逾知命，尚乏嗣胤。已成張壯武之心疾，時類羊南城之淚流。」〔註442〕是年在河南商丘娶妾彩雲，紫雲與她能夠容洽相處，這讓其年頗感欣慰。《彩雲常戲九青為小錢兒，遂成二絕》道：

〔註438〕　《迦陵詞全集‧卷二‧減字木蘭花‧歲暮燈下作家書竟，再繫數詞楮尾》。
〔註439〕　《湖海樓詩稿‧卷之九‧寄內》。
〔註440〕　《迦陵詞全集‧卷二十八‧賀新涼‧臘月初六日是余生日即亡婦忌辰也，詞
　　　　　以志痛》。
〔註441〕　《同人集》卷之六。
〔註442〕　《陳迦陵儷體文集》卷二。

　　　　籤來春晝綠窗便，入手應知似月圓。

　　　　匿笑也需防口吃，莫將人喚作錢錢。〔註443〕

　　此詩寫後不久，其年攜紫雲南歸，而將已有身孕的彩雲暫留在商丘。本想盡早接回，卻因它故牽延數年。其間彩雲產子，其年甚為思念。《看牡丹感舊》詞寫道：

　　　　花與月，曾留戀。朝共夕，閒游衍。在睢陽古郡，商丘舊縣。

　　　　記得濃香籠兩袖，醉餘馬上攜歸便。下小樓紅袖那人迎，人微倦。

　　　　〔註444〕

　　紫雲去世後兩年，其年返豫終於將母子接回，此時幼子獅兒已是天真活潑的四歲孩童。《喜見獅兒》詞：

　　　　兒已健如黃犢，翁何此日才來？怒濤雪浪吼長淮，兵火連天四

　　載。　　細聽吳音小卻，戲投粗粞旋回。怪娘盆畔有于鬎，笑問客

　　家何在？〔註445〕

　　可獅兒未幾竟然夭折，這一打擊讓殷殷愛子的陳其年幾乎身心俱碎，「自分此生已無意人間世矣」〔註446〕。而彩雲又不能安貧，時有怨望之言。悲怒之下，陳遂遣妾下堂去。

（三）陳其年善寫閨情豔詞

　　有喜好才有形諸文字的興趣，閨豔詩詞陳其年是寫的比較多的。《湖海樓詩稿》收有他早年所寫一系列的樂府詩，這種詩歌體裁尤善表達的就是男女私情：

　　　　子夜歌

　　　　別郎東武亭，年華又荏苒。

　　　　骨出鴛鴦衾，飛龍落藥店。

　　　　明月正三五，臨窗暫盤桓。

　　　　誰披翡翠帷，疑是心所歡。

　　　　懊儂歌

　　　　入戶銀屏空，出戶明星爛。

〔註443〕《湖海樓詩集》卷五。
〔註444〕《迦陵詞全集・卷十二・滿江紅》。
〔註445〕《迦陵詞全集・卷四・西江月》。
〔註446〕《陳迦陵文集・卷四・與王阮亭先生書》。

　　昔日紅羅帷，郎去未曾換。

　　不採薔薇花，安得新妝美。

　　不愛西曲娘，誰云少年子。〔註447〕

非樂府詩如《吳宮曲》寫道：

　　門對百花洲，年年種石榴。

　　酒錢何處數，蕩子不曾留。

　　惜別人無數，懷春妾自羞。

　　遂持天上月，長照曲中愁。〔註448〕

　　就詞而言，《閨情》、《紀豔》、《豔情》、《寄書》、《春陰閨思》、《詠美人鞦韆》、《詠美人蹴鞠》、《詠閨人汲水浣花》、《夏日詠閨人鬥葉子》等全都充滿了香豔濃情。《閨詞和阮亭原韻》詠閨人曉妝：

　　春閨金麥微微響，青鳳脛，輕移銀網。睡眼恰初暝，一片紅酥漾。　　鄰姬眉黛遙山樣，怪昨日邀儂相賞。遮莫繡簾前，有個人張敞。

詠閨人晚浴：

　　韓馮啄破鞦韆影，瓊扇裏，春醒初醒。半晌卸金蟲，小試蘭湯冷。　　後堂憎殺青銅鏡，怕照見雲鬟未整。莫道少人窺，天上堆金餅。〔註449〕

《豔情》詞寫男女偷歡情形：

　　月暗蘭釭冥，風細花陰冷。紫茸帳底拍蕭娘，醒醒醒。良夜難逢，幽歡可惜，休教酩酊。　　活水初烹茗，寶篆猶生鼎。紅茸枕畔語檀郎，等等等。城上人行，籠中鳥喚，如何便肯。〔註450〕

（四）陳其年狎妓

　　當初客居如皋之日，陳其年「喜為狹斜陸博諸戲」〔註451〕。後來從河南回到宜興，他也曾「竊從北里諸倡遊」〔註452〕。可見他一向都有妓樂之好。不過，其所好娼妓經常只是陪酒獻唱，並且是在比較公開的多人場合。這時客

〔註447〕《湖海樓詩稿》卷之一。
〔註448〕《湖海樓詩稿》卷之六。
〔註449〕《迦陵詞全集‧卷二‧海棠春》。
〔註450〕《迦陵詞全集‧卷七‧醉春風》。
〔註451〕《陳迦陵文集‧卷一‧張孤子詩序》。
〔註452〕《陳迦陵文集‧卷二‧青堂詞序》。

人是以欣賞色藝為主，未有實際的身體交歡。《紅橋園亭讌集限韻》注：「時有魚校書在座」，校書是對娼妓的雅稱，此詞下闋云：

> 且喜絕代娥媌，玄機娣姒，風致偏妍淑。惱亂雲鬟多刺史，何況閒愁似僕。小逗琴心，輕翻簾額，一任顛毛禿。倚闌吟眺，雲鱗墳起如屋。〔註453〕

《席上同雲臣詠雛姬》的狎昵氣息較濃：

> 勾紅剔翠擷星眸，斜賣春嬌，尚未惑玲瓏。卻已會，三分無賴，笑匿花叢。衫影在，怨風吹羅帶。　銀箏研緊難鳴快，做殢人情態。玉船頻到只推辭，道酒病昨宵曾害。捼碎紅梅庭下灑，罵粉郎心壞。〔註454〕

客人與妓女的一對一內室交往當然也是有的，兩相有意，床笫之事便會發生。陳其年對此並不避諱，認為才子風流，在所難免。《人日過晼仙校書家》：

> 淺道勝常釵勝轉，紅幡軟。籠中鸚鵡為誰呼，似留予。
> 蘭熖平明一縷微，弄餘輝。含嬌和夢換春衣，傍床幃。
> 放夜傳聞今歲早，銀燈好。再來須盡十分狂，省縈腸。〔註455〕

《春日過澹生校書所居舊址》：

> 酒闌曾過平康〔註456〕宿，風颭繡簾簌簌。紅板橋連西曲，微雨櫻桃熟。　而今風景傷春目，不見沿溪花竹。薺麥平疇搖綠，蛺蝶和煙逐。〔註457〕

《感舊》詞感懷舊日合歡，用情頗深：

> 碧雲薄暮，畫角誰家奏。深院火熒熒，好風輕，翠幃微縐。冰輪徐上，無語掩屏山。金鈎瘦，鮫綃透，人在銀燈後。
> 年時小苑，良夜曾攜手。低掃淡黃蛾，漫垂垂，玉人紅袖。如今人去，門巷也依然。紅橋口，香街右，一帶青青柳。〔註458〕

（五）陳其年狎優

優在清代通常是指男性優伶，紫雲即是冒襄家優，後來則為其年家優。

〔註453〕《迦陵詞全集·卷十七·念奴嬌》。
〔註454〕《迦陵詞全集·卷八·師師令》。
〔註455〕《迦陵詞全集·卷一·柳枝》。
〔註456〕妓院。
〔註457〕《迦陵詞全集·卷三·桃源憶故人》。
〔註458〕《迦陵詞全集·卷九·蕎山溪》。

陳其年年青時已有優伶之好，他在《追昔遊》中這樣回憶自己放浪形骸的昔日生活：

> 世事已橫流，舉國憂心忪。
>
> 而我四五人，狂態殊沾沾。
>
> 自除博士籍，不受文章箝。
>
> 城南亞字牆，牆底鴛鴦簾。
>
> 中有紅粉妝，衻服何襜襜。
>
> 又聞周小史，容貌殊修纖。
>
> 門前白玉花，夜夜棲雙鶼。〔註 459〕

詩中「紅粉」是指女妓，「小史」是指男優。類似反映，陳其年在為亡友許肇籛作傳時謂許生「日與蘭陵董以寧、同邑陳維崧而流浪於吳越間。一日以寧置酒召客，命梨園小隊為拓枝舞。許生則為金丸、紫宮諸曲以挑之，且遍贊諸客。其任誕自憙類如此」〔註 460〕。金丸、紫宮是兩個同性戀的典故，前者指漢武帝的寵臣韓嫣用黃金做彈球，見《西京雜記》卷四。後者指前秦主苻堅將美貌年少的慕容沖納入後宮，見《魏書・卷九十五・徒河慕容廆傳附慕容沖傳》。許肇籛公開地用男色曲子來挑逗諸優，與他為友的陳其年對待優伶的態度可以推知。《山遊席上書所見》詞：

> 十載鬒絲禪板，東風又起，吹到閒情。誰遣枇杷花下，驀遇卿卿。綠水曉滿眶，嬌瀉垂楊軟，一撚身輕鬥傾城。金丸綠幘，分外盈盈。　回程蘭舟同上，如規月白，似簟波平。羞暈微紅，半腮香玉臉潮生。燕聲松，解調閩語鶯喉脆，宛弄秦箏。酒微醒，小樓今夜，春夢難成。〔註 461〕

此詞用到了同性戀典故金丸、綠幘，後者指面目嬌好的董偃戴著綠頭巾拜見漢武帝，乃得盛寵，見《漢書・卷六十五・東方朔傳》。其年稱所見優伶為卿卿，一片憐惜之意昭然無隱。不過這畢竟只是席上偶遇，所以至多是「春夢難成」。

士人貴富賞狎優伶可分三個層面，一是聽音識曲，純為觀劇。二是「色授魂與」，精神意淫。三是「顛倒衣裳」，肌膚之親。就陳其年而言，他與紫雲定

〔註 459〕《湖海樓詩稿》卷之三。
〔註 460〕《陳迦陵文集・卷五・許肇籛傳》。
〔註 461〕《迦陵詞全集・卷十六・玉蝴蝶》。

交之前，顛倒衣裳的情形難免其有。定交之後，相當部分的情愛專門用到了紫
雲身上，與其他優伶的關係中色授魂與應當是主體表現。《崇川署中觀小史演
劇》詩：

> 焚香瀹茗小簾櫳，樺燭氍毹相對紅。
>
> 半醉呂郎催羯鼓，宮妝已出繡屏中。
>
> 王郎年小好腰身，吳子風姿儼洛神。
>
> 寒夜如年情似水，相看真是畫中人。
>
> 銀虬聲永夜香遲，惱亂樊川杜牧之。
>
> 欲倚文簫吹一曲，不知人意已迷離。
>
> 玉人橋上憶清歌，刺史筵前喚奈何。
>
> 他日揚州應有夢，三生惆悵為情多。〔註462〕

這幾首詩中，其年自比「十年一覺揚州夢」的杜牧和「斷盡蘇州刺史腸」
的劉禹錫，對呂、王、吳郎賞愛有加，其內心所感不會同於普通的看客。不過
這是在他人官署觀劇，想來行為上是會有節制的。再如《牧仲招飲即席漫成絕
句六首》之四、五：

> 陸郎倭墮髮毿毿，白皙增郎甫十三。
>
> 從此心情如中酒，逢人不唱《望江南》。
>
> 家傍寒山寺外橋，隨耶千里學吹簫。
>
> 坐中大有他鄉客，何必思鄉瘦舞腰？〔註463〕

在如皋期間，其實紫雲的表演同伴楊枝也甚為其年所喜，所謂「楊枝低唱
紫雲簫」〔註464〕是也。除去長詩《楊枝曲》，陳其年還曾寫過《贈楊枝》、《贈
別楊枝》、《楊枝今歲二十為於齊紈上作小詞》、《吳門春暮重見楊枝》等詩詞。
《贈楊枝》詩：

> 燈炮香消酒醒時，殢人階下索人詩。
>
> 我詩半是狂言語，莫遣司空此夜知。〔註465〕

《贈別楊枝》詞：

> 漱金卮，閣金卮，不是樽前抵死辭，今宵是別離。　　撚楊枝，

〔註462〕《本事詩》卷十二。
〔註463〕《湖海樓詩集》卷十二。
〔註464〕《迦陵詞全集‧卷一‧望江南‧宛城五日追次舊遊漫成》。
〔註465〕《湖海樓詩稿》卷之十二。

問楊枝，花蕚樓前宛地垂，休忘初種時。〔註466〕

　　這兩首詩詞用語也頗香豔，只是考慮到當時陳—徐關係的具體特點，我們可以不做過深的推想。

　　總之，或者實事求是，或者淺嘗輒止，讓陳其年獲得了情感乃至身體滿足的男男女女並非紫雲一位。這在今人看來難以理解，而在宗法等級制的清代卻是當然：在宗法制下，娶妻生子是家庭和社會賦予男人的一項基本義務，根本毋庸置疑。所以，不但紫雲不能反對其年納妾，而且其年也不便反對紫雲娶妻；在等級制下，倡優下賤，上層人物狎倡賞優是一種社會風氣，同時也是一種身份體現。陳其年曾經明言：「僕才質疏放，姿制誕逸，時多吳質好伎之累。昔大梁侯方域常作文章，必須聲伎，僕不幸遂似之。」〔註467〕頗以聲伎之好為顯耀之資。不過陳其年的特點在於，他家薄恆產，並非殷富，而是靠著文名才氣去遊食或謂乞食四方。因此，他好倡優是一種落魄才子式的喜好，與倡優之間的心理距離比較近，而非像大官巨賈那樣去較多追求物質肉慾方面的享受。其友尤侗曾謂：「向使陳子丁年上第，積祿以至大官。長子孫，登高年，不過長安道上一白頭公而已。惡能揚光蜚聲，立言以垂不朽哉！」〔註468〕旨哉斯言！陳其年的生活有太多困苦，內心有太多積鬱，於是他喜聲伎以解煩憂，讓曼聲麗色來激發自己創作的靈感。尤其對於徐紫雲，更是莫忘莫失，不離不棄，將一般的士優關係提升到了「在天願作比翼鳥，在地願為連理枝」的愛情高度，其中所體現出的是放浪與純淨、泛愛與忠貞的有機統一。

　　是陳其年成就了徐紫雲，讓他留芳名於豔史；是徐紫雲成就了陳其年，讓他領風騷於文壇。是其年和紫雲他們兩位，一同演繹了相憐相悅的別樣風情。

《迦陵先生填詞圖》主題析考

　　《迦陵先生填詞圖》，清初畫僧釋大汕（字石濂）於康熙十七年（1678）閏三月為著名詞人陳維崧（字其年，號迦陵）繪摹於江蘇崑山。〔註469〕同年

〔註466〕《迦陵詞全集‧卷一‧長相思》。

〔註467〕《陳迦陵儷體文集‧卷二‧與陳際叔書》。

〔註468〕《湖海樓全集》詩集卷首，尤序。

〔註469〕康熙十七年春末夏初，陳維崧讀書於崑山徐乾學憺園，他與大汕應是相會於崑山或崑山附近的蘇州。按：關於陳維崧的師友交遊、個人經歷，可參見周絢隆、陸勇強分別編著的兩部《陳維崧年譜》，本文不做細考。

七月，陳氏自家鄉宜興攜圖進京，遍請名流題詠。在他去世之後，《填詞圖》在陳氏家族世代流傳，請題不斷。「蓋世有賢子孫，常出求詩。而迦陵名重，人樂題之。以是圖卷成牛腰矣。」〔註470〕此圖題詠自清初一直及於清末，清代文壇的重要人物中參與者眾，具有重要的文學、文化史價值。本文側重於對題詠主題的分析考辨，從文學的角度來探討清代性別文化、情感文化的一些特徵和表現。

一、題詠概況

《迦陵先生填詞圖》的題詠內容有一個不斷增加的過程。自康熙至道光年間，陳維崧、維崧嗣子陳履端、嗣孫陳克猷、侄孫陳淮、淮子陳崇本、崇本子陳香士、香士子陳葆耆作為世世相繼的持有者不斷請題。筆者可見已知的題詠版本包括：

（一）乾隆五十九年（1794）商丘陳淮初刻本。此本據康熙至乾隆間《填詞圖》稿本刊刻，包括一幅圖和康熙至乾隆年間宋實穎、吳照等 83 人的題詠，計有 60 首詩 73 首詞和兩套散曲。另外，陳淮和他的 3 個兒子題詩 7 首。

（二）乾隆五十九年（1794）陳淮增刻本。在原刻基礎上，此本增加了袁枚的一篇序、一封信和袁枚、惠齡、曹德華等 3 人的 4 首詩 3 首詞。

（三）乾隆五十九至六十年（1794～1795）陳淮二次增刻本。在增刻本基礎上，此本增加了楊倫、徐嵩、任安上、任映垣、潘允喆等 5 人的兩首詩 6 首詞。

（四）嘉慶二十二年（1817）蘇臺郟志潮摹抄本。郟氏在河南永城據康熙至嘉慶間《填詞圖》稿本臨摹了原圖，抄錄了康熙至嘉慶年間宋實穎、謝學崇等 91 人的題詠，較刻本增加了嘉慶間洪亮吉、汪廷珍、李堯棟、吳省蘭、錢樾、秦瀛、阮元、陳嵩慶、謝學崇等 9 人〔註471〕所題的 14 首詩 4 首詞 1 套散曲。郟志潮自持摹本回到蘇州，他本人以及張春熙、董國琛、戈襄、吳家淦、戈載、沈沂曾、王嘉祿、曹懋堅、朱環、沈彥曾、王仁俊在上面題詩 31 首詞兩首。

（五）道光二十五年（1845）陽羨萬貢珍石刻拓本，題名為《迦陵填詞

〔註470〕《煙嶼樓詩集·卷十一·題〈四明四友圖〉》。

〔註471〕二次增刻本中的徐嵩後更名為鏷慶。在摹抄本中，徐鏷慶位於洪亮吉之後，其所題長詩除個別詞句外與徐嵩所題完全相同，因此徐鏷慶不被視為新增的作者。

圖》。此本據康熙至道光間《填詞圖》稿本摹勒上石，包括一幅圖和康熙至道
光年間宋實穎、萬貢珍等 69 人的題詠。與刻本、摹抄本相比較，此本增加了
嘉慶間梁章鉅、管同、卞斌等 3 人的 4 首詩兩首詞，和道光間胡長庚、陳繼
昌、鄧廷楨、丁應望、蔡世松、蔡宗茂、萬貢珍、陸費瑔等 8 人所題的 4 首詩
5 首詞。

（六）民國間江陰繆荃孫抄本，題名為《陳檢討填詞圖卷》。此本據郟摹
本抄錄，包括摹本全部 103 人的題詠以及郟氏摹錄後記，但未摹圖。目前筆者
見到的郟摹本是《中國古代書畫圖目》所影印的圖畫和圖上宋實穎、史承謙等
8 人的題詠〔註472〕，其他題詠情況係據繆抄本。

《迦陵先生填詞圖》還有未見於上述版本的一些零星題詠，或者是因故未
被存藏於《填詞圖》稿本原件，從而未被刻、抄、拓於上述諸版。或者係因作
者未見原圖，未曾受到過收藏者邀請，而是據《填詞圖》的拓本、刻本或抄本
題詞賦詩。這樣的題詠收載於諸位作者的詩詞別集，筆者所見包括康熙間錢芳
標、徐嘉炎，嘉道間陳文述、姚椿、徐睿周，咸同間張景祁、黎庶燾和光緒間
易順鼎等 8 人的 1 首詩 7 首詞 1 套散曲。前後合計，自清康熙至光緒年間，共
有 135 位文人學士為圖像題詠，最早者為錢芳標，最晚者為王仁俊。其中，王
士禎、朱彝尊、尤侗、納蘭性德、宋犖、洪昇、蔣士銓、袁枚、洪亮吉、梁章
鉅、戈載、易順鼎等之文學，毛奇齡、高士奇、阮元等之學術，翁方綱、王文
治等之藝術，梁清標、于敏中、鄧廷楨等之宦跡均名重於清史。

綜合統算，諸家題詠計有 233 首，其中詩 127 首，詞 102 首，散曲 4 套。
本文對上述諸家的作品逐人進行分析，進而歸類總結出《填詞圖》題詠所具有
的微妙曲折的文化意蘊。有幾位作者包括陸繁弨、史惟圓、陳論、英廉諸人，
主要是對陳維崧的創作才華進行詠歎，或是對其表達懷念，未寫及圖像中的
天女，在此帶過不論。

二、主題本旨

關於《填詞圖》的畫面主題，現代研究者無甚異議，都認為所描繪的是
詩詞大家陳維崧與其伴侶徐紫雲的繾綣依戀。著作可見毛文芳《圖成行樂：明
清文人畫像題詠析論》〔註473〕，論文可見姚達兌《（後）遺民地理書寫：填詞

〔註472〕《中國古代書畫圖目》第 12 冊，滬 11-460，第 168 頁。
〔註473〕臺灣學生書局有限公司，2008 年版。

圖、校詞圖及其題詠》〔註474〕、曹明升《〈陳檢討填詞圖〉題詠的版本問題與輯佚價值》〔註475〕等。筆者也作如是觀，認為此圖之主題表現具有堅實的事實基礎。

此圖繪於康熙十七年，畫面中有兩位人物。乾隆間沈初謂其「設色橫幅。髯〔註476〕敷地衣坐，手執管，伸紙欲書，意象灑如。旁一蕉葉坐麗人，按簫將倚聲，雲鬟鉄衣，望若神仙也」〔註477〕。釋大汕題圖：「為其翁維摩傳神。」既把陳維崧比作維摩，則據內典《維摩詰經》，窈窕「麗人」即為散花天女。而在三年前的康熙十四年，陳維崧已在河南商丘請大汕繪過一幅畫面相近的三人圖像。陳氏《喜遷鶯·石濂和尚自粵東來梁園為余畫小像，作〈天女散花圖〉，詞以謝之》云：

> 箧衍。有一卷、細膩凝脂，三尺松陵絹。少不如人，師須為我，畫出鬢絲禪板。旁侍湘娥窈窕，下立天魔騫產。人間苦，悵碧桃花謝，洞天歸晚。〔註478〕

既名《天女散花圖》，又係「為余畫小像」，則圖中維摩肯定就是陳維崧。不過維摩、天女（天魔）之外，《散花圖》中還多出了一位湘娥。這是屬於寫實增繪，與陳維崧當時的生活狀態息息相關。

陳維崧是明末四公子之一陳貞慧之子，一生困頓，遊食四方。四公子中的冒襄入清之後隱居在家鄉如皋，築園水繪，絲竹自娛。順治十三年（1656）陳貞慧病逝後，陳氏「兄弟饑驅，糊口四方」〔註479〕。陳維崧乃去依投世伯，在順治十五年（1658）至康熙五年（1666）間，曾經前後九年斷續客居如皋。四公子中的商丘侯方域已在順治十一年（1654）去世，不過侯氏在當地仍為旺族。陳維崧十四歲的四弟宗石遠赴河南，去做了侯家贅婿。康熙七年（1668），秋闈累試而不第的陳維崧為了改變境遇乃北上入都。只是長安米貴，居大不易，經由兵部尚書龔鼎孳推薦，他於同年冬天進入河南學政史逸裘幕府，以幕客的身份南去中州，斷續居留至康熙十一年（1672）初夏。在豫的時間不短，很重要的一個原因就是陳宗石可以在當地給他提供一些幫助。

〔註474〕 《山東科技大學學報》（社會科學版）第 15 卷，2013 年第 1～2 期。

〔註475〕 《詞學》第 41 輯，華東師範大學出版社，2019 年版。

〔註476〕 陳維崧鬚髯濃密，人稱陳髯。

〔註477〕 初刻本《迦陵先生填詞圖》沈初序。

〔註478〕 《迦陵詞全集》卷二十二。

〔註479〕 《湖海樓詩集》陳宗石跋。

　　從如皋到河南，在這十多年間徐紫雲始終陪伴在陳維崧身邊。紫雲字九青，號曼殊，本為冒襄家優。冒徵君憐才惜士，乃將他贈與年世侄陳維崧，以慰客中岑寂。陳氏曾經回憶二人初識情形，一見而相悅相親：

　　　　阿雲年十五，娟好立屏際。

　　　　笑問客何方，橫波漾清麗。〔註480〕

　　有雲郎相伴，陳維崧的客居生活不乏歡悅，可以把困頓和失意暫且放置。只是他「年逾知命，尚乏嗣胤。已成張壯武之心疾，時類羊南城之淚流。」〔註481〕康熙十年（1671），在寫給龔鼎孳的信札中陳氏這樣哀歎道。同年，他乃於商丘娶妾彩雲，以求嗣續。紫雲與彩雲能夠容洽相處，這讓陳維崧頗感欣慰。《彩雲常戲九青為小錢兒，遂成二絕》道：

　　　　簌來春畫綠窗便，入手應知似月圓。

　　　　匿笑也需防口吃，莫將人喚作錢錢。〔註482〕

　　此詩寫後不久，陳維崧攜紫雲南歸，而將已有身孕的彩雲暫時留下。本想盡早接回，卻因他故牽延數年。只是回南未及一載，康熙十二年（1673）清明節前，僅方三十歲的徐紫雲就在宜興倏忽病逝。陳維崧哀慟至極，悲不自勝，開始陷入無盡的回憶之中。最早當然是在如皋的時候。康熙四年（1665）春，著名詩人王士禎做客水繪，其《漁洋詩話》記載當時情形曰：「余與邵潛夫、陳其年諸名士以康熙乙巳修禊冒辟疆水繪園，分體賦詩。余戲謂其年曰：『得紫雲捧硯方可。』紫云者，冒歌兒，最姝麗者，為其年所眷許之。」〔註483〕王士禎是如此地賞識紫雲，陳維崧自然把他視為了知音。康熙十四年（1675），紫雲已經別世三年，陳其年曾經致信王漁洋。「作書將竟，忽憶曼殊。投筆泫然，不能終幅。」〔註484〕情感的表露直接而真切。

　　在陳維崧與王士禎通信的這一年，他北上河南，去接取彩雲和已經四歲的幼子獅兒。而既已入豫，先前與紫雲在這裡相處的情形又被回憶出來。沙隨即今寧陵，在睢陽商丘附近，曾是陳維崧的舊遊之地，《沙隨感舊》憶言道：

　　　　思量往事極分明。小徐卿〔註485〕，昵雲英，蕭寺幽窗檀板勸銀

〔註480〕《湖海樓詩集‧卷一‧將發如皋留別冒巢民先生》。
〔註481〕《陳迦陵儷體文集‧卷二‧上芝麓先生書》。
〔註482〕《湖海樓詩集》卷五。
〔註483〕《漁洋詩話》卷上。
〔註484〕《陳迦陵文集‧卷四‧與王阮亭先生書》。
〔註485〕徐紫雲。

罌。兩小一雙描不盡，紅燭下，態盈盈。　　西風捲去隔年情。寺
鐘鳴，記前生，落葉中原恰又趲離程。淡月曉風昏似夢，和淚也，
出曾城。〔註486〕

此年，南粵畫僧石濂大汕北遊在豫，作為舊友與陳維崧商丘重逢。〔註487〕
或是想到了曾經謫居嶺南、在創作上自己極力追摹的宋代大詞人蘇軾。當年東
坡遭貶，落寞侘傺，身邊只有妾侍朝雲陪伴。東坡為賦詩云：

不似楊枝別樂天，恰如通德伴伶玄。

阿奴絡秀不同老，天女維摩總解禪。

經卷藥爐新活計，舞衫歌扇舊因緣。

丹成逐我三山去，不作巫陽雲雨仙。〔註488〕

於是陳維崧也以病中維摩自比，請大汕繪製了《天女散花圖》。他中心憶
念的無疑是徐紫雲，乃比之為天女。不過當時紫雲已逝，身側陪他的終究是給
自己誕下麟兒的姬妾彩雲，因此彩雲也以湘娥之姿入於畫中。三人同幅，生死
依戀，其思緒著實渺遠。

接到彩雲和獅兒後，陳維崧攜母子並《散花圖》南歸。三年後陳氏應薦入
都，未再返鄉，此圖便一直留在了荊溪宜興。百多年後，陳維崧同鄉後學任安
上為《填詞圖》題寫了四闋《減字木蘭花》詞，其首闋云：

風煙故里，蝴蝶飛來春去矣。畫裏逢君，重見坡仙有替人。　　紫
雲薦寢，喚醒梅魂才得允。百囀流鶯，任是維摩也動情。

「坡仙」即蘇東坡，任安上把陳維崧譽為蘇軾的後身。初讀此詞，我們會
以為這是對《填詞圖》的情景描寫。而在詞末，任氏注謂：「吾鄉舊藏先生《天
女散花圖》。」〔註489〕如此，則任安上其實是《填詞》、《散花》二圖同詠，且
側重於後幅。他選擇性地忽視了圖中「湘娥」，而將天女直指為紫雲。

本來彩雲既為陳維崧育有一子，她在陳氏的感情生活中是可以佔有一席
之地的。詎料獅兒短命竟然夭折於鄉，這一打擊讓殷殷愛子的陳其年幾乎身心
俱碎，「自分此生已無意人間世矣」〔註490〕。而彩雲又不能安貧，時有怨望之

〔註486〕《迦陵詞全集‧卷八‧江城子》。

〔註487〕釋大汕《離六堂集‧卷四‧過毗陵哭陳其年太史》曾云：「憶昔與君良會日，君
年三九我廿七。」康熙二年（1663），陳維崧39歲時與大汕初會於江南。

〔註488〕《增刊校正王狀元集注分類東坡先生詩‧卷之四‧朝雲詩》。

〔註489〕二次增刻本《迦陵先生填詞圖》。楊倫、徐嵩、任映垣、潘允詰的題詠亦引自
此本。

〔註490〕《陳迦陵文集‧卷四‧與王阮亭先生〔另〕書》。

言。悲怒之下，陳遂遣妾下堂去。如此，陳維崧的感情世界裏彩雲已散，真正能給他帶來慰籍的便是回憶，憶念與紫雲曾經的甘苦同心。《清明感舊》、《中元感舊》、《過惠山蔣氏酒樓感舊》、《春夜見壁間三弦子是雲郎舊物，感而填詞》、《過青駝寺感舊，寄示冒子青若》〔註491〕，一首首感舊詞，感時睹物，懷思不已。

康熙十七年閏春，陳維崧與釋大汕在蘇州附近的崑山復又相會。故友再歡見，舊圖新繪橅。顯然，彩雲再無位置，維摩維崧只願聆聽天女紫雲的玉簫仙音。錢芳標《喜遷鶯‧粵東石頭陀為其年寫照，作〈散花天女圖〉，次原韻奉題一闋》是此圖最早的一首題詠，詞云：

宓妃芝館。費八斗才華，填愁欲滿。何許琴聰，描成髯客，繞渾墨濤微濺。身在鬘殊香國，夢醒梨花秋苑。回眸處，有齊公小小，銖衣縫淺。　　曼衍。訝筆底、聽法獰龍，攝入鵝溪絹。三尺團蕉，數聲枯槺，借汝破除歌板。野店黃粱待熟，火宅青蓮任產。功成後，看英雄學佛，他年未晚。

錢詞上闋末注：「《酉陽雜俎》云：寶應寺天女像，乃齊公伎小小寫真。」下闋末注：「時其年將赴徵車。」〔註492〕據此，錢氏詞中的《散花天女圖》是有兩位人物，「小小」坐於團蕉，與《迦陵先生填詞圖》並無區別。此時陳維崧並未將圖以《填詞》命名，錢芳標仍以《散花》稱之。

梳理《迦陵先生填詞圖》的創作經過，如果此圖並無舊本，它的另一個主題可以更加突出。而既然它是舊圖新繪，考慮到人物變化的因素，陳維崧是強化了主題本旨。毫無疑義，在陳氏內心當中，此圖是他的憶念舊人之作。

三、主題之變

但是，康熙十七年是將要改變陳維崧命運走向的特殊一年。此年正月，康熙皇帝下旨，將於明年特開博學鴻詞科考試。「思得博學之士，用資典學。」〔註493〕鴻博特科在清代只舉辦過兩次，尤以己未此科著名於世。圍繞著薦舉、辭就、錄用，作為當時重要的政治和文化事件，它產生出了諸多軼聞雅事。陳維崧在崇禎十五年（1642）已為諸生，入清以後他7赴省試，均為報罷。知命

〔註491〕分別見《迦陵詞全集》卷二十九‧摸魚兒、卷十五‧天香、卷二十四‧五彩結同心、卷三十‧瑞龍吟、卷五‧虞美人。

〔註492〕《湘瑟詞》卷之四。

〔註493〕《清實錄》聖祖仁皇帝實錄卷之七十一。

之年已逾，蹉跎蹇塞長隨，很可能是以秀才的酸寒身份終老。可以想見，他在獲得都察院左都御使宋德宜的舉薦，有機會最後一搏時的興奮與期待。此時攜圖進京，有兩個主題他可以選擇。第一，直抒胸臆，表現自己與徐紫雲的相處之歡和對他的追憶之苦。第二，應景當前，以眼下的才子風流預示明春的金門得意。也就是說，此圖所描繪的天女既可以是精魂縹緲、已經去世的徐紫雲，也可以是婉轉目前、想像出來的某女伎。從諸家題詠的具體描寫來看，陳維崧及其後人所公開做出的是第二種選擇。雖然《填詞圖》題詠跨度長達二百餘年，不過諸題主旨比較穩定，沒有明顯的階段性變化。

若圖中天女為歌姬女伎，其所表現的就是一個現實的場景：陳維崧以才子得遇佳人，娘子記曲、小紅低唱，卿卿我我之際儼若來年春風得意馬蹄疾，一日看盡長安花的預演。對此，高士奇《漁家傲》詞寫到了分別之苦：

> 銀漢清涼才過雨，紵衫蕉簟渾無暑。何事宮商頻錯誤？邀郎顧，郎今要入金門去。〔註494〕

洪昇散曲寫到了兩地相思：

> 【玉交枝】詞場名噪，赴徵車竟留聖朝。柳七郎已受填詞詔，暫分攜繡閣鸞交。夢魂裏怎將神女邀，圖畫中翻把真真叫。想殺他花邊翠翹，盼殺他風前細腰。

徐洪鈞七律寫陳維崧供奉翰林〔註495〕的灑脫：

> 待詔休云是冷官，朝朝簪筆待金鑾。
>
> 新詞卻對如花譜，直作宮娥捧硯看。

陳枋《綺羅香》詞祝願叔父早日衣錦還鄉，前情再續：

> 人生行樂足矣。有記歌娘子，善吹簫者。便索把妃子詞填，似不如雪兒歌罷。何日割肉歸來，給金門假也？

康熙年間的此類題詠還有：

「功成後，看英雄學佛，他年未晚。」（錢芳標）

「花倩影好，翩躚瓊島瀛洲。」〔註496〕（徐嘉炎）

「休嗟晚。看瀛洲亭畔，重圖顏色。」（梁清標）

「何年身傍鈞天敇，與吹瓊粲者？」（田茂遇）

〔註494〕 初刻本《迦陵先生填詞圖》。宋實穎、吳照等82人的題詠亦引自此本。

〔註495〕 陳維崧在鴻博召試中名列一等，授翰林院檢討，與修明史。

〔註496〕 《抱經齋詩集‧卷之十四‧玉簟涼‧題其年〈填詞圖〉》。

「玉宇瓊樓非遠。羨徵車似水，子虛初薦。」（徐釚）

「長安鳳尾傳青瑣，禁不住曉風殘月。」（吳任臣）

「卻只恐玉堂催取苦。上馬匆匆，誰更延佇？」（高詠）

「腸斷斑騅人欲去，剛道小喬初嫁。」〔註497〕（嚴繩孫）

「天上聞歌歸來，舊日秦娥、巧相嘲戲。」（孫枝蔚）

「郎戟〔註498〕莫嫌遲。酒淥燈青，袖有相思字。」（宋實穎）

「爭奈長塗，愁明夢暗。手書寄也，難寄心書。」（吳殳）

「悵金門霜度，蘆雁寄閨愁。」（徐之凱）

「想年來應詔金門，豫制宮詞三疊。」（毛際可）

「聞道新年，已有朝雲著意憐。」（柯維楨）

「看豪邁青蓮，待詔紅蘭。」（胡亦堂）

「子夜玉堂長夢到、吹簫處。肯送蒲帆十幅？」（沈岸登）

「那人別後憔悴甚，尺幅生綃空寫。」（林麟焜）

「恰瓊樓高處，相要君恩早眷。」（查鉉）

「一紙紫泥徵召去，紅羅三尺書官署。」（僧宏倫）

「當年玉殿揮毫日，不數清平三闋詞。」（呂熊）

「填詞被旨朝天去，一闋清平那得知。」（徐瑤）

「此際鳳樓宣召，金蓮燦爛。」（蔣景祁）

「誰向小山招隱，鶡頭新命。」（沈爾燝）

乾隆年間的此類題詠：

「是月閏三春不短，公車待詔開鳳城。」（錢載）

「一賦旋除香案吏，第三廳、時聽丁東索。」（蔣和寧）

「玉堂清夢落江東，自琢新詞教小紅。」（沈初）

「玉貌亭亭，當年待詔趨金馬。」（史承謙）

「烏闌寫罷，又承明催赴。回首花間奈何許。」（汪如洋）

「玉堂客，玉田手。甚生涯落拓，婦人醇酒。」（楊倫）

「朝廷下詔徵鴻博，銜箋彩鳳傳書鶴。」（徐嵩）

「五十功名蔗尾，清平奏、鳳閣垂簾。」（任映垣）

〔註497〕嚴繩孫《秋水集》卷第十收有此詞，名為《題〈陳其年小照填詞圖〉，有姬人吹玉簫倚曲》。

〔註498〕持戟的東方朔。他曾經公車自薦，金門待詔，代指應舉在京的陳維崧。

嘉道年間的此類題詠：

「別夜最憐天似水，當頭吹落雲成片。」（洪亮吉）

「金門提筆，可不似、一天花雨？」〔註499〕（管同）

「翰林風調舊知名，無限當時顧曲情。」（卞斌）

「問當年供奉，錦袍何處吹簫？」〔註500〕（姚椿）

「槐廳月，旗亭柳，灑醉墨千行。」（胡長庚）

「奈三疊陽關，一聲河滿，催附鶴書去。」（鄧廷楨）

「當年簪筆朝天去，不作等閒綺語。」（蔡宗茂）

「一自明光徵獻賦，才譽突過黃九。」〔註501〕（黎庶燾）

至於陳維崧的個人態度，郟志潮所題《念奴嬌》下闋寫道：「猶憶供奉歸來，重校烏絲，悵觸頭如雪。閒閣銅琶，新添拍板，自此平生愜。」郟氏自注：「先生繪此圖時，嘗與李秋錦札，有云：晤岩亦老，為余添一小鼓一拍板，點綴其間，致足佳也。」〔註502〕李秋錦即李良年，曾與陳維崧同應鴻博。陳氏信札當係請題之函，言及自己玉堂夢成後的閒居希翼，未對紫雲表達懷念。李良年為《填詞圖》所題《瑤華》詞云：「怪今年柳七，匆匆奉旨、填詞去也。」柳七即北宋詞人柳永，代指陳維崧。天女既然在訝怪柳七郎奉旨進京，當然也就不是已經離世五載有餘的徐紫雲。

陳崇本、懿本、梣本三兄弟是陳淮之子，協助父親刊刻了《迦陵先生填詞圖》。懿本題詩云：

> 海內填詞手，金門待詔身。
>
> 掀髯猶未老，肖像忽傳神。
>
> 心已安禪榻，時光記閏春。
>
> 懷慚先世學，諸老詠歌新。

陳懿本題詩強調曾伯祖金門待詔、公車將赴的身份，著眼於將來。可見在陳維崧後人眼中，《填詞圖》的創作是為了表達對鴻博召試的憧憬。如果此圖是為懷念紫雲而作，則陳維崧掀髯賦詞之際，當是他輾轉於如皋、商丘等

〔註499〕石刻拓本《迦陵填詞圖》。梁章鉅、胡長庚、陸費瑔等10人的題詠亦引自此本。

〔註500〕《灑雪詞·卷之中·揚州慢·陳其年檢討〈填詞圖〉》。

〔註501〕《琴洲詞·卷弟一·金縷曲·陳其年先生〈填詞圖〉》。

〔註502〕繆荃孫抄本《陳檢討填詞圖卷》。洪亮吉、謝學崇、張春熙、王仁俊等20人的題詠亦引自此本。

地的時候。

　　著名詩人袁枚是清代第二次博鴻考試（乾隆元年丙辰）的參加者，陳淮在刊刻《填詞圖》時曾經專函敬達，誠邀作序。袁枚欣然命筆，其中寫道：

> 先生彈冠拜命，簪筆登朝。折紅杏於瓊林，花皆富貴。聽鶯聲於上苑，鳥亦聰明。未免國風好色，我輩鍾情。或吟罷而即令傳抄，或曲終而重為按拍。流目送笑，有美一人。嚼徵含商，教其三弄。傾耳當筵，樊素一串歌喉。費他記曲，韋娘幾升紅豆。真可謂風流人豪，自成馨逸者矣。〔註503〕

　　在袁序當中，陳維崧登朝折杏之後鍾情好色，於是有樊素、韋娘這樣的絕色歌姬為他傾展歌喉，按拍弄曲。如此描寫是不甚準確的，這樣的情形係在折杏之前發生。而既然是在其後，這更可以說明袁枚認為《填詞圖》與徐紫雲無關。像這種專門請作的書序，通常能夠反映請序者的認識。陳淮是陳宗石之孫、陳維崧侄孫，他還編輯刊刻了先伯祖的《湖海樓全集》，對於伯祖父的創作和生活知悉甚詳。雖然如此，在公開表述當中，陳淮並未將《填詞圖》與徐紫雲相關聯。

四、主角失位

　　《迦陵先生填詞圖》中有兩位人物，是一幅雙主角的繪畫。如前所述，徐紫雲本係主角之一，而在新的主題之下，他被弄簫伶女所取代。這便造成了一個或顯尷尬的結果：諸題詠中紫雲仍然不時或現，而伶女竟連姓名都無可考稽。只是紫雲出現時表面上是被諸家所否認，作為本來的主角，他失去了本位。

　　陳維崧在京應舉期間，大學士馮溥常予照拂，同時得到關照的還有吳農祥（號星叟）、徐林鴻（字寶名）等五人，時有「佳山堂六子」之稱。觴詠唱酬之際，為圖請題是再自然不過的事情。吳農祥為《填詞圖》先賦有一闋《風流子》、一闋《鳳凰臺上憶吹簫》，然後再賦三闋《沁園春》，是題詞數量最多的一位。其第二闋《沁園春》詞的題記謂：「作前詞竟，寶名曰：『與卿曾見此圖耶？』蓋其年先生命作，實未見也。如記曹續寄，當更作與寶名先生附紙尾耳。」據此，則吳農祥是在未見圖畫的情況下，應陳維崧之請而題詞。在他的第五首詞中，上下兩闋分別寫相與之歡和相思之苦：

〔註503〕《小倉山房外集·卷八·〈陳檢討填詞圖〉序》。

擲果丰姿，餘桃憨態，任打金鋪擁被眠。郎君誓，定今生與汝、
不罷相憐。　　金馬初開，璧人何在，翡翠簾寒易惘然。秋懷苦，
似長河不息，膏火同煎。

只讀此詞，會認為吳農祥是在詠贊陳─徐情感。也確實如此，不過詞後吳
氏題記謂曰：「陳髯舊有小史，驚豔一時，又作《沁園春》以惱之。」小史是
對男性侍者的稱呼，也即徐紫雲。此情可寶但已成過去，一個「惱」字，具有
不甚莊重的意味。實際上，吳農祥前兩首題詞分別名為《代女郎贈主人》和
《代主人贈女史》。主人也即陳維崧，無名的女郎、女史方為與陳相對應的另
一位主角，小史徐紫雲成為了陪襯。

乾隆間蔣士銓是與康熙間洪昇齊名的戲曲大家，二人為《填詞圖》所作的
兩套散曲前後映襯，均具有極高的文學欣賞性。洪氏謂陳維崧「已受填詞詔，
暫分攜繡閣鸞交」，蔣氏復寫道：

【普天樂】想當初亡命在書城筆陣，錦雉如棼。中間吳市學吹
簫。攜著個小雲郎，天涯流落，不多時燕子歸巢。又引出新詩做美，
多謝梅梢。

【石榴花】玉堂偎傍可兒嬌，不但鄭櫻桃。把酸寒風味變清豪。
嬋娟同坐了，雙頰紅潮，一聲聲低和迦陵鳥。酒醒來何處今宵？助
風魔狂煞諸詩老。問髯翁，豔福怎能消？

曲中鄭櫻桃是東晉列國時期後趙優童，在清代，他是一位常見的典故人
物，代指優美男伶。本來，陳維崧「攜著個小雲郎，天涯流落」，與紫雲有共
當患苦之誼契。可當「玉堂偎傍可兒嬌」之時，可兒卻已不再是櫻桃雲郎，玉
堂翰林陳維崧是與嬋娟女伶共消豔福。按：和袁枚一樣，蔣士銓的時間認知不
甚準確。在《填詞圖》中，陳迦陵偎傍可兒的時候尚未入金門、登玉堂。

吳農祥、蔣士銓既明確寫到了徐紫雲又明確否認他是圖中人物。相較之
下，徐咸清、徐喈鳳等作者既委婉地寫到又委婉地否認，理解起來也就需要更
加細心。徐咸清《子夜歌》之四云：

繡茵小坐櫻花笑，丹唇吹出清平調。不用李延年，隨風珠玉
懸。　　花前剛被酒，那識傳呼久。捧研倚新妝，何如畫上娘？

詞中李延年是漢代著名歌者，善唱新聲。他的出現提示捧研（硯）者是一
位男性，而據前面王士禎《漁洋詩話》所載，紫雲捧硯在當時文化圈內是廣為
人知的一件雅事。可紫雲卻問自己「何如畫上娘」？則他也就不一定是畫中人

物。而且徐咸清《子夜歌》之三還寫道：「雕窗深閉人難見，畫圖省識春風面。」窗下幽處通常是女子所為，不符合徐紫雲的行為特點。

再如徐喈鳳《漁家傲》上闋寫陳維崧去世後「瑤臺閬苑尋天女」，此女當非紫雲莫屬。可下闋卻又淡化此女的地位，認為她「空嬌嫵」，「縱使吹簫誰領取」？而在沈皞日《醉蓬萊》詞中，上闋應當是在描寫陳與徐「當年羈旅，瘦馬茸衫」的銘心過往，下闋卻也出現了「瑤窗深處」之語。且「送君南浦」，其時當是陳維崧應薦北上之際。

當年陳迦陵初至如皋，與徐紫雲之間發生的一個詠梅故事曾經廣為傳播。蔣景祁《迦陵先生外傳》記載道：「先生寓水繪園，欲得紫雲侍硯。冒母馬太夫人靳之，必得梅花百詠乃可。雪窗一夕，走筆遂成之。文不加點，眾驚為神助。」〔註504〕謝墉《沁園春》詞下闋寫及此事：

> 當年譜就香奩早，公子才華繡閣談。只梅花密詠，四絃夜泣。
>
> 楊枝認取，二月春酣。吟社蹤虛，舊巢痕掃，儷體爭誇徐庾兼。

謝氏詞中的「梅花密詠」即蔣景祁所言故事。「楊枝認取」則出自陳維崧長歌《楊枝曲》：「愁人最恨是離亭，送客楊枝二月青。」〔註505〕楊枝亦是冒襄家優，也曾得到過陳維崧的欣賞。在此，紫雲與楊枝並列，且言及香奩、繡閣。整體來看，這是對迦陵先生的過往才情發出全方位的稱歎，徐紫雲並未受到唯一的關注。他雖有出現，但不能因此就被認為是謝墉所觀《填詞圖》中「含嬌趺坐，惱煞瞿曇」的天女。

同為詩詞大家，袁枚之詩和陳維崧之詞在清代都達到了文學創作的最高水平。就個人生活而言，二人情性的相通之處亦多。陳維崧主要是與男伶往還，紫雲之外還有楊枝、靈雛諸人。袁枚所與者更多，見於吟詠者包括許雲亭、錢桂官、楊華官、曹玉田等。作為私淑後學，袁氏對陳氏的尊重想來不會只在文學這一方面。可即便如此，袁枚為《填詞圖》題詠所作的序文卻未提紫雲一字，所題《華胥引》詞倒是提到：

> 三朝詞客，髻最超群，蔫尋畫裏。想見當年，柔情一片清如此。
>
> 底事偷搬雲郎，賺玉簫徐倚？不管風聞，有人含妒花底。〔註506〕

詞中「花底」出自唐代李賀的《秦宮詩並序》：「皇天厄運猶曾裂，秦宮一

〔註504〕《湖海樓全集》卷首，鈕琇《觚賸・卷二・賦梅釋雲》所記更詳。

〔註505〕《湖海樓詩稿》卷之四。

〔註506〕增刻本《迦陵先生填詞圖》。惠齡、曹德華的題詠亦引自此本。

生花底活。」〔註507〕秦宮係東漢權臣梁冀之寵僮。袁枚把徐紫雲比作失寵的秦宮，他忍悲含妒，原因是主人將他偷偷拋撒，柔情另覓。這在具體情節上是不符合實際的，陳維崧簪筆登朝之年紫雲已經去世。不過詞意能夠表明，袁枚認為《填詞圖》裏的天女是一位女史歌伎。可以想見，彼時陳淮的請序函札對於圖之主題一定有明確的強調。不然以隨園先生性靈舒放之文風，通脫好艾之秉性，他是不會讓紫雲向隅暗泣的。

作為陳維崧侄孫，除去《填詞圖》原件，陳淮還收藏著伯祖父的另一件珍貴遺物：紫雲硯。當年陳維崧客遊如皋之時，徐紫雲捧硯旁侍，青燈伴讀。無怪王士禛假意含妒，戲語相謔。此硯傳至陳淮，王文治、沈初、劉嗣綰、吳翌鳳、吳嵩梁等為賦長歌。硯上短銘云：「不見紫雲，重見紫雲。摩挲久之，松麝氤氳。捧侍何必石榴裙。」〔註508〕「石榴裙」也即女伎歌姬，此銘文明確表達了陳維崧對於徐紫雲的專心傾顧。可陳淮之子陳㭎本在為《填詞圖》題詩時卻寫道：

> 三寸湘筠吐藻芬，蕉茵許坐石榴裙。

本來，如果圖中天女即為徐紫雲，石榴裙釵是不許坐於蕉席之上的。可在這句詩下，陳㭎本特意以紫雲硯的銘文作注，意即圖中團蕉端坐、素指弄簫的歌者並非紫雲，而是一位紅裙歌女。陳淮父子對《填詞圖》如此定性，無怪乾隆年間徐紫雲在諸家題詠中的角色依然還是陪襯。

康熙年間詠及徐紫雲而否認其主角地位的題詠還有：

「憶青裳捧硯，午袖裁香。從今後，弓眉蟬鬢嬌小。」（毛升芳）

「春色依然，玉人何處？妙手空將好事傳。」〔註509〕（徐林鴻）

乾隆年間詠及者：

「一事難忘怊悵處，不將余沈貌雲郎。」（裘曰修）

「自有青蛾傳點拍，底將惆悵賦雲郎。」（史承豫）

「婉君去後雲郎老，水繪亡來百客捐。不識此時重按拍，懷人感舊是何年？」（李御）

「調韻花間，但譜出、釵痕旁有。甚雲郎、小酌荼蘼，能賺梅花百首？」（曹德華）

〔註507〕《李賀詩集》卷三。

〔註508〕《夢樓詩集·卷二十二·陳檢討紫雲硯歌，為望之親家作》詩注。

〔註509〕徐林鴻認同前面吳農祥的認識，於是作此和詞，題記謂：「星叟先生將戲語譜入，余亦再疊前調，易名曰《惱鬌》。」

嘉道年間詠及者：

「阿堵傳神憑妙手，為儂留住莫春時。值得梅花詩百首，此魂消後又重招。」（汪廷珍）

「準備著柳七填詞將奉詔，把玉人來、親自教吹簫。如何忘了左風懷，何時重寫雲郎貌？」（李堯棟）

「臨填。呼捧硯，雲郎何處？顧問嬋娟。」（吳省蘭）

「毫端別有滄桑在，豈獨梅花為紫雲。袖角裙邊半姓名，新詞誰是如君者？」〔註510〕（陳文述）

「何當添寫雲郎影，替與招魂上玉梅？」（董國琛）

「水繪園中借豔春，梅花百首最清新。如何握管沉吟處，不見燈前捧硯人？」（戈載）

「如何三九梅花夜，不寫雲郎寫雪兒？」（王嘉祿）

「不畫雲郎，卻畫雲娘。畢竟嬌柔易斷腸。」〔註511〕（張景祁）

五、天女形貌

在《迦陵先生填詞圖》的題詠當中，天女所對應的現實女子基本都是虛寫，只有一處例外。王文治題詩云：

> 迦陵詞筆辛蘇儔，百年圖畫存中州。
> 羨煞名姝親翰墨，由來前輩擅風流。
> 風流見說遊梁日，布衣骯髒嗟行役。
> 異地誰憐吐鳳才，當筵瞥遇驚鴻客。
> 妾家細雨石頭城，君家陽羨暮山橫。
> 小年同飲江南水，天涯淪落今如此！
> 青衫紅淚兩蕭騷，感事傷春並寂寥。
> 跌宕柔情歸彩筆，消磨豪氣付瓊簫。

詩中女子原籍南京，淪落商丘，與陳維崧同病相憐。顯然，此女的原型是陳妾彩雲。陳維崧《戲寫姬人領巾》曾經寫道：

> 石頭城下小蕭娘，眼波長，鬢雲光。少小隨耶，飄泊到睢陽。

> 恰遇遊梁病司馬，剛一笑，結鴛鴦。〔註512〕

〔註510〕　《頤道堂詩外集・卷四・題〈陳迦陵填詞圖〉》。
〔註511〕　《新蘅詞・卷二・羅敷媚・戲題〈陳迦陵填詞圖〉拓本三首》。
〔註512〕　《迦陵詞全集・卷八・江城子》。

　　但在王文治的詩中，姜家女的身份只是一位女伶，陳維崧鴻博得意之後兩地相思，因成此圖：

　　　　一朝獻賦直明光，宮錦裁衣稱體長。

　　　　紫禁揮毫多寵眷，紅樓計日轉淒涼。

　　　　生綃寫出相思意，填詞似答回文字。

　　　　同時都下盡驚才，傳向騷壇成盛事。

　　我們知道，書法大家王文治是陳淮的兒女親家，曾有機會親觀紫雲硯。其《陳檢討紫雲硯歌，為望之親家作》曾云：

　　　　迦陵之才絕一世，紫雲冊妙從旁侍。

　　　　豔福清緣誰敢消，卻看紅裙是多事。

　　　　東風曾發小楊枝，雲也寧無重見時。

　　　　此硯風流足千古，天付君家世守之。〔註513〕

　　既然明知迦陵先生「卻看紅裙是多事」，卻把《填詞圖》中的天女認成為伶女。不過，王文治題詩畢竟寫到了女伶與陳迦陵交往的比較豐富的細節。實際上，我們通讀陳氏《湖海樓全集》，會看到陳維崧與女性歌者的往還交際雖有可見，不過女伎經常只是陪酒獻唱，並且是在比較公開的多人場合，能與陳—徐深交相對應的陳—伎之交是不存在的。其結果便是，諸多題詠作者雖認天女為女子，卻只能是做空泛描寫，女伎作為《填詞圖》的主角之一既無名姓也無事蹟。

　　描寫方式之一，是用女性名稱來稱呼天女。前述吳農祥《代女郎贈主人》、《代主人贈女史》中的女郎、女史屬於典型，朱彝尊《摸魚兒》詞寫到的是「姝麗」：

　　　　空中語。想出空中姝麗，圖來菱角雙髻。樂章琴趣三千調，作

　　者古今能幾？團扇底，也值得樽前、記曲呼娘子。

　　其他還有：玉人畫眉梢（王頊齡）、紅粉（曹貞吉）、美人（毛先舒）、嬋娟子（宋犖）、有女雙鬟花半韡（陸進）、醇酒婦人（吳錫麒）、雙鬟茉莉按箜篌（吳家淦）、佳人（丁應望）、美人（萬貢珍）、鬟也如仙（陸費琭）等。

　　描寫方式之二，是以女子的容顏肢指、衣飾奩品〔註514〕來表現天女形

〔註513〕《夢樓詩集・卷二十二・陳檢討紫雲硯歌，為望之親家作》。

〔註514〕在具體語境裏，這也可以用來指人，如方式一中的雙鬟茉莉按箜篌、鬟也如仙等。

象。在這方面，尤侗和納蘭性德的兩闋小令均頗可觀。尤氏《浣溪沙》詠及
「雙蛾」：

> 側帽輕衫古意多，烏絲欄寫懊儂歌，紅兒解唱《定風波》。　　翠
> 管吟殘傾一斗，玉簫吹徹斂雙蛾，酒闌曲罷奈聲何。

納蘭氏《菩薩蠻》詠及「鬆鬟」：

> 烏絲詞付紅兒譜，洞簫按出霓裳舞。舞罷鬆鬟偏，風姿真可
> 憐。　　傾城與名士，千古風流事。低語囑卿卿，卿卿無那情。

他如：雙螺（陸棻）、綠鬟修蛾（鄧漢儀）、絳唇纖手（汪懋麟）、香屑煙
裙（高層雲）、纖指（李符）、秀臉長鬟（周福柱）、瘦腰肢（程晉芳）、細腰半
臂（惠齡）、蛾眉（潘允喆）、脂粉（張春熙）、釵朵（蔡世松）等。

描寫方式之三，是以古代的伶女名姬來指稱天女，或者直接來稱賞天女。
像錢棻《沁園春》中的「崔徽」係唐代河中府官妓，詞云：

> 記笙歌北里，玉釵敲斷。煙花南部，金粉塵凝。扇泣桃魂，箋
> 空燕夢，空使英雄感喟增。重顧影，縱崔徽婉在，欲喚難應。

錢氏詞寫到了北里、煙花、《桃花扇》、《燕子箋》，其所描現的是明末江南
妓業的靡麗繁華，陳維崧也曾親歷一二。不過陳氏當年還太年輕，《填詞圖》
所描繪的肯定不是當時情形。因此，錢棻的時間把握並不準確。

陸費墀七言長詩云：

> 維摩室要天花供，是何意態妍且丰？
> 玉梅紅杏爭春工，鐵綽板付江流東。

詩中「玉梅」出自陳維崧《紀豔》十首之七：

> 小院綠熊鋪褥厚，玉梅花下交三九。　　袖裏任郎沾寶歠，雕
> 龍手壓描鴛手。〔註515〕

迦陵豔詞描寫了冬日裏男女情人圍爐而坐的情景，陸費墀既然用到了其
中的「玉梅」，則其題詠詩中的供花天女像是一位女子。

他如：雪兒（龍燮）、吹簫女（吳儀一）、小紅（陳奕禧）、天〔女散〕花
（于敏中）、朝雲（儲國鈞）、小紅（吳照）、紅兒（謝學崇）、絳桃（陳繼昌）、
朝雲（戈襄）、小紅（王仁俊）等。

再有一些題詠，對於天女形象的描寫過於虛化，未曾表現其性別。如陳淮、
陳崇本父子的兩首詩：

〔註515〕《烏絲詞·卷二·蝶戀花》。

半幅傳神跡未磨，墨痕淡處幾摩挲。

湘管拈來香不散，紫簫吹澈韻無訛。

迦陵老太史，崇也曾伯祖。

烏絲幾卷詞，按拍花陰午。

這兩首詩中沒有對於人物性別的具體描寫，未言誰在吹簫、為誰按拍。不過結合前述陳淮另外兩個兒子陳懿本、槑本所題，兩詩之表面主題也是可以知道的。

彭孫遹、米漢雯、沈沂曾、曹懋堅所寫也是屬於性別過慮。如彭孫遹《浣溪沙》詞云：

一曲烏絲絕代工，碧簫聲裏見驚鴻，紅幺小撥玉玲瓏。　　幾度牽縈薄夢，怎生消受桂堂東，教人妒殺畫圖中。

此詞當中見不到天女的性別形象。結合《填詞圖》諸家題詠的整體傾向，不妨認為彭孫遹等作者字面上也是在歡賞女伎。

六、本旨描寫

《迦陵先生填詞圖》的詠題過程歷經二百餘年，諸家作者經歷各異，感觸有別，詩詞主題整齊劃一無其可能。陳維崧在妻子之外為之傾注了豐沛真切情感的只有徐紫雲一人，有些作者還是會寫出本旨的，這時天女在現實當中的性別也就發生了改變。

在陳維崧的諸多師友當中，新城王士禎無疑是相知最深者之一。《填詞圖》之前，陳迦陵曾請五琅陳鵠專門繪過一幅《紫雲出浴圖》〔註516〕，主題明確無他。漁洋先生已曾為賦詩云：

斗帳新寒歇舊薰，人間何路識香雲？

江南紅豆相思苦，歲歲花前一憶君。〔註517〕

迦陵先生惜花念花，在為《填詞圖》題詩時，王士禎寫到的是梅花：

玉梅花下交三九，紅杏尚書枉擅名。

記得微吟倚東閣，梅花如雪撲簾旌。

此詩兩寫梅花，一虛一實。「玉梅」本文第五節已述，表現的是才子佳人

〔註516〕此圖後來從陳家散出，雍正年間吳槩購於市肆，清末歸於端方，現藏於旅順博物館。

〔註517〕《九青圖詠》。

的男女私情，而我們尤需注意的是如雪之梅。「記得」兩字所表現的是一個真實的共同回憶，其實就是前面第四節蔣景祁所述「賦梅釋雲」故事。作為知交故友，王士禎一方面以「玉梅」、「紅杏」〔註518〕來祝願陳維崧鴻博得售，一方面也深知陳氏內心的真實寄託。陳維崧讀到此詩，感觸之點當在東閣微吟時的傾心思念。

朱環的兩首七絕也是有不同的意蘊表達。其一：

> 填詞何似小長蘆，卻許人間見畫圖。
>
> 今日江南傳副本，歌兒能有紫雲無？

在此，朱環所詠是郟志潮攜至江南的《填詞圖》摹本。時為道光年間，徐紫雲這樣的佳伶名優或無可見。則在原本當中，度曲輕吟的歌者當係紫雲。

其二：

> 煙花樂府當時體，燈火旗亭本事詩。
>
> 猶有綠簫吹夢醒，玉梅花底寫烏絲。

朱環詩中也出現了「玉梅」，此為陳維崧豔情作品的標誌，似又表明朱氏認為天女為女。兩詩同寫，和王士禎的題詠一樣能夠反映出《填詞圖》主題的複雜性。

毛奇齡《少年遊》詞云：

> 十年苦憶，元龍顏面，夢寐恐難親。不虞相見，長安道上，並
> 見在傍人。

這是一首寫實作品。毛奇齡對陳維崧傾慕已久，終於在京城相見。那麼，陳氏的在傍（旁）人就是一位實實在在的人物，而非應景畫出。只要對陳氏生平有大體的瞭解，就會知道曾經常年陪侍在他身旁的只有徐紫雲一人。

張裕釗題詩用到了一個漢代典故：

> 一曲湘靈鼓瑟詞，吟成水調怨當時。
>
> 鳳槽龍竹俱黃土，唯有銅官慼黛眉。

在此，「銅官」是指西漢鄧通。據《史記》，太中大夫鄧通深得漢文帝寵遇，帝乃「賜蜀嚴道銅山，得自鑄錢，鄧氏錢佈天下」〔註519〕。顯然，張裕釗是把曼殊紫雲比作了銅官鄧通。他雖慼「黛眉」，但非女子。

易順鼎《題〈陳迦陵填詞圖〉為張養如作》是一套文采斐然的散曲，與洪

〔註518〕北宋宋祁曾官工部尚書，其《玉樓春·春景》詞中有「紅杏枝頭春意鬧」之句。
〔註519〕《史記·卷一百二十五·佞倖列傳》。

昇、蔣士銓的作品相比也不遑多讓。其中用到了一個先秦典故：

> 【刮地風】他擁越被朱顏婀娜，他倚胡床綠鬢婆娑。到底來鏡
> 中花、水中月，幾曾真個。空則是展鸞綃、揮象管，費他年醉眼摩
> 挲。便新詞盡向旗亭播，怕再世雛鬟髮也皤。

> 【尾聲】幻影三生無處躲，休惹起看畫的更風魔。教說與小雲
> 郎，應識我。〔註520〕

曲中「越被」也即「鄂君繡被」之典：楚國令尹鄂君子晢一日「泛舟於新波之中」，為對划船的越人表示憐愛，「乃揄修袂，行而擁之，舉繡被而覆之」〔註521〕。易順鼎把陳維崧和徐紫雲比作鄂君和越人，並且直呼雲郎之名，願做他的異代知音。按：易氏的優伶之好在清末是比較出名的，他曾於著名藏書家繆荃孫處見到過流傳了二百餘年的《紫雲出浴圖》，且曾為題詩。〔註522〕

陳維崧友人宗元鼎在為陳氏《烏絲詞》所作序中曾謂：康熙五年（1666），陳迦陵「冬季〔自如皋〕歸陽羨（宜興），當復借紫雲相伴。何減堯章過垂虹橋畔，小紅低唱我吹簫也。」「堯章」為南宋詞人姜夔之字，小紅為其歌姬。在此，宗元鼎將男性紫雲比為了女性小紅。由此再看本文上節的描寫方式之三，作為一種曲折的表達方式，只要相關的支持性描寫比較充分，以伶女名姬來代指紫雲也是可以的。容易想到的一點，如果題詠中姬女已經去世，作者是在替陳維崧表達思念，則此「女」當非紫雲莫屬。倪粲《沁園春》詞云：

> 誰畫湘娥？幻耶真耶，如蝶夢莊。看烏絲題字，幾回詳審。紅
> 牙按譜，作意清狂。八斗才華，五陵裘馬，錦瑟桐陰不暫忘。斯人
> 也，在閬風之野，廣漠之鄉。

詞中湘娥即舜之二妃娥皇、女英。帝舜崩於蒼梧之野，二妃沒投湘水以隨君，在歷代文學作品中都是以哀婉忠貞的形象出現。此人又飄搖於閬風之野，廣漠之鄉，則已遺離世間而登臨仙界。陳維崧痗寐思之，無時或忘。作為陳氏的鴻博同年，倪粲卻未寫召試，未對陳維崧表達祝願。而在陳氏內心當中，這樣寫來其實更有知音之感。

〔註520〕《丁戊之間行卷》卷九。
〔註521〕《說苑·善說》。
〔註522〕《崑崙集·續·〈崑崙集〉編成，作俳體二首書後，兼衍哭盦詩意》詩注：「實甫（易順鼎）近從金陵為繆小山（繆荃孫）太史題湖海樓（陳維崧）侍史雲郎小像。

不過倪粲詞意略顯飄忽，湘娥作為神靈有其不死的一面，其經歷與徐紫雲也有太多的不同。相較之下，錢柏齡《黃鶴洞仙》詞中的朝雲作為凡人實實在在已經不在人間：

> 鏤破碧城塵，寫到無聲處。不道朝雲魂已銷，凝恨緒，憑仗瓊簫語。

詞中朝雲在《填詞圖》題詠中不時就會出現，多數情況下都是一位溫婉可人的在世名姬。而在錢詞當中，她香魂消散，已歸天國。陳維崧大悲失聲，尋簫音而懷離恨。在《填詞圖》所有題詠當中，終於出現了一位與陳迦陵陰陽兩隔的凡間「女子」。顯然，她（他）自非紫雲莫屬。

與錢柏齡的表達類似，汪端光《一萼紅》詞中的朝雲也已香消玉殞：

> 笑朝雲，甚天涯芳草，歌出已傾城。陽羨茶溫，梁園酒冷，月明風定簾旌。卻只怕香消南國，任功名蕊榜盡浮生。玉斗烏絲，朱弦錦瑟，我我卿卿。

此詞當中，陽羨宜興和梁園商丘都是陳維崧和徐紫雲的同履之地，「月明風定簾旌」當與王士禎「梅花如雪撲簾旌」的含義相近，事發在如皋。朝雲暨紫雲已經「香消南國」，陳維崧縱使功名暢達、蕊榜題名，那也只是過眼雲煙，浮生如夢。汪端光也寫到了鴻博召試，但與其他題詠者不同，在他筆下陳維崧沒有感到驚喜，而是由現時的金門得志生出了甘苦不能與共的哀思，徐紫雲走得太早了。

錢、汪兩家詞都沒有直接寫到紫雲，如果不熟悉陳—徐本事，讀者就難以推知朝雲與紫雲的指代關係。相較之下，徐睿周《摸魚兒》詞直言朝雲即紫雲：

> 正掀髯。倚聲簫管，坡仙遺韻同此。雲郎嬌挽朝雲髻，含笑付之而已。圖漫擬。問宋玉牆東，可有登徒子？歌憎下里。甚商女琵琶，越娥檀板，老眼泄鉛水。〔註523〕

在《填詞圖》所有題詠當中，徐睿周此詞最直接地進行了性別轉換的描寫。雲郎挽髻，也就自然表現出了他在圖中的性別狀態。不過徐氏對時間的把握並不準確，商女琵琶、越娥檀板，正是明末江南繁華綺麗、醉生夢死的時候。陳維崧趕上了一個末尾，而徐紫雲在勝朝滅亡的甲申之午（1644）方才出生。

〔註523〕《籬角閒吟‧卷一‧題〈陳迦陵先生填詞圖〉》。

在歷史上，名為紫雲的伶人不止有一位。據孟棨《本事詩·高逸》所載，晚唐詩人杜牧（號樊川）在司徒李愿席上曾有索求其歌姬紫雲之舉。馮應榴將此典故寫入題詠，其所題《金縷曲》上闋中有「想見樊川豪邁甚，只有紫雲堪嫁」之句，下闋則云：「辟疆水繪園曾假。溯當時彈箏擘阮，吟鑣齊駕。」所以，馮應榴是把陳維崧比同為杜牧，而將清代的男性紫雲比為了唐代同名女子。陳維崧確實豪邁，能夠把他雲郎長留在自己的身邊。

另外，像平聖臺、張塤、阮元也在各自的題詠當中寫到了陳維崧的水繪園經歷，則三人詩詞中的嬋娟、婦人、天女都有可能是在指稱紫雲。而翁方綱題詩云：「陳九白頭渾脫舞，紅燈影裏記低佪。」前一句詩係出自陳迦陵長歌《徐郎曲》，此曲作於陳氏來到如皋後不久，聯繫個人身世，把對雲郎的思賞之意抒發得淋漓盡致，內中尚有「歌罷誰人擊鼉鼓，十萬銀燈落如雨」〔註524〕之句。所以翁氏詩也寫到了陳維崧的水繪園經歷，紅燈影裏低佪吟唱的是徐紫雲。〔註525〕

七、總結

現代讀者閱讀《迦陵先生填詞圖》題詠，通常會很自然地認為諸家詩詞是在對陳維崧與徐紫雲的親密關係進行詠贊。而通過前面幾節的分析，我們會發現表達比較明確的此類題詠其所佔比例其實是比較低的，第六節中只有十多首。只是由於陳—徐關係在讀者頭腦中根深蒂固，才在閱讀時忽略了可疑之點，而將才子佳人的兩性關係直接理解為士人與男優的契誼。從中可以看出，清代人和現代人的價值取向存在著比較大的區別。具體而言，就是對於科舉功名的價值有不同認識。

現代人並非不知科舉對於清人的重要性，但畢竟沒有感同身受。當面臨情感與功名的選擇時，會傾向於提高前者的權重。因此，屢戰屢敗之後己未詞科在陳維崧心目中的重要性今人是體會不深的。像陳迦陵這樣的詩詞大家，今人會認為他如果醉心科舉則是對自身文學才情的輕慢。而在實際上，陳維崧確實是做到了兩者並重，在特定的時間背景下還會傾向於更加重視前者，這從《填詞圖》的定名也可以看出一二。此圖在康熙十四年初繪時本名

〔註524〕《湖海樓詩稿》卷之四。
〔註525〕在描寫陳維崧的水繪過往時，秦瀛除去紫雲還寫到了楊枝，屬於主題不集中。陳蒿慶則只寫靈雛，屬於主題不準確。

《天女散花圖》，側重於天女一方，也就更加重情。康熙十七年再繪之後，錢芳標作為最早的題詠者稱之為含義相同的《散花天女圖》，其時陳維崧尚在江南。而他公車入都之後，此年十二月毛升芳題記已曰：「其翁老世台先生填詞小像，敬題兼求郢正。」同一時期，梁清標、王士禎分別謂言：「其年老年翁詞伯填詞圖並求教定」、「題髯公填詞圖二絕句」〔註526〕。並且，陳維崧還特請與自己聲名相埒的朱彝尊專書「填詞圖」三字作為圖名。〔註527〕這一名稱的改變也意味著圖之主題的變動，陳維崧強調自己的創作才華，而這是他鴻博應徵的資本。進京之後，他把對徐紫雲的懷念留在心底，在請師友題詠時雖然未必強調，不過至少提示了《填詞圖》畫面所具有的新的徵象。此圖題詠者當中，與陳氏同應鴻博者計有28位，其中高士奇、宋實穎等12人在所賦詩詞中表達了此圖對於功名成就的象徵意義，這也為《填詞圖》定下了整體的詠贊基調。

再從情感表達的角度來看，新的主題之下陳維崧所與往還的是女伎。對於陳氏而言，其實這也是他樂於見到的一個情景。在《填詞圖》題詠文句中，最常出現的用詞是「烏絲」二字。按：陳維崧在文學創作上早期是致力於詩歌，訪居如皋期間方始重詞。康熙七年（1668），由孫默編刻的《烏絲詞》付梓，這是陳維崧生前最重要的一部詞集，代表了其詞創的最高水平。只需將《烏絲詞》閱讀一遍，讀者都會發現其中的感情大體可以分為兩類。第一類，男女之間的閨情、伎情，包括《紀豔》、《豔情》〔註528〕等。第二類，士優之間的契賞之情。主要是表達對徐紫雲的賞念，包括《夜飲友人所，阿雲待余不至，留詞而去，歸後和之》、《雲郎合巹為賦此詞》〔註529〕等。其他還有《贈別楊枝》、《為靈雛題畫》〔註530〕等。這兩類作品之間存在著一個明顯差異：第一類寫得比較虛，用詞雖然香豔不過存在案頭想像的成分；第二類則是寫實，陳維崧與紫雲、楊枝等男優有著實實在在的密切交往。

《烏絲詞》的創作是清代詩詞創作的一個縮影。清代實行嚴格的官妓禁止政策，順治《大清律集解附例》卷二十五律文：「凡官吏宿娼者，杖六十。（挾妓飲酒亦坐此律。）若官員子孫（文承蔭，武應襲）宿娼者，罪亦如之。」乾

〔註526〕見石刻拓本《迦陵填詞圖》。
〔註527〕見初刻本《迦陵先生填詞圖》。
〔註528〕見《烏絲詞》卷二・蝶戀花、卷二・醉春風。
〔註529〕見《烏絲詞》卷一・極相思、卷四・賀新郎。
〔註530〕見《烏絲詞》卷一・長相思、卷一・阮郎歸。

隆《大清律例》卷三十三例文：「監生、生員挾妓賭博者，問發為民，各治以應得之罪。」這所導致的結果是，唐宋時期以及晚明時代那種文士與樂伎的浪漫情韻和相應的詩詞表達在清代逐漸就消失不見了。﹝註531﹞士伎情感如果寫只能是像《烏絲詞》這樣虛寫，缺乏實際的、有深度的事實支撐。即便是閨思綺想，看似夫妻之間總會相親相愛。但以陳維崧為例，他與妻子儲氏確實感情深厚，陳維崧也以多首作品對此予以表現。不過夫妻之間更多具有的是由傳宗接代、養親持家所固定下來的責任與義務，以及丈夫因外情牽惹而對妻子所產生的愧疚。陳維崧寫給儲氏的《歲暮燈下作家書竟，再繫數詞楮尾》、《二月十一夜風月甚佳，過水繪園聽諸郎絃管。燈下因遣家信，淒然不成一字，賦此以寄閨人》﹝註532﹞等都是這樣的主題。他也善寫香閨思戀，但像《閨詞和阮亭原韻》、《春陰閨思》﹝註533﹞等其實和伎情一樣，也是想像的成分占比較大。

因此，清代的詩詞創作如果寫及實際的性別方面的情感，大多描寫的其實是文人與優伶的往還交際。清代有名優而無名伎，清初王紫稼、徐紫雲，清中期李桂官、陳銀官，清後期朱蓮芬、朱霞芬等都曾獲賞於士林。清末葉德輝作為耽迷深嗜者曾經予以總結，將吳偉業、錢謙益、畢沅等21人對優伶的賞讚用詩歌形式進行了回顧。﹝註534﹞本文中的陳維崧、冒襄、龔鼎孳、宋犖、袁枚、王文治等都在其中。

清人的性別情感可實可虛，以《烏絲詞》為代表，陳維崧充分地做到了虛實相結合。面對《填詞圖》具體的繪製背景，他也就願意淡化本旨、遮實顯虛，而提出一個新的公開主題，以對應《烏絲詞》中「玉梅花下交三九」式的士伎情好。而這一主題也為題詠諸作者提供了一個摹效唐宋前人的機會，他們自己也缺乏對圖中類似情景的真實、深切的體驗，正好藉此圖以興綺懷。

所以，《填詞圖》諸題詠對公開主題的描現明顯是佔有數量優勢的，本文

﹝註531﹞ 清初承明遺風還可見到一些，不過已經變得收斂。《烏絲詞》可以代表清初的情況，與其中的士優交往相比，士伎之交顯得比較虛淺，不過陳維崧與女伎的交往還是有的。

﹝註532﹞ 見《烏絲詞》卷一·減字木蘭花、卷四·八歸。

﹝註533﹞ 見《烏絲詞》卷一·海棠春、卷二·魚遊春水。

﹝註534﹞ 見《崑崙酾詠集》卷下之《靈鵲主人造思古人箋，以寓景行之意。余與實甫約為思古人詩，僅得十首，乃知同調人古今正不多見也》、《續思古人詩四首》、《再續思古人詩四首》。

第三、四兩節中近七十位作者所做的都是這樣的表達。在此背景之下，第五節中的作品也都可以做此理解。不過就第五節而言，其實多數作品也是可以做本旨理解的，這種隱顯交織的情感表現既是文學表達曲折性的典型，也集中反映了清代性別文化的複雜性。

在《填詞圖》原件右下方，釋大汕題識明確了吹簫伶人的女性身份。因此諸家作者在作題詠時將伶人描寫為女伶是客觀表現，完全符合畫面實際。不過第五節的作者們大多也都清楚，他們筆下的女子在現實生活中是不存在的，惟有徐紫雲曾經長侍陳維崧。因此在他們內心當中，將筆下女伶視為雲郎九青的應當不是少數，這就涉及到了性別轉換的表達方式問題。在清代，對某些男伶做女性化的描寫是一個文學傳統，徐紫雲就是開端人物之一。

徐紫雲是一位家庭男優，這樣的優伶最易具有靡曼柔美的表現。在《填詞圖》之前，為能時刻看到、想到雲郎，陳維崧曾經請人專門為他繪畫繪像，即如《小青飛燕圖》。這是一幅扇畫，陳氏記謂：「婁東崔不凋孝廉為余執扇上畫《小青飛燕圖》。花曰小青，開豔者有九，一春燕斜飛其上，意欲擬九青於飛燕也。因題一絕以報孝廉。」詩云：

　　　嫩色生香賦不成，紅襟斜剪茜花輕。

　　　一從圖入崔郎手，流遍江南是小名。〔註535〕

紫雲字九青，陳維崧以花喻之，且將他比為漢代美女趙飛燕，這都是明顯的女性化描寫。陳氏如此，題詠諸作者同樣也會如此。像第四節中《漁家傲》詞的作者徐喈鳳是陳維崧同鄉舊友，當年紫雲新逝，陳維崧為賦《摸魚兒·清明感舊》以示追悼，徐喈鳳的和詞也是以紫雲為花：

　　　近清明，是花皆放，摧殘一夜風惡。君家歌者美如花，最惜亦

　　隨花落。魂何託？料尚在、柳園桃塢間漂泊。〔註536〕

再如宋實穎、尤侗既為《填詞圖》題詞也為前述《紫雲出浴圖》題詩，二人詩中分別有「芍藥比容花比貌，翠煙如鈿柳如環」、「卣園公子綺筵開，璧月瓊花款款來」之句。而在《出浴圖》的其他題詩當中，本文第五節所述及的幾種描寫方式都是可以見到的，形容的都是徐紫雲：

　　　新浴攜簫坐夜闌，恍如神女弄珠寒。——黃遷。

　　　重來開卷閒臨鏡，看取雙鬟入畫無？——許嗣隆。

<hr>

〔註535〕　《本事詩》卷十二。

〔註536〕　《蔭綠軒詞·長調·摸魚兒·為其年悼歌兒》。

蛾眉參意寫難工，試比崔徽約略同。〔註537〕──宋琬。

因此在第五節中，除去錢棨等數人具有特定支持性描寫的詩詞，其他事蹟、時間背景比較模糊的像尤侗等人的作品也可以認為是在詠贊陳─徐關係。諸位作者的字面表達和修辭表達同時存在，男優和女伎角色難分。讀者在進行閱讀時也應體會及此，在隱顯交織中感受微妙精細，以理解清代優伶形象的多面性。

而除去同一首詩詞可以具有表裏雙意，有時同一首作品在表面上就會同時寫到兩種情契。像前面蔣士銓的散曲，寫到了陳─徐之交卻又不認為是圖中所繪的情景；而在王士禎的題詩當中，陳─徐與陳─伎之交是同時得到了確認。〔註538〕在這方面，描寫最為複雜的當屬梁章鉅的幾首七絕。其一：

烏絲紅袖擅詞華，剩得閒情護絳紗。

如戟鬚眉偏嫵媚，廣平鐵石賦梅花。

詩中陳維崧所賦梅花既可能是「賦梅釋雲」之梅，也可能是「玉梅花下」之梅。

其二：

跌宕風流水繪園，綺年豔曲匹梅村。

美人金粉嗟零落，贏得生綃一卷存。

詩中生綃可能是《紫雲出浴圖》，也可能是《迦陵先生填詞圖》。前圖是專繪紫雲，而因為寫到了水繪園，後圖裏面肯定也會有他。

其三：

徵書初下鬢毿毵，罨畫溪頭別酒酣。

才子洞簫傳禁掖，杏花春雨夢江南。

詩中出現了「徵書」，所描寫的是陳維崧進京之前與女伎惜別的場景。

梁章鉅虛實相參，把陳維崧的才子柔情全部寫到。他的幾首詩看似主題不相一致，不過這種多樣性正是清代士人情感生活的真實寫照：以實代虛，虛的功能因實得以實現。梁氏詩恰將本文第三至六節的內容整合在了一起，各節不同作品的表面差異是以內在的統一為基礎的。即便是第三、四兩節的作者，他們同樣清楚徐紫雲的不可取代性，表面的否認與內心的承認應是同時存在。典

〔註537〕《九青圖詠》。

〔註538〕錢樾題詩云：「孤鶻水繪才名著，應詔金門賦筆傳。」也是同時確認了兩種交往。

型如袁枚，他賞優成癖，不論如何寫虛，其實都會把歡賞的眼光投射到徐紫雲身上的。再如沈彥曾詩云：

> 紫雲摭笛記當場，吟到梅花字字香。
>
> 今日燕敘蟬鬢裏，可應重唱《賀新郎》？

今日女樂輕吟，應要唱出的卻是當年《烏絲詞》中陳維崧寫給徐紫雲的著名詞曲。所以，從迦陵先生的視角來看，當他與女伎蕉茵流連之際，眼前飄搖的其實是九青曼殊的身影。而讀者應當也作如是觀，在賞析作品時將女樂與九青融合在一起。

簡言之，無論怎樣描寫，《填詞圖》諸題詠大多都是以陳—徐契誼為底色，其內容與《烏絲詞》全能對應：第三節在感情上是寫虛，第四節是程度更深的寫虛，第五節虛實同在，第六節則係寫實。虛實不相矛盾，和《烏絲詞》一樣，《迦陵先生填詞圖》題詠也是反映清代性別文化、情感文化的典型文本。

迦陵韻事羨煞人

清初陳維崧與徐紫雲的風流韻事本書前面已有詳敘。二人去世之後，後人的傾羨無時或已，詩詞詠贊不綴。既有針對遺物的，也有針對遺跡的。

迦陵遺物中最有名的當屬繪畫，《紫雲出浴圖》、《迦陵先生填詞圖》均廣為人知，圖詠被編輯成冊。冊外之詠，關於《出浴圖》，康熙間徐釚《為陳其年題云郎小影》云：

> 開來詩卷太縱橫，尺幅冰綃無限情。
>
> 消得元龍湖海氣，紫簫吹罷可憐生。〔註539〕

乾隆間金兆燕《江橙里借觀雲郎卷子，一年後重加裝潢以歸，賦此誌謝》云：

> 浣手重看離合，神光乍陽乍陰。似潘郎車上，載歸珍果。鄂君舟裏，擁到香衾。培護名花，品題佳士，費盡風流一片心。添新韻，問彩灰芳醑，幾度同斟。　　涼宵展卷沉吟，恁尤物移人直至今。笑破帽書生，年年苦霧。鬜髮覊客，夜夜秋霖。吳市魂銷，江潭影悴，誰向天涯更鑄金？真僥倖，便髯翁地下，也慰遐襟。〔註540〕

〔註539〕《南州草堂集》卷一。
〔註540〕《棕亭詞鈔・卷之三・沁園春》。

乾隆間張塤《既題其年先生填詞、洗桐二圖，憶十年前見雲郎吹簫像，當時未及題。今彷彿之成二絕句，或翰墨情緣重逢此卷，當書其後也。乾隆乙未臘八後二日題》：

> 十年前見吹簫像，冰雪垂髫正幼倪。
>
> 緣愛千秋誰一割？干將夫子莫邪妻。
>
> 似此清吹幾度聞，花開世界月華新。
>
> 看來不是消魂物，是使阿難證道人。〔註541〕

乾嘉間吳錫麒《為米樓題重摹雲郎小影》：

> 一窩雲軟，偎得梅花暖。百首珠霏、才許換，不管老髯吟倦。　　單衫窄窄，新裁宛然。出浴圖開尺八間。拋石上，相思黏住青苔。〔註542〕

嘉道間周濟《題紫雲出浴圖》：

> 晶簾不漾微風露。光融薄薄，淡羅衫子映肌紅。　　梅花落瓊簫，閣夢無蹤。化作梨雲，何處認玲瓏？
>
> 森森鳳尾垂陰倚。闌尋尋到，月涼雲轉夜深深。　　羅紈小流螢，巧恨空心。莫是芳魂，銷得到而今。〔註543〕

關於《填詞圖》的冊外之詠，請見本書第1420～1422頁。另外，嘉道間姚椿《陳其年檢討〈填詞圖〉》云：

> 側帽烏絲，長頭大鼻，千秋湖海人豪。是參軍射雉，一笑舊如梟。認今日，小秦淮水、綠闌干外，幾曲紅橋。只蕪城楊柳，無情還舞南朝。　　偷聲減字，歎書生、總是無聊。有顧曲周郎、聞歌子野，一樣風飄。付與蠶眠細字，燈前對、一幅生綃。問當年供奉，錦袍何處吹簫？〔註544〕

嘉道間徐睿周《題〈陳迦陵先生填詞圖〉》云：

> 正掀髯。倚聲簫管，坡仙遺韻同此。雲郎嬌挽朝雲髻，含笑付之而已。圖漫擬。問宋玉牆東，可有登徒子？歌憎下里。甚商女琵琶，越娥檀板，老眼泄鉛水。　　清流禍。當日爭憐橋梓，仙奴偏共遊戲。移宮換羽，翻新譜、霞燦筆花成綺。振袂起。莫更說興亡，閣

〔註541〕《竹葉庵文集》卷十一。
〔註542〕《有正味齋詞集‧卷四‧清平樂》。
〔註543〕《存審軒詞》卷之一。
〔註544〕《灑雪詞‧卷之中‧揚州慢》。

盡斜陽裏。先生逝矣。但一壑風煙，千秋佳話，跌宕仰前輩。〔註545〕

咸同間黎庶燾《陳其年先生〈填詞圖〉》：

> 當代填詞手。溯風流，紫雲珂雪，紅鹽載酒。誰比迦陵三千調，字字蘇辛秦柳。那肯讓、盧前王後。半世青衫工落拓，問烏絲、寫遍紅情否？休懊惱，拍銅斗。　　功名五十猶呼負。更何意，玉堂風月，待髯吟就。一自明光徵獻賦，才譽突過黃九。又好把、紫簫重奏。白髮難除姜史習，任新腔、遠播歌兒口。喚徐李，意親授。〔註546〕

康熙十九年（1680），人物畫家周道曾為陳維崧繪有一幅《洗桐圖》。乾隆年間，蔣士銓《陳其年〈洗桐圖〉，康熙庚申夏周履坦畫》寫道：

> 一丈清涼界。倚高梧，解衣盤薄，覺其堪愛。七十年來無此客，餘韻流風猶在。問何處、桐陰不改？名士從來多似鯽，讓詞人消受雙鬟拜。可容我、取而代？　　文章煙月思高會。好年華，青尊紅燭，歌容舞態。太白東坡渾未死，得此人、生差快。彈指耳時乎難再。及見古人圖畫裏，動無端生不同時慨。口欲語、意先敗。〔註547〕

《洗桐圖》現在收藏於上海博物館，《中國古代書畫圖目》第5冊收有其影印件。圖中陳維崧拈髯安坐，旁有二僮在擦洗桐樹。因此，此圖沒有表現陳一徐關係。不過以二人關係之著名，如有題詠者未見圖而作詠，也可能會把紫雲想成為洗桐人。乾嘉間劉嗣綰《題陳迦陵〈洗桐圖〉》云：

> 卷裏秋聲送。好蕭閒，梧宮如水，碧天初凍。潔到倪迂〔註548〕須是癖，髯〔註549〕也風流伯仲。此意只，雲郎相共。偷汲井華三兩尺，正庭前，抱出先生甕。疏雨滴，玉階縫。　　百年彈指槐南夢。猛思量，迦陵仙鳥，幾場吟諷。墨魄騷魂淪落盡，剩有雲煙堪供。底處覓，胡床三弄。喚起王，桐花一曲。〔註550〕問清聲可似當時鳳？歌已闋，飲須痛。〔註551〕

「雲郎相共」後劉嗣綰自注：「圖中洗桐人即係雲郎。」

〔註545〕《籬角閒吟・卷一・摸魚兒》。
〔註546〕《琴洲詞・卷弟一・金縷曲》。
〔註547〕《忠雅堂詞集・卷上・賀新涼》。
〔註548〕元代大畫家倪瓚極好潔淨，覺得自家桐樹有染污，便命童僕刷洗之。這在後世成為了文人高士潔身自好的象徵。
〔註549〕陳維崧髯鬚濃密，世稱陳髯。
〔註550〕圖有漁洋題句。——原注。王士禎，號漁洋。
〔註551〕《尚絅堂詞集・卷二・金縷曲》。

　　繪畫之外，乾隆間陳維崧侄孫陳淮〔註552〕收藏有一方紫雲硯，當年迦陵於上自銘云：「不見紫雲，重見紫雲。摩挲久之，松麝氤氳。捧侍〔註553〕何必石榴裙。」王文治《陳檢討紫雲硯歌，為望之親家作》：

> 迦陵先生愛紫雲，詞場流播成美聞。
> 至今辟疆園中過，一花一草猶芳芬。
> 文人文筆奇如海，萬狀千形逞殊彩。
> 天公有意助戲劇，幻出層雲若相待。
> 我聞端州之石肌理勻，手摩冰膚如美人。
> 或言佳墨遇佳硯，名士傾城兩情戀。
> 閻浮世界號有情，世間種種由情生。
> 情到蒼茫難解處，無情有情莫可名。
> 君不見，江上望夫一片石，雨雨風風作人立。
> 又不見，美人夜唱音音音，曉來牆下得古琴。
> 迦陵之才絕一世，紫雲卅妙從旁侍。
> 豔福清緣誰敢消，卻看紅裙是多事。
> 六年別去夫如何，《惆悵詞》中淚點多。
> 才人鍾情情最至，不經離別無由試。
> 東風曾發小楊枝，雲也寧無重見時。
> 此硯風流足千古，天付君家世守之。〔註554〕

劉嗣綰《紫雲硯歌為陳藥洲中丞作》：

> 紫雲一別瓊簫月，美人化作端溪石。
> 山容透骨水入肌，黷面桃花好標格。
> 舊家韻事迦陵傳，銘辭細讀磨未穿。
> 氤氳松麝重飄起，指點雲郎說舊緣。
> 名園水繪誇清福，湘中閣上留雲宿。
> 銷得梅花一段魂，賺來絳樹雙聲曲。〔註555〕
> 最憶西簾抱日郎，紅蕤枕畔是柔鄉。
> 桃笙伴客朝朝暖，錦瑟如人日日長。

〔註552〕字望之，號藥洲，曾官江西巡撫。
〔註553〕「侍」或作「持」。
〔註554〕《夢樓詩集》卷二十二。
〔註555〕雲郎為如皋冒氏歌童，迦陵一夕得梅花詩百章易之。——原注。

雲屏十二春風掩，六載真成雲過眼。

薇帳濃愁護幾重，榴裙清淚拋千點。

菱角荷香總惱公，別來未慣是司空。

何因石上精魂在，吹墮仙雲入掌中。

莫云遠隔朝雲鎖，幻出郎身雲一朵。

芳草斑騅欲送誰？楊枝駱馬偏愁我。

填盡圖中惆悵詞，〔註556〕烏絲幅幅配紅絲。

從看盡日朝天去，妒煞宮人手捧時。

翰林風月隨身好，擁遍青綾特傾倒。

空憶如皋射雉還，可憐陽羨籠鵝老。

髯也風流更百年，蒼涼畫畫中天。

此人已作花辭樹，此硯還防玉化煙。

中丞雅是迦陵後，祖澤摩挲不離手。

移得珊瑚架並看，明珠拋落三千首。

怨雨啼煙句不分，就中有客是司勳。

傷春記起三生事，又向人間乞紫雲。〔註557〕

沈初《紫雲硯歌為藥洲中丞作》：

迦陵先生弄柔翰，名士風流有公案。

璧友相逢記璧聯，雲腴一握思雲散。

雲郎標格豔當時，髯也因成絕妙辭。

蘂枕生花前日夢，桃笙擁鐵別來知。

春江已隔東風面，豈料尋常復相見。

客館誰招紫玉魂，文房忽對紅絲硯。

還看一日幾摩挲，血色榴裙那足多。

園訪辟疆空幕燕，人歸陽羨不籠鵝。

前賢勝賞終陳跡，匣啟琉璃尚光澤。

氤氳長留一片雲，朦朧欲話三生石。

石豈能言意自親，圖書璧府麗星辰。

清芬雅韻傳高閣，勝似當筵昭藐人。〔註558〕

〔註556〕惆悵詞，為雲郎作者。——原注。
〔註557〕《尚絅堂詩集》卷十七。
〔註558〕《蘭韻堂詩集》卷十二。

吳翌鳳《陳迦陵先生紫雲硯歌，為望之中丞作》：

清香畫戟森沉院，琉璃匣啟紅絲硯。

名士風流已百年，承平遺事還堪羨。

射雉陂前水繪園，辟疆公子啟華軒。

筵開詞客冠裳集，花簇歌兒錦繡繁。

就中紫雲最殊絕，二八芳華擅標格。

鬢影衣香欲殢人，蘭心蕙質能娛客。

顓翁此時方妙年，兩情相繫偏憐惜。

鸚鵡籠深鳥不啼，芙蓉帳冷愁空結。

主人命拂衍波箋，十斛明珠筆底穿。

宮體梅花詩百首，采毫夜共燭花圓。

許將仙館春風樹，移種蕭齋暖玉田。

五日東風十日雨，湘中閣上春如許。

捧硯朝裁金縷詞，焚香夜試雲翹舞。

五陵俠少競豪華，誰解真看韋曲花。

不數當年王紫稼，梅村一曲按紅牙。

銀燭生花玉人別，醉擁桃笙空向夕。

割得端溪一片雲，傳來即是三生石。

異日相攜上帝京，殿前作賦墨雲生。

朝回拂拭薰香坐，仍伴詩人對短檠。

是雲非雲幾摩撫，想見嬌憨舊眉嫵。

淚眼猶存鸜鵒斑，銘詞合入鴛鴦譜。

翰墨傳家正未休，貞元詞客足千秋。

難尋江上藏春塢，別起山中貯硯樓。〔註 559〕

吳嵩梁《陳迦陵先生紫雲硯歌，為藥洲中丞作》：

美人一別秋雲高，誰持紫硯看揮毫。

芙蓉落手濺紅淚，新詞妙絕兼離騷。

水繪園裏千枝花，湘中閣上雲為家。

當時醉墨染歌袖，未煩彩筆呵吳娃。

鶯坡下直爐香爇，五尺桃笙擁寒鐵。

〔註 559〕《與稽齋叢稿》第十一。

匣中紫玉不成煙，天上瓊枝應化月。

百年詞客風猶霸，手澤芬芳帶松麝。

細字深鐫太有情，美人名硯俱無價。

官閣裁詩畫燭燃，三生片石留清緣。

我願補圖公小像，紫雲捧硯萬花前。〔註560〕

作為清代名園，水繪園在冒襄去世後繁華不在，不過依然餘香裊裊。此園之出名，與迦陵、紫雲的相戀於中很有關係。後人來此觀覽，常會想到二人的當年韻事，感懷不已。

乾隆間王昶《訪水繪園故址》云：

何人置酒更逢迎，勝地猶聞重雉城。

敗舫久無賓客坐，荒畦尚付子孫耕。

簾前董宛曾題畫，花下雲郎記合笙。

吟罷迦陵腸斷句，亂鴉殘照不勝情。〔註561〕

王氏《如皋官舍陳如虹先生焜連宵置酒，絲竹駢闐，感事觸懷，因成八絕》：

鈴閣琴床迴絕倫，重來蹤跡尚風塵。

此生不合金鑾直，穩向歡場作酒人。

衙齋近接小三吾，猶記雲郎染畫圖。

水繪荒涼寒碧盡，重排絃管喚花奴。〔註562〕

鳳尾龍香按拍齊，銀燈如月照銅螯。

青衫欲濕還重掩，怕染愁蛾一樣低。

寥落青山故相家，箏師琴客總天涯。

平泉舊事知誰記？剩與徐郎說夢華。〔註563〕〔註564〕

乾嘉間洪亮吉《重修水繪園卷子為冒文學鳴作》：

人物當年勝永和，時時觴詠雜笙歌。

更闌偶向樓頭望，天上星無座客多。

〔註560〕《香蘇山館詩集》古體詩集卷二。

〔註561〕《春融堂集》卷四。

〔註562〕水繪園中有小三吾、寒碧堂，今皆頹廢。雲郎小影，余在京師從商邱陳氏處見之。——原注。

〔註563〕諸伶舊屬青山莊張氏，其中徐郎蓮生者色藝兼工，能談舊事。——原注。

〔註564〕《春融堂集》卷五。

雲郎去後小楊枝，檀板都吟絕妙詞。

只有夜鳥還記得，冒家園裏放燈時。〔註565〕

嘉道間謝堃的《如皋水繪園題壁》：

小閣長廊生野煙，梅花寒勒莫春天。

空聞公子多才藻，無復雲郎擅管絃。

笠屐湖山思往事，升平哀樂感中年。

微波渺渺池塘水，借與閒鷗傍釣船。〔註566〕

道咸間華長卿《同聲仲訪水繪園故址弔冒辟疆》：

射雉城頭秋草黃，依依疏柳搖殘陽。

登樓俯視默無語，有客臨風空斷腸。

當年勝境繁簫管，水繪園中名士滿。

氍毹歌舞千黃金，詞賦青錢誇萬選。

小浯溪畔湘中閣，閣上主人真好客。

迦陵公子最風流，只譚花月神仙樂。

星移物換成荒圃，樓閣傾頹堆糞土。

繁華過眼頓成空，故家零落都如許。

昔日楊枝早擅名，雲郎才調更多情。

櫻桃驚起秋衾夢，定有香魂踏月行。

於今亭館半莓苔，杜宇聲聲亦可哀。

空餘洗缽池中水，留照詩人弔古來。〔註567〕

與華長卿同時期的蔣敦復《陽羨弔陳其年檢討》：

曠世風流絕妙詞，青衫紅袖寫烏絲。

空愁鸚鵡黃江夏，忍聽琵琶杜牧之。

北海遺孤名士淚，南朝春夢黨人碑。

辟疆老去雲郎在，惆悵中年玉蔓枝。〔註568〕

近代詩文作家、學者冒廣生是冒襄後人，《雲郎小史》的作者。曾謂：「嘉道間，家晴石茂才嘗畫水繪園圖，李申耆、秦敦夫皆有題句。圖後歸余。」圖中畫舫漫駛，楊柳輕拂，雲郎掩映其間，好不蕩人魂魄。冒氏友人林紓為題

〔註565〕《更生齋詩》卷第四。

〔註566〕《春草堂集》卷之五。

〔註567〕《梅莊詩鈔》卷十四。

〔註568〕《嘯古堂詩集》卷四。

《一翦梅》詞云：

> 山容淡宕學娥妝，道是瀟湘，不是瀟湘。畫船容與白蘋香，花
> 外斜陽，水外斜陽。　　垂楊猶嫋冒家莊，不畫雲娘，偏畫雲郎。
> 水風策策又吹涼，吹過池塘，驚起鴛鴦。〔註569〕

在整個清代，陳—徐情事一直廣為人知，已經成為了一個典故。由於理學佔據著社會統治地位，清代夫妻婚姻的目的是為了傳宗接代，愛情的價值不被強調。同時官方實行禁娼政策，狎妓行為也不值得炫耀。這種情況下，士宦與優伶的親密交往倒為風流鍾情提供了適宜空間。僅就詩歌創作而言，清人風情詩的相當部分是描寫士優關係的，才子佳人，兩者可以都是男性。以此為背景，迦陵韻事的羨煞後人也就再自然不過了。

定郎青眼迷煞人

在乾隆年間的揚州文壇，金兆燕是一位活躍人物。他字鍾越，號棕亭，曾長期做客於兩淮鹽運使盧見曾幕府，得中進士後任揚州府學教授，是名著《儒林外史》的最早刊刻者。金氏才情兼具，與優伶徐定郎之間的繾綣纏綿見本書第563～566頁。對於這份感情，他一直戀念不忘，以多首詞作進行描寫。

> 寄定郎
>
> 清歌未闋。悔薄醉匆匆，良夜輕別。一棹西風，夢斷蕪城，煙
> 月飛鴻。從此飄零去，悵天涯有誰憐惜。最銷魂處，霜天回首，滿
> 林黃葉。　　才屈指。分攜幾夕，便點點驚心，青鏡華髮。料爾腰
> 圍，怎奈愁腸千結。相思最易成憔悴，莫輕教玉容消歇。好須將愛，
> 獨眠情味，乍寒時節。〔註570〕

> 憶定郎
>
> 夢回春曉寶鼎殘。薰香未了，又是黃昏。苔徑煙深空閉門。　　紫
> 雲何處佳句吟。成愁日暮，莫倚闌干。簾外瀟瀟春雨寒。〔註571〕

《雨夜有懷》位於上面兩首詞之間，也應是在懷憶定郎：

> 土銼煙屯，繩床夢碎。整頓客愁今夜。破紙疏櫺，面面酸風交

〔註569〕《小三吾亭詞話》卷五。
〔註570〕《棕亭詞鈔‧卷之二‧桂枝香》。
〔註571〕《棕亭詞鈔‧卷之二‧減字木蘭花》。

射。聽淅瀝簷溜齊喧，更砰磕山泉高瀉。只憑仗，薄酒微醺，如何堪敵恨千把？　虛閣昨夜並憑記。喃喃絮語，淚珠偷灑。共客他鄉，底事一人歸也？念長途曾與同經，便小別怎生輕捨？料恁時，支枕無眠，小膽驚飄瓦。〔註572〕

兩人分別之後，定郎曾經寄來暖枕以表意緒。耳鬢廝磨之際，此物最可關情：

> 定郎寄枕

> 孤幃獨擁秋衾薄，客睡何曾著。感君送暖到天涯，為我一函春影貯楊花。　撚來忍向街頭賣，別淚斑斑在良宵。但得夢重圓，不羨邯鄲道上小遊仙。〔註573〕

也有知來而未見的情況，心情之惆悵可想而知：

> 鹺使官署中聞定郎至揚州，不得一晤，賦此寄情，並邀東有、少林同作

> 薜荔空牆，梧桐小院，旅人一片秋襟。短夢初回，虛窗冷翠遙侵。天涯已是銷魂慣，更銷魂乍到青禽。最堪憐，咫尺蓬山，雲海沉沉。　歡場舊徑知重遇。定苔茵懶拂，花醑愁斟。夜靜簫寒，西風何處瑤音？繚垣也有流螢度，鎖羈翎庭宇偏深。鎮無聊，清露殘蟾，又墮疏林。

嚴東有名長明、王少林名嵩高，二人之和詞云：

> 梅豆飄酸，蓮筒蘸碧，客中春緒都消。誰送盟鷗，多情為謝蘭橈。尋常只道花飛去，到花前香夢仍遙。悵連宵，誤了深杯，負了清簫。　萋萋為溯城南路。有招鶯翠柳，款雁紅潮。見說年華，而今箏柱堪調。吟魂欲趁西風度，怕魂迷還被風飄。鎮無憀，雨又庭陰，月又林梢。

> 橋畔衫痕，江邊帽影，那時催上吳船。為戀新歡，盈盈淚濕燈前。重來獨自尋芳徑，鎖重門咫尺如天。料今番，難覓鸞膠，空遞魚箋。　當初也作銷魂別。記香螺送酒，銀甲調弦。明月揚州，知他能，幾回圓。而今花事渾無主，問東君拋向誰邊？盡淒涼，一寸相思，誤盡華年。〔註574〕

〔註572〕《棕亭詞鈔·卷之二·綺羅香》。
〔註573〕《棕亭詞鈔·卷之一·虞美人》。
〔註574〕《棕亭詞鈔·卷之五·高陽臺》。

二人別後亦非從未再見，舊情如昨，咫尺相對，金氏內心定會是波瀾起伏：

席間感舊贈定郎，同程魚門作兼懷嚴東有

半生青眼天涯少，高歌又逢吾子。繡襦芙蓉，深杯竹葉，且共重簾香裹。征鴻暮起，帶餘恨流空，他鄉雲水。老去徐娘，墮釵塵鏡歎何已。　　相思當日舊伴。總芸帷俊客，薇帳幽士。梅月吟魂，梨雲夢影，今夜還應來此。簫聲故里，有何限關情，柳顰花悴。忍付東風，一江寒浪蕊。

憶同沽酒湖邊路，正值花開蓮子。洗露紅衣，屯煙翠蓋，笑入笙歌叢裹。雲鱗碎起，罩麗影波光，夜涼天水。蕩冶心情，閉門肯便效無已。　　招邀曾共畫舫。有霞邊彩伴，香界開士。小拓蠻箋，低吟楚調，消得江山如此。衣香十里，怎荀令橋南，頓成憔悴。莫問唐昌，斷魂空玉蕊。〔註575〕

程魚門名晉芳，其《席上感舊贈定郎》詞云：

秦淮一曲秋容黯，垂簾曾對才子。月小亭深，燈明竹淨，有客招攜園裹。拋人遽起，便悶得紅帷，夜衾如水。倚調淒清，白頭詞客感何已。　　誰描筵畔睡臉。競題墨粉綃，狂煞名士。十載重逢，知音淪落，憐我頭顱如此。燕雲萬里，更不管江潭，柳煙憔悴。掃雪空庭，怨情分凍蕊。〔註576〕

清初詩詞大家陳維崧曾經請人為其雲郎繪有一幅出浴圖，名士題詠甚夥，此圖後來曾歸金兆燕收藏。而金氏也曾請畫者為其定郎繪有一幅小影，廣求同人品題，金農、蔣士銓等遂欣然命筆。

吾家棕亭以其吳趨小友徐郎定定寫真乞題

徐郎笑面，試秋衫新練。別有風情，肯輕教人見。　　酒邊花底，不特歌喉、明珠一串。妒他才子詩成，細界烏絲、大半為阿儂寫遍。〔註577〕

定郎小影為金棕亭作

忽然縈繞。似飛絮沾泥，落花依艸。憑肩握手，著處粉圍香嫋。又浴向清華沼，學睡醒鴛鴦偎靠。恁般匳笑，回身背面，教郎

〔註575〕《棕亭詞鈔・卷之四・齊天樂》。
〔註576〕《勉行堂詩集・卷二十二・齊天樂》。
〔註577〕《冬心先生自度曲》。

看飽。　　誰遣離情相攪？要鏡裏藏春，雪中留爪。丹青現影，長貯春雲容貌。十七年來何處，怕也似徐娘已老。賺將詞客癡魂，展卷一齊銷了。〔註578〕

金兆燕見蔣詞而心喜，遂乃奉和云：

> 蔣清容補題定郎像，頗有悟語，次韻奉答

寸圖乍展，似蜂影浮花，蝶魂依草。相思幾點，只向斷雲飛繞。還認紅闌翠沼，是那日斜陽同靠。空留畫餅依稀，賺得旁觀都飽。　　堪笑，柔腸自攪。枉夢泣懷瓊，癢思仙爪。丹青周昉，偏駐月容花貌。留得圖中影好，只催得詩中人老。試聽枝上殘蟬，共道幾聲遮了。〔註579〕

高東井名文照，其題詞也甚為金兆燕所賞，乃以兩首詞相和：

> 高東井題定郎像詞甚美，次韻酬之

舊夢如塵，新愁似海，幾年憔悴芳襟。薰罷濃香，忍教粉蠹相侵。偶然小冊晴窗展，似重看青李來禽。憶空庭露坐吹簫，月落星沉。　　詞家竹屋真才子。把閒情更鑄，佳句同斟。欲逐飛霞，遙天無限光音。桃花悟後枯禪在，悔當時千尺潭深。最傷情，花落春階，月墮秋林。

婀娜柔情，纏綿麗句，使人意也都消。可惜年時，不曾同載蘭橈。彩灰喚得真真下，似雲中仙影迢遙。悵今宵花下無人，月底無簫。　　明知逝水原難挽。且橫吹玉笛，萬一回潮。海鶴心情，應知海客堪調。伯勞飛燕還相見，怎天涯斷雨全飄。太蕭騷，一片冰輪，又掛林梢。〔註580〕

時人王又曾、張秉彝亦曾有題：

> 為棕亭題徐定郎小照

飛絮輕狂難捉定，卻被情人，一把絲牽定。幻影嬋娟呼定定，夜涼出浴更初定。　　逝水流年流莫定，攬袴輕紅，一晌歡情定。我似病僧剛入定，春風不動天花定。〔註581〕

〔註578〕《忠雅堂詞集・卷下・雙雙燕》。
〔註579〕《棕亭詞鈔・卷之四・雙雙燕》。
〔註580〕《棕亭詞鈔・卷之四・高陽臺》。
〔註581〕《丁辛老屋集・卷二十・蝶戀花》。

為金棕亭孝廉題定郎小照

翠袖琅玕倚暮寒，風流堪愛秀堪餐。

酒醒孤館無人夜，獨自焚香一展看。

作成佳傳更填詞，不斷柔情似藕絲。

尺幅生綃題品遍，賺他才子一生癡。〔註582〕

　　金兆燕與定郎的風流韻事不如陳維崧與雲郎有名，不過雲郎為家優，定郎身份自由，兩者各有特色。除去男色同性戀的表現，從金氏對定郎的愛重珍惜，我們對當時優伶的身份地位也應有一些新的認識。在法律意義上，優伶屬於賤民，不與四民平等。而在現實交往中，基於聲色的吸引，賞客對他們淺則喜深則愛，感情上的平等因素也是存在的，優伶自我感覺到的並不會只有輕賤。金兆燕曾記：定郎某日「謁冬心先生，先生捧其手曰：『向如此人加一「怒」字，便俗矣。』先生有所畫梅花大軸，極自賞，裝池嚴整，富商以數十金購之不可得。定郎欲之，而丐余為之請。先生曰：『此畫易孔方兄則俗，贈徐兄則雅。』竟以贈，且以畫扇題詩副焉。」〔註583〕冬心先生即揚州八怪之一金農，他年高名重，對定郎卻是贈畫稱兄。這固然是由於金農也好男色，不過定郎所表現出的樣貌也確像是一位翩翩佳士。

　　金棕亭為他定郎賦詞作畫，夢繫魂牽。用情之切，似乎在其心中只此一人可戀。可事實並非如此絕對，金氏所賞美伶其實還有多位：

贈歌童阿五

味都嘗過，韻還非有。笑我技窮鼯鼠，彩絲續命定何時？枉睜目，相看無所。　漏壺更徹，鏡胸猜遍。捫到衣銖寒聚，三三兩兩太縱橫。又落盡，梅花無數。〔註584〕

送秀奴暫歸邗上

昨宵同作扁舟夢，花霧春帆重。今宵看爾上扁舟，愁對落紅點點付東流。　明知此別原非久，也自頻回首。一燈孤館怯春寒，應念小樓風雨客衾單。〔註585〕

　　沈沃田以吳伶品香小影索題，時觀其演《浣紗·採蓮》劇，作

〔註582〕《南垞詩鈔·鳩江草》。

〔註583〕《棕亭古文鈔·卷之三·定郎小傳》。

〔註584〕《棕亭詞鈔·卷之一·鵲橋仙》。

〔註585〕《棕亭詞鈔·卷之二·虞美人》。

西子妝明豔奪目，即席倚聲授之

秋水神清，春山韻秀，瘦到東陽難學。縱未聞聲，已是暗魂銷卻。又仙裙飛上氍毹，對好影掛來簾幕。笑當年吳市金錢，漫教村女便輕握。　　丹青休浣寒具。留向無雙譜上，千秋評泊。如此風標，悔不置將仙壑。算多少火色鳶肩，枉幾度雲臺煙閣。怎如他夜夜薰香，小窗深處著。〔註586〕

分題徐郎阿俊畫冊，得蜻蜓

斷崖秋冷。綴幾點落英，乍添幽興。瑩薄蟬紗，連蜷薰發，立盡夕陽孤影。小草枝枝碧顫，攣住纖腰未定。恁風調，算鶯鶯燕燕，輸他輕俊。　　銷凝空。幾日花下柳邊，隨爾穿芳徑。談冶心情，飄零身世，肯逐吟鞭相併。掯著一天憔悴，雕笥貯伊，教穩歡萍跡。讓蜂儔蝶侶，許多僥倖。〔註587〕

吳伶唐鹿賓工琵琶，與余同客揚州數日。余以事歸，唐亦將去，臨別譜此贈之

誰遣分張速。才聽到檀槽入破，新翻幾曲。移得畫屏羅帳外，雙穗影搖紅燭。正繡被溫靡，簫局濃。笑書空，曾幾遍。乍銷魂，一倚人如玉。怎好夢，便難續。　　莫言君有唐衢哭。走關山，飄零似我，也悲蓬蹢。賣賦嚙謳俱失計，誰識轡邊之鹿。且倚柱。更歌離鵠，長劍在腰鞭在袖。握與奴，左手還重囑。耐今夜，旅魂獨。〔註588〕

贈歌者許七郎

暮春春服人偕七，最嬉遊難忘初七。合尖才造高層七，難捉扇搖輪七。　　悵衰草微雲秦七，又殘月曉風柳七。今宵穩駐車香七，莫負花開七七。〔註589〕

寄七郎和嚴東有

五角六張，擒縱心頭，君應盡知。又寫恨琴邊，無弦不斷。布愁局裏，有子難持。水汲南零，星看北斗，記得良宵冬仲期。從此後，只年年人日，空蔥相思。　　天涯愁賦無衣，也定抱酸心似摽

〔註586〕《棕亭詞鈔·卷之三·綺羅香》。
〔註587〕《棕亭詞鈔·卷之五·喜遷鶯》。
〔註588〕《棕亭詞鈔·卷之五·金縷曲》。
〔註589〕《棕亭詞鈔·卷之六·杏花天》。

梅。悵盧仝茶消，風猶習習。劉郎韻就，夜每遲遲。修竹疏林，明

河小院，腸斷三更四點時。吟魂裏，怎丹霞劃就，便得忘伊。〔註590〕

　　總體來看，金兆燕對上述諸郎的用情不如對定郎深，但「應念小樓風雨客

衾單」、「乍銷魂，一倚人如玉」、「腸斷三更四點時」諸句也甚引人遐想的，不

會只是出於對演藝的欣賞。清代士宦與優伶的交往通常不導向家庭之內，心態

比較放鬆，有情而不必專情，這種收放自如的感情駕馭能力對於當代人也具有

啟示意義。

芍藥開豔一兩枝

　　乾嘉間著名學者洪亮吉曾記：「吾友孫君星衍工六書篆籀之學，其為詩似

青蓮、昌谷，亦足絕人。其客陝西巡撫畢公使署也，嘗眷一伶郭芍藥者。固留

之宿，至夜半，伶忽啼泣求歸。時戟轅已鎖，孫不得已，接長梯百尺，自高垣

度過之。為邏者所獲，白於節使。節使詢知其故，急命釋之，若惟恐孫之知

也。」〔註591〕按：洪亮吉、孫星衍都曾長期客居陝西巡撫畢沅幕府，洪氏對

於孫氏的私人生活相當瞭解。長夜寂寥，孫星衍欲留優伶郭芍藥共宿，則其斷

袖之好昭然若揭。洪亮吉尚有詩云：「城南小史翩翩影，別有春人夢難醒。」

「郭芍藥詩成本事，鄭櫻桃室作安居。」〔註592〕都是在描寫孫─郭情事。對

此，孫星衍本人在其《別長安詩》中曾經回憶道：

　　　　覓句臨書事事忙，憐君劇縣得池陽。

　　　　曾因勺藥開三徑，看到蓮花似六郎。

　　詩注：「蔣明府瑩溪曾與予賞郭伶人，呼之芍藥，後又賞張伶吉慶。」

〔註593〕按：蔣騏昌，字玉予，號瑩溪，曾任陝西醴泉縣令，與孫星衍同修《醴

泉縣志》。

　　據此，郭芍藥不止為孫星衍一人所賞，再據洪亮吉《芍藥本事詩序》：

　　　　《芍藥本事詩》者，吾友蔣大令玉予及孫君季逑〔註594〕憶舊之

　　所作也。探春北墅，言歌鄭國之風。修褉曲江，遂值郭虞之袚。鶯

〔註590〕《椶亭詞鈔・卷之六・沁園春》。

〔註591〕《北江詩話》卷四。

〔註592〕《卷施閣詩》卷第三、十五。

〔註593〕《吳會英才集》卷二十三。

〔註594〕孫星衍，字淵如，號季逑。

嬌待至，馬細馱來。蓋盩厔郭郎名喜者，二君所眷也。看花客倦，
回面而引襟裾。聽鳥歌闌，抗喉而申宮羽。於是蔣君舉《靈飛經》有
仙人郭芍藥者〔註595〕告坐客曰：「是亦一芍藥也。」固知多年入道，
難忘綺麗之名。一日同舟，雅有神仙之望。然而新蕖之生下澤，已厭
淤泥。靈鶴之出空庭，不工頻仰。矯矯乎有拔俗之心焉。故振其孤
花，方移姿夫露檻。而挺茲弱植，忽高舉乎風埃。春燕正濃，玉人告
去。蔣君舉觴而思良會，寫影而紹餘歡。此則陽春屢詠，初移齊右
之風。而夏五遂書，已應郭亡之讖者矣。無何遠遞魚箋，寄定情之
金釧。誤傳鵲語，迎別館之瓊枝。蓋桃思代李，雖憐根葉之同。而
燕不逢鴻，如學尹邢之避。時值河東曲部，籍甚關中。新聲圍羊侃
之筵，妙舞亂周郎之顧。翩有麗人，忽焉傾坐。召而問焉，尤可異
者。東郭西郭，隔河水而同源。南枝北枝，待春風而欲合。拈珠紀
歲，既已齊齡。映玉爭妍，尤堪並蒂。孫君於是撰將離之譜，昔夢
方殷。欣如願之逢，亞枝更續。蒲州郭郎名雙者，並枝芍藥圖所復
作也。預斯集者，咸美而賦詩。窈窈窕窕含睇之情，極旖尼從風之
致。予授簡之下，又有感焉。昔春卿開徑，羊仲頻來。子荊賦詩，馬公
首和。款淳于之燕，燭幸高燒。贈小史之篇，箋曾屢易。筵長未接，
先知越客之心。袖冷思溫，已進裏成之手。未嘗不歎其同饒慧業，
共厥仙源。一則泠泠善語，墊巾餘名士之風。一則宛宛依人，揮塵
有清流之習。雖子元之注《蒙叟篇》，終而竟竊馬蹄。文舉之依茂宏
會，始而猶披鹿褐。標舉所在，有不同矣。離合之致，洵可言與？夫
今夕何夕，星明照邂逅之期。新人故人，道遠致殷勤之問。可知賞真
者不嫌乎兼美，情摯者靡遺乎自昔也。爰不辭而為之序。〔註596〕

　　此序當中，小史之篇、越客之心、袖冷思溫等都是有關男風男色的典故名
詞。據洪氏所言，優伶芍藥共有兩位，一名喜一名雙。前者先已為蔣、孫二人
所賞愛，可能即是孫欲留宿者，後者則因誤傳而至。孫星衍等既為賦詩復為作
圖，風流灑脫，欲人廣知。可惜《芍藥本事詩》和《雙芍藥圖》今無可見，不
過圖詠之詩在時人文集中可以找到多首。畢沅《題〈雙芍藥圖〉為孫淵如秀才

〔註595〕　道教典籍《上清瓊宮靈飛六甲籙》：「有女子郭芍藥、趙愛兒、王魯連等，並
　　　　　受此法。郭芍藥者，漢度遼將軍陽平郭騫子也，少好精誠，真人因受其六甲。」
　　　　　見正統《道藏·正乙部》。
〔註596〕　《卷施閣文》乙集卷六。

作》寫道：

> 認作空花恰算癡，春風賺爾鬢成絲。
> 畫師那識憐花意，不寫交枝寫折枝。

> 浩態狂香不可收，雲霞為幔月為鉤。
> 瑤宮異日修花史，定有嘉名號並頭。

> 穠華彈指逐飛塵，又茁靈芽絢晚春。
> 我道優曇呈幻影，雙花原是一花身。

> 綠尊紅燭按玲瓏，窈窕仙姿一樣工。
> 金帶簪來如有分，教君同入畫圖中。〔註597〕

楊芳燦《題〈雙芍藥圖〉和孫季逑韻》：

> 一種名花兩地開，亭亭雙照餞春杯。
> 憐卿薄命休相妒，伴我多情合併栽。
> 墮砌嬌雲愁易散，翻階豔影惜遲來。
> 歌前燭底添根觸，小謝詩成有別才。

> 疊萼交枝照眼開，披圖為把淺深杯。
> 玉盤金帶殷勤贈，月地雲階取次栽。
> 色界曇華空外現，巫山香氣雨中來。
> 干卿何事閒花草，刻燭微吟也費才。〔註598〕

楊氏《又題〈雙芍藥圖〉四首寄季逑》：

> 徐黃妙手寫生工，幻出仙葩各一叢。
> 舞向雕闌雙宛轉，護將珠箔兩玲瓏。
> 持縑比素知誰好，看碧成朱訝許同。
> 笑我風懷似元九，為渠重賦亞枝紅。

> 芙蓉城裏謫仙曹，花史修成管自操。
> 二月韶華吟豆蔻，六朝遺事說櫻桃。
> 鄂君繡被辭江浦，神女明珠落漢皋。
> 空爇沉香薰小像，行雲無定夢魂勞。

> 廣陵佳種記曾探，畫舫紅橋路舊諳。

〔註597〕《靈巖山人詩集》卷三十一。
〔註598〕《芙蓉山館詩鈔》卷四。

> 妙句輸君傳隴右，閒愁憐我滿江南。
>
> 雲因出岫情全淡，蝶為離花夢不酣。
>
> 檢點小園凡草木，叢殘心緒學稽含。
>
> 悔把將離喚小名，書生薄福誤卿卿。
>
> 嬌雲一朵尋無跡，春恨三分畫不成。
>
> 各有因緣酬慧業，共拋心力賦閒情。
>
> 在旁紅燭能知狀，怊悵無眠直到明。〔註599〕

孫原湘《家淵如茂才星衍〈雙芍藥圖〉用蘭韻軒主人韻》：

> 月娥楚豔鬥芳叢，留殿春光屬化工。
>
> 怕與小桃爭賣笑，故將花影背東風。
>
> 寫出交枝軟若絲，春愁酒病兩難支。
>
> 名姬老去名花晚，一樣傷心不遇時。〔註600〕

上述圖詠詩寫於乾隆四十七年前後。乾隆四十六至五十二年，孫星衍曾長期客居畢沅幕府。而據時人錢泳所記，畢幕是一個男風彌漫之地，見本書第299～301頁，孫氏顯然是個中的積極參與者。我們也都知道，著有《長離閣集》的孫夫人王采薇是清代有名的才女。采薇年僅二十四歲就早早離世，這讓孫星衍痛徹心扉，誓不再娶。他也確實大體實踐了諾言，一直獨身十七年，直到離開畢幕五年多後，四十歲時為嗣續計方才娶妾。但此期間，他的個人生活就很乏味嗎？顯然不是的，郭芍藥為其所賞，而他賞愛的並非只有芍藥一人，甚至與摯友洪亮吉的關係也有曖昧之處〔註601〕。在男權社會，男性性愛滿足的渠道不止有一條。孫星衍常年不續娶，一個可能的原因是他對男色比較偏好。既滿足於「獨身」狀態下的風流自在，又可以為獨身找到令人感佩的理由，何樂而不為呢？

關於郭芍藥，王昶作於乾隆四十八年的《癸卯七月初五日臥疾將起，……兼寄姚雪門臬使湖南》詞寫道：「芍藥如今蕉萃。念瀟湘路遠，雁斷音疏。」詞注：「伶人芍藥為雪門所眷。」〔註602〕按：姚頤字雪門，乾隆三十一年進士，曾官蒲州知府、湖南按察使、甘肅按察使。據前洪亮吉所記，芍藥共有兩位，

〔註599〕《芙蓉山館詩鈔》卷四。
〔註600〕《天真閣集》卷二。
〔註601〕見本書第1030～1043頁。
〔註602〕《春融堂集·卷二十八·聲聲慢》。

名雙者來自山西蒲州。而姚頤曾任該州知府，因此王昶所寫芍藥可能不是孫星衍曾欲其留宿的名喜的芍藥。

孫星衍對於自己與郭芍藥的情事後來其實多有隱晦。《芍藥本事詩》並未收於他的詩集，前面《別長安詩》中的那首詩在其《澄清堂續稿》中被刪掉了詩注。比較之下，其友洪亮吉的相關記述倒算全面，有頭有尾。嘉慶元年，洪氏進京路過河南，其《將至安陽先束趙大令希璜》詩寫道：

> 爾許情懷漸不支，屏除絲竹已多時。
>
> 還能與鬥筵前酒，可有孫郎帳下兒？

詩注：「壬子冬飲君署醉甚，幾欲逃席，值孫兵備舊僕郭芍藥代飲數觥乃解。」〔註603〕壬子為乾隆五十七年，此時孫星衍早已得中進士，任職於刑部。洪亮吉稱芍藥為孫氏舊僕，「僕」通常是做生活服侍，用於芍藥不算太合適。不過它能說明，孫郭二人在一起的時間不會太短。可緣聚緣散，二人終於還是分開了。孫星衍在京城由翰林院編修改官刑部主事，郭芍藥則在陝、豫等地繼續侑酒陪歡。人生際遇變換，悲歡來去不定，回首前塵，徒喚奈何而已。

李慈銘和他朋友圈的情色賞優詩歌

晚清名士李慈銘與同光名優沈芷秋的親密交誼筆者曾專文敘寫，見本書第1442～1450頁。在李氏《越縵堂日記》中，詠優詩歌的數量著實不少。並且，他交遊廣泛，朋友圈裏頗多同好。其中一些人也頗具文采，善用詩詞來表現對優伶相公的賞愛。於是，李慈銘和他諸友人也就形成了一個宣揚男色的文學團體，讓賞優尋相成為了一項集體性的文學活動，從而更加凸顯了當時京城男風的興盛。

先就李—沈情交而言，二人關係最密的時候是同治三四年間，李氏的多首詩詞恰可將此過程細膩摹寫出來。同治三年四月初九日，他「賦《點絳唇》一闋，書所見云」：

> 小院迴廊，擡頭蓦被檀郎見。鳳靴驚掩，略把裙花展。　　熟
> 意生情，盡在星星眼。槐陰轉，杏衫紅淺，人近束風遠。〔註604〕

此時他剛在酒間結識芷秋，此詞描繪的當是兩人初見情形。十二日，他又以兩闋《浣溪沙》來設想芷秋對自己的心意：

〔註603〕《卷施閣詩》卷第十七。
〔註604〕《越縵堂日記》，下同。

　　　　手疊紅箋報玉郎，日長無那理殘妝。懨懨瘦損過時光。　　鏡
　　欄花沾螺篆重，繡簾風逗燕泥香。干卿何事費思量。

　　　　斜插犀翹鳳尾釵，衣香暗度玉窗來。生憎一桁畫簾垂。　　漠
　　漠樹陰鋪小院，惝惝欄曲上蒼苔。斜陽立盡又徘徊。

　　五月初十日，李慈銘首次在芷秋家宴飲，此後二人情交日密。不過與相公
交往頗費錢鈔，芷秋雖然不做誅求，慣例的花費也讓李慈銘時有左支右絀之
感。再加上偶生誤會等原因，欲長見而時難見，一腔愁緒遂乃催發詩情。同治
三年六月十九日，《雨夜有憶》云：

　　　　畫簾疏雨隔微塵，獨夜房櫳易愴神。
　　　　淡墨羅巾燈畔字，小風鈴佩夢中人。
　　　　難銷瑞玉當年恨，留得文簫舊日貧。
　　　　除卻小蓼山下路，天涯何處更尋春？

　　　　潭水閒門倒影斜，金鋪深掩玉窗紗。
　　　　驕驄日夕偏知路，乳燕春深未定家。
　　　　銀燭慣侵三五月，銅壺低隔一分花。
　　　　江湖側帽填詞客，長夕年年減鬢華。

　　　　小別東風不自由，香車油壁幾勾留。
　　　　難忘玉手搴簾笑，誰遣蛾眉滿鏡愁。
　　　　鶯語畫屏人倚瑟，蛛絲小幔月當樓。
　　　　銀河有信誰相待，瀉作瀟瀟暮雨秋。

　　　　咫尺青鶯便斷聞，漫書花葉寄朝雲。
　　　　燈前秋扇留殘滴，雨後春衫發故薰。
　　　　楊柳常為牽恨物，蘼蕪新著懺愁文。
　　　　多應終古沅湘水，翠被蘭舟怨鄂君。

七月十一日，「夜雨聲淒沓，飯後瑟坐成樂府二首」：

　　將進酒
　　將進酒，客不言。
　　蒲桃滿醅白玉鮮，明妝翠羽列四筵。
　　所思不來心悄然，琵琶錦槽停莫彈。
　　簾外琤瑽作風雨，楚天環佩泣秋語。
　　蘭芷香近不可招，主人勸觴客弗舉。

華燈皎皎月照堂，羅襟淚落珍珠光。

鸞扇回飆君在旁，欲即不即心彷徨，

百年此頃胡可常。

秋星落酒酒波綠，門外帆駒早結束。

主人留客客不回，堂上捲簾滅殘燭。

東飛伯勞歌

東飛伯勞西飛燕，蛺蝶雌雄難可辨。

美人娟娟隔暮雲，湘江秋水裁舞裙。

陽臺一曲花繽紛，明珠百琲穿紅縷。

快意傾家買君顧，願君玉顏暫時駐。

雙雙鳿鵲填銀河，鴛鴦隊隊遊錦波。

人生會少離別多，伯勞飛燕奈爾何？

七月二十日，「下午罷讀，秋色黯然，雨窗多感，得五律一首」：

秋日雨窗遣懷

薄雨侵幽幌，欄陰窣地長。

細商杯底語，愁見舞時妝。

研黛生微潤，瓶花養宿香。

芝蘭秋不歇，何日罷思量。

十月十五日，「夜月甚佳，頗思秋君。出遊不得，燈下賦詩自遣」：

冬夜看月感懷

歸夢青山隱薜蘿，天涯清淚月中多。

何當夜夜松林下，腸斷桓郎一曲歌。

李氏自評：「此詩有文外獨絕處。」確實，詩歌的本事只有作者自己最清楚，讀者的理解有時無法深入腠理的。

十一月初六日，「日來貧甚，生計為難。而沉思益深，楚歌不歇。旅窗風雪，惆悵遂多。賦四絕句，名之曰《惆悵》云」：

……

浪說黃金鑄等身，仙家十賚本非真。

鈞天夢醒頭都白，不懺多情只懺貧。

受莂三生記最真，青山明月本無塵。

隃麋音樂俱禪悅，留得桃花悟後人。

第二年五月，李慈銘自京返鄉。此前他身體常感疲累，再加上將離不捨，惆悵思緒更是需要抒發。三月初十日，《念奴嬌·乙丑清明夜從沅江君〔註605〕飲，和稼軒韻》云：

> 病懷無賴又歸期，耽誤禁煙時節。黯黯輕陰留薄醉，羅袖夜來寒怯。燭底新妝，尊前私語，一日都難別。東風心事，流鶯多半能說。　還記昔歲初逢，小庭今夜，正映濛濛月。彈指桃花回昨夢，恨事眉頭重疊。燕子光陰，杜鵑鄉裏，愁把垂楊折。相憐南望吳山，天際如髮。

三月二十四日，「兩日疾動，喉痛中惡，綿愵不堪。戶外狂風卷地，連晝連夜。海棠初開，便已狼藉。前日芷秋約予遊極樂寺看此花，未得酒錢，先牽花約，殊令人喚奈何耳。是日得賦《桂枝香》一闋」：

> 家山甚處，又畫舫夕陽，沿岸簫鼓。開盡緗桃粉李，菜花盈路。薲絲綠遍湔裙水，問盈盈鷗波誰主。幾時料理，漁簑蠟屐，燕簾鶯戶。　歎一霎清明穀雨，正扶病將愁，難遣孤旅。雨日東風，添得黃昏悽楚。典衣賭曲金臺側，算了卻傷春情緒。玉荷燈下，暫時消受，映尊低語。

三月二十七日，「夜風不止，攝病無憀，得詞兩闋」：

> 一枝花
>
> 小別成耽閣，叵耐連宵風惡。海棠開幾日，又吹落。酒榼箏囊，辜負嬉春約，閒煞青絲絡。燕子歸來，為誰搖動鈴索。　鑄就黃金錯，長是年年歡薄。舞裙歌扇底，恁飄泊。一樣燈前，獨自尊前，寂寞吹徹。梅花角陣陣餘寒，曉來都在簾幕。

> 秋波媚
>
> 玉驄慣憶鳳城東，春事夢雲中。無端拋撇，昨朝微雨，今夜狂風。　多愁多病還多別，歸計況匆匆。今年花落，明年花發，知復誰同？

三月二十八日，「午起憊甚，畏寒避風，得詞一闋」：

> 琴調相思引
>
> 側側輕寒到被池，玉奩煙重捲簾遲。有誰憐惜，捫病過花時。　燕子泥香消永日，綠楊風軟見游絲。小欄紅煞，無地著相思。

〔註605〕指沈芷秋。《楚辭·九歌·湘夫人》：「沅有芷兮澧有蘭，思公子兮未敢言。」

一別就是六年，同治十年二月，李慈銘重返京城。由於各種原因，他與芷秋的關係不再像是從前。但在內心深處，對於這段感情他一直珍重留戀。光緒二年六月初十日，「夜同雲門坐庭中談身世之恨，風月娟娟，言愁轉絕，以一詞寫之」，詞名為《夏夜坐月，同茗廔感舊，言愁欲愁，且喚奈何矣》：

雨霖鈴

蛩聲初咽，正尊前話。竹下涼夕，回頭恨事如水。相憐倦旅，傷心愁說。等是巫山一現，奈雲散愁結。望隱約天上銀河，淺淺情瀾幾時竭。　瑤華分是傷摧折，更難堪未落人先別。秋韉院落何處，螢火點晚花如雪。鏡破珠沉，一樣紅箋芳訊都絕。只夢裏還道相思，淚滿羅襟月。

同年七月初三日，「是日得詞一首」，長詞名為《子縝、雲門賦此，解紀十剎海之遊。皆託興芳華，結情巾舄。將離恨裹，未落悲秋，雨窗誦之，有煙水迷離之感。因為繼和，余愁則更深矣》：

渡江雲

宮牆斜抱處，盈盈一水，蓮葉與天齊。幾家樓閣好，隱隱垂簾，偏映綠楊堤。香車滿路，怎凌波怯到湖西。煩喚取，紅裙蕩槳，窄舫就煙棲。　依稀笙歌小隊，翠罾銀燈，有鴛鴦能記。誰為拭盤心露點，鉛淚都迷。傍花莫愁汀洲冷，怕秋深難覓紅衣。拼醉臥月明，自占鷗磯。

上面兩首詞中，雲門、茗廔為樊增祥之號，子縝（子珍）為陶方琦之號。前者湖北恩施人，是李慈銘最出名的弟子。後者與樊氏年齡相近，但與李氏為會稽（紹興）同鄉，被李視為弱弟文友。詞中之愁應是因芷秋而起，秋韉、悲秋均隱有所指。

陶、樊二氏都精通詩詞，是李慈銘文學、交遊朋友圈的重要成員。同在京城時，他們會一同讓名優相公來陪酒、陪遊、陪談、陪唱，並且還會交流心得，為對方調理心緒。同治十三年七月初三日，李慈銘「夜為子縝題《香草靈嬉》冊子」，長詞名為《子縝小住春明，屢尋歡隊。初以琵琶佐飲，眷昳桐郎。近中微嗔，移情雲侶。適持所續〈香草靈嬉〉小冊屬題。其中託興蘭荃，寓言柘舞。騷情客感，殆不自勝。為賦此解寫之，浪蕊迷離，微波綿邈。非寄懷於翠被，只觸淚於青衫。楊柳囊愁，櫻桃新寵，小復誰能遣此也》：

解語花

湘簾鬥影，翠管留春。恨譜翻都遍，殢人星眼。無言處，不比

往時相見。檀槽自暖，弄嬌小乍彈還倦。知幾時桐葉秋風，暗替團欒扇。　聽取清歌宛轉，覓微雲山外，離緒難遣。蕙心深淺無由託，一例亂紅波捲。珠塵夢短，問何處露華能戀？共收碎佩叢鈴，寫入騷蘭怨。

陶氏所歡名桐仙，兩人之間曾生誤會。不過光緒二年閏五月二十日，李慈銘「得子縝小啟，招飲桐仙家，其辭雋麗如蘭成。夜梅卿邀同雲門、仲彝、子縝小飲，為子縝賦詞」，看來此時兩人早已歡洽無間了。李氏《尉遲杯・子縝招飲桐花館聽琵琶，賦以調之，且辭芳勺》詞云：

桐陰靜，又悄地小扇穿花徑。遲遲玉漏聲中，消受紗窗雙影。檀槽倦抱，憐撥損銀摜有誰省？只橫床約略如人，認來紅淚猶凝。　多情翠鳥銜箋，長辜負金樽小榼同飲。月色雲香相牽惹，偏愛看銖衣懶整。從春去、懨懨病後便強觑鴉青。怕對鏡訴相思，夜雨燈前，玉鳧孤守煙冷。

作為互動，陶方琦亦曾為李慈銘賦詞。為了表達對沈芷秋的思念，李氏曾經請人繪有一幅《沅江秋思圖》，陶氏《湘春夜月・題越縵先生〈沅江秋思圖〉》云：

甚年年夢醒，都在愁中。幾點燕子，春心憔悴到西風。幾處澧煙湘雨，怎紫蘭江上，不長珍叢。奈楚雲萬里，靈修漸遠，何處相逢？　靈妃那去，珠簾秋水愁種。芙蓉玉魷，窗前曾幾見，漢梟珠佩香影。匆匆瑤琴，寄與渺水花都。作秋容，正望裏。蒨沉思前事，芳音遼絕，波遠山重。〔註606〕

陶方琦也曾「宣南坐雨，獨理愁緒，邀越縵、復堂和」：

長亭怨慢

惱絲雨，纏綿催冷。楝葉清陰，晝簾搖暝。玉簟銀床暗，愁難似，夢時醒。碧紗人靜，誰倚暖紅檀鼎？待唾袖微薰，又卻戀，餘香猶剩。　偏恨者，天涯舞絮，總與春心無定。蘭情水盼，解道是，鏡中花影。第莫憶，月夜箏絲，有攜酒扶愁偷聽。怎奈得，吹涼紈扇，將秋先省。〔註607〕

陶氏之愁乃因桐仙等人而起，其《浣溪沙・自題〈香草靈嬉〉冊子》寫

〔註606〕《蘭當詞》卷上。
〔註607〕《蘭當詞》卷下。

思戀：

> 墨蝶銀屏曉夢寒，一枝春影寫纏綿。奈他香草總無言。　　剩
> 有唾痕藏袖底，不容啼眼對花前。相思今夕況他年。〔註608〕

《臨江仙·秋宵離讌，颯然雨至》寫離愁：

> 芳事無多零落盡，鈿窗蕭瑟難聞。酒邊漫話別離身。雨聲燭淚，
> 都算是啼痕。　　夢又未成香又減，天涯幾個黃昏。銀箏淒抑動春
> 醳。乍涼天氣，儂也乍涼人。〔註609〕

陶方琦與李慈銘的高弟樊增祥亦相知為友，其《一萼紅·雲門書來垂詢舊
事，春冉冉老矣，箋愁讖夢，曷已於言》云：

> 坐花陰，正房櫳，水樣愁思入春深。歸燕天涯，垂楊院落芳訊，
> 長被沉沉。歎天遠，春人更遠，只杳杳無地寄瑤琴。雪片桐花，晚
> 風無賴，吹上春心。　　前事昔悰都渺。剩明箏細合，夢裏相尋。
> 蘭黛刪香，珠塵咒影，還怕青鳥傳音。算此後，蓬萊淺水照絲鬢，
> 消瘦到而今。莫憶花前醉時，曾墮牙簪。〔註610〕

詞中寫及「桐花」，可見樊增祥所詢舊事也是脫不開桐郎。陶氏與樊氏曾經
相唱和，其《浣溪沙·雨夜讀雲門詞，情意斐豔。依聲成譜，春思深矣》云：

> 燕子桃花冷玉簫，箏絲摧抑度春宵。明鐙簾幔雨瀟瀟。　　彷
> 彿春江啼眼處，唾脂黏黛著難消。淒涼寒食似花朝。
>
> 種出相思一點心，萬花千葉任銷沉。那知賺得淚痕深。　　飛
> 盡紅綿風又懶，梨花吹雪落西潯。夢中無路忍難禁。〔註611〕

這兩闋《浣溪沙》是和詞，樊增祥亡失了原詞，於是後來又補作兩闋。其
《浣溪紗·余昔以此調寄子珍，述春明舊事。今閱〈蘭當詞〉，和作具在，而
原作亡矣，補賦》寫道：

> 鈿轂輕雷聽未訛，雪衣初報玉人過。深愁淺笑認梨渦。　　暫
> 解修眉今夜鎖，慢回嬌眼去時波。新詞分付管兒歌。
>
> 雨浴新蟾茉莉香，輕衫小扇墨君堂。九枝鐙發綠荷光。　　笑
> 指星河初七近，慣禁風露五更涼。歸時分與薄羅裳。

〔註608〕《蘭當詞》卷下。
〔註609〕《蘭當詞》卷下。
〔註610〕《蘭當詞》卷下。
〔註611〕《蘭當詞》卷下。

　　詞注：「子珍舊眷有玄妻之目，愻師作《尉遲杯》調之，余詩亦用墨君字。子珍以濃墨塗抹余曰：『豈不元之又元〔註612〕耶？』舉座喧笑。」〔註613〕這段注文生活氣息濃厚，調笑戲狎，讓我們看到了雅致詩詞內裏的歡場真實。「玄妻」係指桐仙，「愻師」即李慈銘，李字愛伯、愻伯。

　　而當年陶方琦離京時，樊增祥曾以《子珍將出都，小伶桐仙彈琵琶為別，悵然賦此》贈別，詩中「羅黑」即玄妻、墨君，也即前面陶氏《自題〈香草靈嬉〉冊子》中的「墨蝶」：

> 羅黑當筵枉費詞，檀槽金鏤映花枝。
>
> 怨歌好唱《公無渡》，轉語真成火不思。
>
> 淚下青衫知幾許，尊前紅燭不多時。
>
> 君心如月來相照，一樹桐花影碧池。〔註614〕

　　當然，就像前面李慈銘《解語花》詞已經寫到的，陶氏所眷並非只有一位。樊增祥《角招·雨後涼甚，鐙下讀《蘭當詞》漫賦》曾云：「淚燭紅深幾許。渾不似，綠桐陰，橫琴處。」注謂：「子珍昔眷二小伶，一善琴一善琵琶，所居曰桐花館。」〔註615〕而再據樊氏詩《題子珍畫蘭遺墨，為發甫水部〔註616〕屬賦》，工於繪事的陶方琦曾為8位相公作畫題詠。該詩長序云：

> 昔歲丙子，結夏都門，會稽先生為之盟主。屢開社會，間涉清
> 遊。瑤扉乍款，嬌燕入懷。簫局才敷，靈狸斯在。子珍陶子，夙號
> 鍾情。藉香草為題，為玉奴寫照。圖凡八幅，幅寫一人。扶倩影於花
> 前，藏芳名於句裏。發甫仁兄雅相愛悅，親付裝池。越十五年，子珍
> 怛化。而昔時童卯並改朱顏，畫裏春人都非綠鬢。君乃追維昔款，係
> 以名章。感且重於山邱，情莫深於潭水。又七年，僕緣計薦，再履春
> 明。於是會稽仙去，墓草已宿。黃壚重過，淒其鄰笛之音。絳樹云
> 凋，嗚咽秋墳之唱。惟君與我，猶是陳人。重展斯圖，淚如懸絙。
> 嗟乎！黃督來羅之曲，大段愁人。青寧久竹之生，都非壽相。梁木就
> 委，何論弱蘿。滄海雖遷，難枯愛水。遂忘綺語之戒，盡發靈蘭之
> 馨。滴殘紅淚，證三生圓澤之因。寫入青箋，有無限瀟湘之意。

〔註612〕「元」即「玄」，黑色。

〔註613〕《樊山續集》卷二十八。

〔註614〕《樊山集》卷三。

〔註615〕《樊山續集》卷二十八。

〔註616〕王彥威，字弢夫、發甫，曾經任職於工部（水部），官至太常寺少卿。

　　文中「丙子」為光緒二年，會稽先生指李慈銘。而作者寫作此詩已是 22
年之後，陶、李皆已物化。詩云：

　　　　自言湘水是前身，〔註617〕八詠風流貌玉人。

　　　　此是宣南蘭月令，司花一一有花神。

　　　　絲竹中年屬謝家，憑將聖解索桃花。

　　　　一時紙貴《三珠贊》，半為秋菱半晚霞。

　　　　翰林陶縠本神仙，玉骨生苔過十年。

　　　　燕子樓中人似燕，願伊為玉莫為煙。

　　　　腸斷龍標一曲歌，玉山筵上奈愁何？

　　　　龜年莫漫談天寶，朝士貞元亦不多。

　　　　韓潭東去月如霜，燈影喬家隔綠楊。〔註618〕

　　　　樓閣只今三易主，更無人記佩春堂。

　　　　青霜一夕紫蘭秋，花葉飄零不自由。

　　　　今日橫流遍滄海，願君身作木蘭舟。〔註619〕

　　組詩第二首中的「三珠贊」指李慈銘的《花部三珠贊》。光緒初年，朱霞
芬、錢秋菱、時琴香三伶為其所賞，於是作文稱讚，且曾繪圖為念。《秋江菱
榜晚霞圖》是為秋菱、霞芬而作，樊增祥敘謂：

　　　　一雙蘭槳，橫塘月上之時。十里荷花，別浦風香之候。舟回青
　　翰，沿素波以寫心。檻落紅衣，俯明鏡而宜笑。則有霞川遺逸，鑒
　　曲幽棲。喚朝雲為美人，擬晚花於靜女。旦收星艇，夕狎煙鳧。採
　　菱於蓮子湖西，繫榜於鴛鴦浦口。七花共蒂，一葉凌波。承露粉於
　　盤中，約秋絲於鏡裏。紅周四角，甜到中心。信薜茘之可逢，豈芙
　　蓉之能怨。時則霞綃抹晚，煙笛橫秋。念奴之眼纈剛開，定子之頰
　　潮初上。波心紅處，蘸孤鶩於長天。山額黃時，發雙蛾於晚鏡。帆
　　檣錦眩，樓閣金明。於以拾翠中洲，搴芳近沚。把仙人之飛帔，弄
　　神女之明珠。香草在懷，情波不竭。獨念良遊易沫，秋色方佳。用
　　託蘭縑，重煩花管。寄愁心於芳芷，憶否瀟湘？尋聖解於桃花，旁

〔註617〕子珍畫蘭，每題云：「前身是瀟湘水。」——原注。
〔註618〕「韓潭東去，燈影認喬家。」愛師詞也。——原注。
〔註619〕《樊山續集》卷三。

連根葉。〔註620〕方舟可接，顧從涉江之遊。山木有心，勿為擁楫之詠。〔註621〕

樊氏《金縷曲‧為愛伯師題〈秋江菱榜晚霞圖〉》云：

照影情波裏，映秋汀。菱花一蕚，晚霞明麗。鏡裏春人紅裳薄，剛似芙蓉並蒂。有無限夕陽詩思，蘸取明珠多少淚。染情天一抹鮫綃紫。渾未隔，絳河水。　　瀟湘舊愛牽芳芷。甚新來涼蘋，罷採玉璫雙繫。側帽花間填詞客，只合香吟粉醉。早料理，雙鬟釵費。一舸霞川尋夢去，喚楊枝作姊桃根妹。誰會得，五湖意。〔註622〕

李慈銘與優伶交往的細節也被樊增祥描寫了下來，《珍珠簾‧小伶以茉莉飾團扇，愛伯師賞之以詞，即同其調》：

小花私貯羅囊底。玉釭前、一種溫馨初試。紈扇恁輕盈，更泥他纖指。一握真珠親贈與，當纏佩襟邊長繫。風細。問素月圓時，好花開未？　　別有卻扇風情。且茶甌罷點，鬢翹休綴。不借彩絲穿，怎盡成連理？喜字迴環三十六，最難得、花花相對。臨睡。定羅帳風來，暗香如醉。〔註623〕

按：李氏原詞為《珍珠簾‧霞芬以茉莉遍綴秋菱所書團扇。風香襲袖，露顆沾衣。密意重重，素心脈脈。採蘭贈若，非所云聞。解佩縅瑭，方斯詎遠。惆悵之結，情見乎辭》：

是誰琢就珍珠蕊？露苞含、多少溫存深意。恰到半開時，又素馨如醉。見說琳宮新採得，便暗取荷囊深繫。偷寄。恁背人低數，相思何事。　　偏稱小扇輕紈。配綽約簪花，瓊瑤勻綴。卅喜算團圞，看細排心字。比似丁香猶款密，好結取、從頭盟誓。休棄。便金篋緘香，見時長記。〔註624〕

著名詞人譚獻字仲修，號復堂，與李慈銘、陶方琦等也交往頗密。李氏同治十三年五月初五日日記：

梅卿邀子縝、仲修同飲寓齋，晡後同遊天寧寺。坐塔射山房，綠露如幄，檻外西山，修眉朗映。賞詠久之，復至花圃及塔下小作

〔註620〕公嘗為沈郎芷秋作《沅湘秋思圖》，又有《桃花聖解盦樂府》。──原注。
〔註621〕《樊山集》卷二十三。
〔註622〕《樊山集》卷二十一。
〔註623〕《樊山集》卷二十一。
〔註624〕《越縵堂日記》光緒三年六月初四日。

褒迴。諸君皆攜歌郎，繾綣甚至，各買末麗花而散。

譚獻曾為李慈銘《沅江秋思圖》題有一闋《綺羅香》詞：

> 草瘦芳心，柳迷倦眼，回首佳人遲暮。一片愁魂，還被水雲留
> 住。思故國、不隔西風，奈離緒、尚縈南浦。最憐他松柏同心，往
> 來寂寞鈿車路。　　清秋江上望遠。只恐回帆浪急，公今無渡。霧
> 失峰青，蕉萃鏡中眉嫵。垂翠袖。人憶當年，倚簟床、夢醒何處？
> 恁禁得彈冷箏絲，瀟湘和雁語。〔註625〕

也曾以一闋《長亭怨》與陶方琦相和，燕臺愁雨，觸景生情：

> 恁愁緒、鷓鴣啼冷。滑滑天街，雨昏煙暝。潤到單衾，幾時成
> 夢幾時醒。蚤蟬聲靜，偏獨自、偎金鼎。蝺一縷餘香，乍記得、渠
> 儂燒剩。　　卻恨者。珠歌翠舞，付與曲廊人定。妝臺鏡暗，記曾
> 照月痕星影。向客舍、浥遍輕塵，鎮蕭瑟、與君同聽。便去也吳娘，
> 休唱一般思省。〔註626〕

某日「清秋夜集，人月如畫，當歡欲愁」，乃賦一闋《二郎神》：

> 吐雲華月，便墮作、鏡中嬌面。正玉樹煙迷，香蘭霧細，賺得
> 柔情以繭。素扇攜來團欒影，有幾日、輕涼相見。思淺綠酒波，低
> 紅燈穗，盡容留戀。　　聽遍。晚樓倚笛，不勝淒怨。但婉孌清歌，
> 碧天如水，一片梁塵在眼。寶瑟比人，春花同笑，芳景怕成秋苑。
> 還只恐，後夜風風雨雨，畫簾愁捲。〔註627〕

譚氏《臨江仙·紀別》描寫自己離京時與所歡的依依不捨：

> 昨夜酒闌人未見，玉郎從此天涯。清秋倦客正思家。十年景事，
> 回首夢京華。　　不分車前重握手，柔腸結了還加。啼痕欲寫臉邊
> 霞。無言強忍，怕染路旁花。〔註628〕

需要特予指出的是，譚獻曾以蘗月樓主為署名著有兩部賞優作品即《增補菊部群英》（亦名《群芳小集》）和《群英續集》（亦名《群芳續集》）。在清末，類似的品花之作還有多部，如《菊部群英》、《評花新譜》等。作者均有所避諱，署用別號，如藝蘭生、小遊仙客等。如此，則譚獻與當時眾多的品花士

〔註625〕　《復堂詞》。
〔註626〕　《復堂詞》。
〔註627〕　《復堂詞》。
〔註628〕　《復堂詞》。

人也就聯繫在了一起。而他在自己日記中曾經記下寫作情形，實屬珍貴記載。
《復堂日記補錄》卷一：「同治十年三月廿四日。予輩將為《群芳小集》，今夕
先貽諸伶各一絕句。」「同治十年四月廿一日。楊村舟次補撰《群芳小集》，稿
別具。」「同治十三年四月初八日。為《群芳續集》。會者二十六人，諸伶赴選
者十六人，監察者六人，以覺軒與予為選人。色藝資性，都非諸故人之耦。稿
草別具。」譚氏所詠有前輩名優朱蓮芬、梅巧玲、沈芷秋等人：

> 斜陽芳樹最相思，憔悴芙蓉江上枝。
>
> 獻賦即今猶被放，人生難得杜門時。
>
> 故人天末去匆匆，留與當筵唱惱公。
>
> 歌板酒旗無恙在，水晶簾外晚霞紅。
>
> 誰遣真靈下碧霄，步虛聲度海山遙。
>
> 紫房幽咽清歌起，願得餘年證洞簫。

其詠「花部三珠」時琴香、錢秋菱、朱霞芬云：

> 吳宮入抱玉成煙，留醉青春絳樹前。
>
> 珍重名花如繭栗，豐臺風月又今年。〔註629〕
>
> 江左風流不易逢，神清衛玠最雍容。
>
> 人間乍聽湘靈瑟，數遍青青江上峰。
>
> 肯從冶葉鬥芳菲，脫個團欒小帶圍。
>
> 清冷楊花飛作絮，玉闌干畔不勝衣。

由譚氏所詠，我們知道陶方琦的所歡桐仙姓陳名喜鳳，隸屬於遇順堂：

> 中年哀樂客辭家，絲竹登場有歲差。
>
> 一樣天涯好明月，青衫重與聽琵琶。

馥森堂周素芳字絢秋，譚氏詠曰：

> 如夢鶯華似六朝，春流和月影迢迢。
>
> 江山文藻今無主，獨采崇蘭讀楚騷。

所謂各花入各眼，譚獻曾為周郎作有四闋《金縷曲》，看來老斗之名是居
之不移了：

> 如夢春雲曉。遍天涯、東風院宇，燕鶯啼覺。草長紅心江南路，
> 留得王孫未老。正綠鬢楊枝俱嬝。忽墮明珠金樽側，有車輪乍向腸

〔註629〕 《增補菊部群英》，見《清代燕都梨園史料》，第440、445、442頁。

中繞。休浪說、被花惱。　　青袍踏遍長安道。最難忘、分花拂柳，
烏衣年少。細雨殘紅飛難定，只有閒愁待掃。渾不似當年懷抱。鸚
母前頭三生話，便相逢不分今生早。無一語、玉山倒。
　　……〔註630〕

　　在晚清的北京，所謂聲色之娛主要就是與優伶相公的各種交往：觀劇、飲
宴、遊賞乃至肌膚之親等等，不一而足，引人沉醉。李慈銘咸豐九年（1859）
進京，光緒二十年（1894）去世，其間除去同治四至十年（1865～1871）返
鄉，幾乎一直都是居於京中。其《越縵堂日記》可謂一部賞優大全，而作為學
問、詩詞名家，他廣交詩友文朋，與眾樂樂而非獨樂，經常是和友人一起去作
樂尋歡。像同治四年三月二十一日，他一日之內就與不同友朋先後流連於戲
樓、飯莊、堂寓之間：「午後詣廣德樓聽四喜部，邀慎齋同坐。芷秋及芷衫、
芷雯、芷儂演《花報》、《瑤臺》，付芷秋纔演錢二十千。晚同慎齋飲福興居，
招芷秋及芷衫、芷雯兩郎。酒錢二十千，下賞二千，車飯三千。初更散後詣
桐雲堂赴田小洲孝廉之招，予招芷秋。夜分酒闌，松堂復令玉喜設飲，予再
招芷秋，四鼓始歸。」在同治十一年四月十四日的宴飲中，主賓多為時彥碩
學：「傍晚詣錫金館，赴宜翁及子敬之招。宋雪帆閣學、潘星丈、綬丈及胡雲
楣等已先至，且為予呼芷秋矣。肴饌兼吳味，頗精。諸郎沓至，各攤笛度曲，
更余而散。」其中，宜翁、雪帆、星丈、綬丈即秦炳文、宋晉、潘曾瑩、潘
曾綬，諸人年已六七十歲，在繪畫、鑒藏、書法、詩詞、史學等方面各有成
就。在光緒三年四月初七日的遊觀中，賓客人數眾多：「午前答拜殷蓴庭兄
弟，即出城赴天寧寺之集。到者鮑益夫、史寶卿、汝翼、彥清、心雲、少質、
子縝、雲門、子宜、孫仲容兄弟，及仲彝、發夫，賓主共十四人。余招秋菱、
霞芬。若夫同集之友，所眷各殊。」名士雲集，群芳爭豔，雖非盛世，亦極繁
華矣。

　　李慈銘精詩善詞，他的朋友圈中亦多文士。在京城濃厚的男色氛圍下，
他們創作了數量不小的賞優詩歌，為我們展現了士優之交文雅的一面。從中
可以看出，男風同性戀作為一種文化現象可以分布得很廣，可以有多種樣態，
而非僅僅表現為肉帛相向。這種性取向上的潛能開發對於今人仍然具有借鑒
意義。

〔註630〕《群英續集》，見《清代燕都梨園史料》，第 505、506、507 頁。